高等职业教育教学改革融合创新型教材 · 旅游类

导游服务实务

Daoyou Fuwu Shiwu

张　岚　代　爽　主　编
杨　薇　刘文智　副主编

东北财经大学出版社　大连
Dongbei University of Finance & Economics Press

图书在版编目（CIP）数据

导游服务实务 / 张岚，代爽主编．—大连：东北财经大学出版社，2024.3

（高等职业教育教学改革融合创新型教材·旅游类）

ISBN 978-7-5654-5120-1

Ⅰ.导…　Ⅱ.①张…②代…　Ⅲ.导游-旅游服务-高等职业教育-教材　Ⅳ.F590.63

中国国家版本馆CIP数据核字（2024）第015394号

东北财经大学出版社出版

（大连市黑石礁尖山街217号　邮政编码　116025）

网　　址：http://www.dufep.cn

读者信箱：dufep@dufe.edu.cn

大连图腾彩色印刷有限公司印刷　东北财经大学出版社发行

幅面尺寸：185mm×260mm　　字数：304千字　　印张：14.25

2024年3月第1版　　2024年3月第1次印刷

责任编辑：魏　巍　徐　群　　责任校对：何　力

封面设计：原　皓　　版式设计：原　皓

定价：48.00元

教学支持　售后服务　联系电话：（0411）84710309

如有印装质量问题，请联系营销部：（0411）84710711

前　言

导游服务是旅游行业最具代表性的工作，也是旅游业的重要组成部分，这已经成为世界各国旅游界人士的共识。党的二十大报告明确提出“推进文化自信自强，铸就社会主义文化新辉煌”，并且把“坚持以文塑旅、以旅彰文，推进文化和旅游深度融合发展”作为繁荣发展文化事业和文化产业的重要要求。这既是对新时代以来我国旅游业发展路径、发展经验的高度总结，也为新时代旅游业高质量发展提供了重要遵循、指明了发展方向。面对新环境的挑战，导游人员必须向更高的目标努力，必须在思想、文化、能力、身心等方面具备更高的素质；必须以更加完美、更加生动、更富于个性化、更有人情味的形象展现在旅游者面前，必须“讲好中国故事、传播好中国声音，展现可信、可爱、可敬的中国形象”。基于此，我国旅游业迫切需要培养一支优秀导游人员队伍，而本书正是为导游人才培养的需要而编写的。

具体来说，本书具有以下特点：

1.融入思政元素，落实立德树人

党的二十大报告指出：“育人的根本在于立德。”本书以习近平新时代中国特色社会主义思想为指导，结合专业课程育人特点，坚持知、信、行统一，有针对性地深入挖掘思想政治元素，通过设立“素养目标”及“德技兼修”栏目，不断提高学生的思想道德素养，培养学生的爱国主义情怀、民族文化自信和大国工匠精神，增强学生服务国家、服务人民的社会责任感，承担起讲好中国故事、传播好中国声音的职责和使命。

2.理论与实践结合，推进项目化教学

本书遵循理实一体化教学改革要求，邀请行业企业专家、优秀的双师型教师共同参与编写，根据旅游行业发展的实际情况，以导游典型工作任务为载体，将全书分为上、下两篇，十一个项目。其中，上篇为认知篇，包括导游服务的基本概念、导游文化元素，以及导游的带团、讲解、协作、突发事件处理、导游词撰写技能；下篇为实训篇，包括景区景点导游、地陪导游、全陪导游、出境旅游领队服务程序与规范。不仅注重理论知识的系统完整、学科结构与逻辑体系的严谨，而且注重学生导游技能的培养，力求做到前瞻性与适用性、应用性与技能性相结合。

3.采用活页式设计，组织形式灵活

本书采用活页式设计，形式新颖，便于使用过程中不断更新和补充。每个项目和任务的设置在内在逻辑上彼此依存，在内容上又相对独立，师生在使用过程中可根据需要自由拆解，组织形式灵活，能够满足个性化教学和学习的需要，职业引导功能更为突出。

本书由辽宁现代服务职业技术学院张岚、代爽任主编，辽宁现代服务职业技术学院杨薇、刘文智任副主编，沈阳方特欢乐世界张雪娇、盛荣参编。具体编写分工如下：项目一、项目三、项目四、项目七、项目九和项目十由张岚编写；项目五由张岚、代爽共同编写；项目六由张岚、杨薇共同编写；项目二、项目十一由代爽编写；项目八由刘文智、张雪娇、盛荣共同编写。本书数字资源由张岚、代爽共同编写。

本书在编写过程中借鉴了大量相关图书、各院校网络精品课程、知名旅游网站及其他教研成果，在此谨向相关作者表示敬意和衷心的感谢。本书既可作为高等职业教育旅游类专业学生的教材，也可作为导游从业人员的自学参考书。

由于编者的水平所限，书中难免有不妥之处，敬望同行、专家和读者指正。我们将在实践操作和教学过程中进一步修改和完善。

编 者

2023年10月

目 录

数字资源目录

续表

上篇
认知篇

1 项目一 导游人员及导游服务

项目概述

本项目主要介绍导游人员、导游服务及散客旅游与团队旅游的基本概念，包括：导游人员的定义、导游人员的素质和职责；导游服务的概念、类型、特点、原则及趋势；散客旅游与团队旅游的概念、特点、区别和服务程序等。

学习目标

知识目标

1. 明确导游人员的定义、导游人员应具备的素质和职责。
2. 理解导游服务的概念、类型、特点，并掌握导游服务的原则。
3. 了解散客旅游的特点、散客旅游与团队旅游的区别，并掌握散客、团队导游服务程序。

能力目标

1. 熟练掌握导游服务的概念。
2. 能够将导游服务的原则用于带团工作的实践中。

素养目标

1. 培养学生的职业热爱。
2. 培养学生的敬业精神和社会责任感。

任务一　导游人员认知

◎ 任务介绍

旅游业是当今世界上发展最迅速的产业，许多国家都将发展旅游业作为经济发展的核心和支柱，而导游人员则是旅游业的灵魂，处于旅游接待的中心地位。导游人员素质的高低将直接影响到旅游活动的成败，并将间接影响到整个旅游业的声誉和发展。随着旅游业的发展，导游行业的竞争越来越激烈，对导游人员的素质要求也在不断提高。作为一名导游员要明确职责所在，努力提高自身素质以满足游客的要求。

◎ 任务导入

导游人员是导游服务的主体，在整个导游服务过程中起着非常关键的作用。"祖国山河美不美，全靠导游这张嘴""要想旅游好，跟着导游跑"这两句话充分显示出导游人员在旅游活动中所起的作用。旅游者一次成功愉悦的旅游体验主要取决于导游服务质量的高低、服务效果的好坏，而导游服务质量及导游服务效果如何归根结底取决于导游人员的素质、知识、能力及经验。在当今，旅游业竞争日益激烈，旅游者的旅游经验也越来越丰富，消费理念也日趋成熟。因此，对导游人员的要求也越来越高。为了适应新环境的需要与挑战，导游人员必须全方面"武装"自己。

相关知识

一、导游人员概述

（一）导游人员的定义

人们常说，导游是旅游业的"灵魂"。"导游"一词有两层含义：既可指导游工作、导游业务、导游接待服务，也可用作对导游工作人员的简称。

导游人员是指依照《导游人员管理条例》的规定取得导游证，接受旅行社委派，或同游客签订合同，为旅游团队（游客）提供向导、讲解及其他服务的人员。

（二）导游人员的资格获取

参加全国导游员资格考试，之后取得资格证，与旅行社签订劳动合同或者在相关组织注册登记，通过全国导游公共服务监管平台申领基于智能移动端的电子导游证。

1.参加资格证考试条件

（1）必须是中华人民共和国公民；

（2）高中、中专或以上的学历；

（3）身体健康；

（4）适应导游需要的基本知识和语言表达能力。

2.不得颁发导游证的情况

（1）无民事行为能力或者限制民事行为能力的；

（2）患有传染性疾病的；

（3）受过刑事处罚的，但过失犯罪除外；

（4）被吊销导游证之日起未逾3年的。

（三）导游资格证与电子导游证

1.性质不同

导游资格证是标志某人具备从事导游职业资格的证书，电子导游证是准许某人从事导游职业的证书。

2.申领程序不同

导游资格证是文化和旅游部或文化和旅游部委托各省、自治区、直辖市文化和旅游厅颁发的，电子导游证是通过全国旅游监管服务平台申领的。

3.作用不同

导游资格证是从业资格，电子导游证是从业许可。导游资格证的有效期是3年。导游需要在导游资格证有效期届满前3个月内，通过全国旅游监管服务信息向所在地旅游主管部门提出申请，并提交相关材料才可以继续执业。

（四）导游人员的分类

根据我国目前的旅游市场现状以及未来旅游业发展趋势，借鉴国外成功的经验和中国旅游业特定的运转规律，我们从不同的角度对中国导游人员进行分类。

1.按业务范围划分

按业务范围划分，导游人员分为海外领队、全程陪同导游员、地方陪同导游员和景点景区导游员。

（1）海外领队，是指经国家旅游行政主管部门批准可以经营出境旅游业务的旅行社的委派，全权代表该旅行社带领旅游团队从事旅游活动的工作人员。

（2）全程陪同导游员，简称全陪，是指受组团社委派，作为组团社的代表，在领队和地方陪同导游员的配合下实施接待计划，为旅游团队（游客）提供全程陪同服务的工作人员。

（3）地方陪同导游员，简称地陪，是指受接待社委派，代表接待社实施接待计划，为旅游团队（游客）提供当地旅游活动安排、讲解、翻译等服务的工作人员。

（4）景点景区导游员，又称讲解员，是指在旅游景点景区，如博物馆、自然保护区等为游客进行导游讲解的工作人员。他们只负责讲解而不涉及其他事务。

知识链接 1-1

地接社与组团社

2.按劳动就业方式划分

按劳动就业方式划分，导游人员分为专职导游员和社会导游员。

（1）专职导游员，是指在一定时期内以导游工作为主要职业的导游人员。目前，这类导游员大多数受过中、高等教育，或受过专门训练，一般为旅行社的正式职员，他们是当前我国导游队伍的主体。

（2）社会导游员，包括在协会或导游服务公司登记的导游员、兼职导游员和自由职业导游员。在协会或导游服务公司登记的导游员是指具备导游资格，持有导游证，在协会或导游服务公司及相关旅游机构注册登记的导游人员。兼职导游员是指不以导游工作为主要职业，而利用业余时间从事导游工作的人员。自由职业导游员分为线上执业导游员和线下执业导游员。其中，线上执业导游员是导游人员向通过网络平台预定旅游服务的消费者提供讲解和向导服务，并通过第三方支付平台收取导游服务费的执业方式。线下执业导游员是指导游人员向通过旅游集散中心、旅游咨询中心、A级景区游客服务中心等机构预约其服务的消费者提供单项讲解和向导服务，并通过第三方支付平台收取导游服务费的执业方式。

3.按使用的语言划分

按使用的语言划分，导游人员分为中文导游员和外语导游员。

（1）中文导游员，是指能够使用普通话、地方话或者少数民族语言，从事导游业务的人员。目前，这类导游员的主要服务对象是国内旅游中的中国公民和入境旅游中的港、澳、台同胞。

（2）外语导游员，是指能够运用外语从事导游业务的人员。目前，这类导游员的主要服务对象是入境旅游的外国游客和出境旅游的中国公民。

4.按技术等级划分

按技术等级划分，导游人员分为初级导游员、中级导游员、高级导游员和特级导游员。

（1）初级导游员。《中华人民共和国旅游法》中明确规定，参加导游资格考试成绩合格，与旅行社订立劳动合同或者在相关旅游行业组织注册的人员，可以申请取得导游证，合格者自动成为初级导游员。

（2）中级导游员。初级导游员报考同语种中级导游员和初级外语导游报考中文（普通话）导游员的，学历不限；初级中文（普通话）导游员和中级中文（普通话）导游员报考外语导游员的，需要具备所报考语种大专以上学历。在取得导游资格证书满3年，或具有大专以上学历的取得导游证满2年，报考前3年内实际带团不少于90个工作日，经笔试“导游知识专题”“汉语言文学知识”或外语，合格者晋升为中级导游员。

（3）高级导游员。取得中级导游员资格3年，具有本科以上学历或旅游类、外语类大专学历，报考前3年内实际带团不少于90个工作日，经“导游能力测试”和“导游综合知识测评”，合格者晋升为高级导游员。

（4）特级导游员。取得高级导游员资格5年以上，业绩优异，有突出贡献，有高水平的科研成果，在国内外同行中有较大影响，经考核合格者晋升为特级导游员。

二、导游人员的职责

导游人员的基本职责是指各类导游人员都应履行的共同职责。各类导游人员由于其工作性质、工作对象、工作范围和时空条件各不相同，职责重点也有所区别。但他们的基本职责是共同的，就是为游客提供良好的导游讲解和旅行服务。每位导游人员各司其职、各负其责，共同目的都是圆满完成整个旅游团队的接待任务。

（一）导游人员的基本职责

（1）接受旅行社分配的导游任务，按照接待计划安排和组织游客参观、游览；

（2）负责向游客导游讲解，介绍中国（地方）文化和旅游资源；

（3）配合和督促有关部门安排游客的交通、住宿，保护游客的人身和财产安全；

（4）反映游客的意见和要求，协助安排会见、座谈等活动；

（5）耐心解答游客的问询，协助处理旅途中遇到的问题。

（二）海外领队、全陪、地陪和景点景区导游员的职责

一个标准的、规范的、完整的旅游接待过程应该是由全陪、地陪、领队共同参与、共同配合才能完成的。全陪是东道国组团社利益的代表，地陪是东道国接待社利益的代表，而领队则是游客及他们所在国（地区）利益的代言人，三者代表着三个方面，维护着各自的利益。共同的目标，相同的工作对象，使他们走到了一起。

1.海外领队的职责

海外领队是经国家旅游行政主管部门批准组织出境旅游的旅行社的代表，是出境旅游团队的领导者和代言人。“高高兴兴出游去，平平安安回家来”是游客赋予领队的重要职责。因此，海外领队在团结旅游团队全体成员、组织游客完成旅游计划方面起着全陪、地陪往往难以起到的作用。海外领队的具体职责包括：

（1）全程服务，旅途向导。领队行前应向旅游团队介绍旅游目的国（地）概况及注意事项；陪同旅游团队的全程参观游览活动，积极提供必要的旅途导游和生活服务。

（2）落实旅游合同。领队要监督但更要配合旅游目的国（地）的全陪、地陪安排好旅游计划，组织好游览活动，全面落实旅游合同。

（3）做好组织和团结工作。领队应积极关注并听取游客的要求和意见，做好旅游团队的组织工作，维护旅游团队内部的团结，调动游客的积极性，保证旅游活动顺利进行。

（4）协调联络、维护权益、解决难题。领队应负责旅游团队与接待方旅行社的联络工作，转达游客的建议、要求、意见乃至投诉，维护游客的正当权益，遇到麻烦和微妙问题时出面斡旋或解决。

2.全陪的职责

从游客入境到出境，全陪一直陪伴着他们，在游客心目中，全陪是东道国的代表，是旅游团队在华活动的主要决策人，在整体的导游工作中处于中心地位、起着主导作用。全陪的具体职责包括：

（1）实施旅游接待计划。按照旅游合同或约定实施组团社的接待计划；监督各地接待单位的执行情况和接待质量。

（2）联络工作。负责旅游过程中同组团社和各地接待社的联络，做好旅行各站的衔接工作，掌握旅游活动的连贯性、一致性和多样性。

（3）组织协调工作。协调旅游团队与地方接待社及地方导游人员之间、领队与地方导游人员、司机等各方面接待人员之间的合作关系；协调旅游团队在各地的旅游活动，听取游客的意见。

（4）维护安全、处理问题。维护游客旅游过程中的人身和财物安全，处理好各类突发事件；转达游客的意见和要求，力所能及地处理游客的意见、要求乃至投诉。

（5）宣传、调研工作。耐心解答游客的问询，介绍中国（地方）文化和旅游资源，开展市场调研，协助开发、改进旅游产品的设计和市场促销。

3.地陪的职责

地陪是地方接待社的代表，是旅游计划的具体执行者。地陪的职责重点之一是组织旅游团队在当地的旅游活动并负责安排落实旅游团队全体成员的食、住、行、游、购、娱等方面的事宜；重点之二是导游讲解，这是有别于全陪的。地陪的主要职责包括：

（1）安排旅游活动。严格按照旅游接待计划，合理安排旅游团队（游客）在当地的旅游活动。

（2）做好接待工作。认真落实旅游团队（游客）在当地的接送服务和食、住、行、游、购、娱等服务；与全陪、领队密切合作，按照旅游接待协议做好当地旅游接待工作。

（3）导游讲解。负责旅游团队（游客）在当地参观游览中的导游讲解，解答游客的问题，积极介绍和传播中国（地方）文化和旅游资源。

（4）维护安全。维护游客在当地旅游过程中的人身和财物安全，做好事故防范和安全提示工作。

（5）处理问题。妥善处理旅游相关服务方面的协作关系，以及游客在当地旅游过程中发生的各类问题。

4.景点景区导游员的职责

（1）导游讲解。负责所在景区、景点的导游讲解，解答游客的问询。

（2）安全提示。提醒游客在参观游览过程中注意安全，并给予必要的协助。

（3）结合景物向游客宣讲环境、生态和文物保护知识。

三、导游人员的素质

具体来说，导游人员的素质可归纳为以下五个方面：

（一）良好的思想品德

在任何时代、任何国家，人的道德品质总是处于最重要的地位。我国导游人员良好的思想品德主要表现在以下五个方面：

1.热爱祖国、热爱社会主义

热爱祖国、热爱社会主义是作为一名合格的中国导游人员的首要条件。这是因为：第一，导游人员所从事的工作是社会主义祖国整个事业的一部分，社会主义祖国培育了导游人员，为导游人员创造了良好的工作环境和发挥自己智慧与才能的条件。导游人员应该认识到这一点，摆正位置，正确对待个人、集体和祖国的关系，将工作做好。第二，导游人员的一言一行都与社会主义祖国息息相关。正如前面所述，在海外游客的心目中，导游人员是国家形象的代表，游客正是透过导游人员的思想品德和言行举止来观察、了解中国的。第三，导游人员向游客介绍和讲解的内容都是祖国灿烂的文化、壮丽的河山、中国人民的伟大创造和社会主义事业的辉煌成就。没有这些丰富的内容，导游工作就成了无源之水、无本之木。

由此可见，导游人员应把祖国的利益、社会主义事业摆在第一位，自觉地维护祖国的尊严，把热爱祖国与热爱社会主义统一起来，并把这种热爱化为工作的动力。

2.优秀的道德品质

社会主义道德的本质是集体主义，是全心全意为人民服务的精神。从接待游客的角度来说，旅行社和各接待单位实际上组成了一个大的接待集体，导游人员则是这个集体的一员。因此，导游人员在工作中应从这个大集体的利益出发，从旅游业的发展出发，依靠集体的力量和支持，关心集体的生存和发展。只有这样，导游人员的工作才能做好。导游人员要发扬全心全意为人民服务的精神，并把这一精神与“宾客至上”的旅游服务宗旨紧密结合起来，热情地为国内外游客服务。

3.热爱本职工作、尽职敬业

导游工作是一项传播文化、促进友谊的服务性工作，因而也是一项很有意义的工作。导游人员在为八方来客提供游客服务时，不但可以结交众多的朋友，而且能增长见识、开阔视野、丰富知识，导游人员应该为此感到骄傲和自豪。因此，导游人员应树立远大理想，将个人的抱负与事业的成功紧密结合起来，立足本职工作，热爱本职工作，刻苦钻研业务，不断进取，全身心地投入到工作之中，热忱地为游客提供优质的导游服务。

4.高尚的情操

高尚的情操是导游人员的必备修养之一。导游人员要不断学习，提高思想觉悟，努力使个人的功利追求与国家利益结合起来；要提高判断是非、识别善恶、分清荣辱的能力；培养自我控制的能力，自觉抵制形形色色的精神污染，力争做到“财贿不以动其心，爵禄不以移其志”，始终保持高尚的情操。

5.遵纪守法

遵纪守法是每个公民的义务，作为旅行社代表的导游人员尤其应树立高度的法纪观念，自觉地遵守国家的法律、法令，遵守旅游行业的规章，严格执行导游服务质量标准，严守国家机密和商业秘密，维护国家和旅行社的利益。对于提供涉外导游服务的导游人员，还应牢记“内外有别”的原则，在工作中多请示汇报，切忌自作主张，更不能做违法乱纪的事。

（二）渊博的知识

旅游的本质就是一种追求文化的活动。随着时代的发展，现代旅游活动更加趋向于对文化、知识的追求，人们出游除了消遣，还想通过旅游活动增长知识、增加阅历、获取教益，这样就对导游人员提出了更高的要求。实践证明，导游人员的导游讲解和日常交谈，是游客特别是团体游客获取知识的主要来源。为了适应游客的这种需要，导游人员要知识面广，要有真才实学。导游人员只有以渊博的知识做后盾，讲解时才能做到内容丰富、言之有物。

实践证明，丰富的知识是搞好导游服务工作的前提。导游人员的知识面越广、信息量越多，就越有可能把导游工作做得有声有色、不同凡响，就会在更大程度上满足游客的要求，从而使游客满意。渊博的知识是成为一名优秀导游人员的必要条件之一。

导游知识包罗万象，导游人员必须掌握的知识包括：

1.语言知识

语言是导游人员最重要的基本功，是导游服务的工具。过硬的语言能力和扎实的语言功底则以丰富的语言知识为基础。这里所说的语言知识包括外语知识和汉语（或少数民族语言）知识。涉外导游人员至少应掌握并熟练运用一门外语，最好掌握两三门外语。掌握一门外语，了解一种外国文化，有助于接受新思想、新观念，开阔眼界，在传播中外文化中作出贡献。

导游讲解是一项综合性的口语艺术，要求导游人员具有很强的口语表达能力。不过，导游人员的口语艺术应置于丰富的知识宝库之中，知识宝库是土壤，口语艺术是种子，二者结合才能获得收成——良好的导游效果。

2.史地文化知识

史地文化知识包括历史、地理、宗教、民族、风俗民情、风物特产、文学艺术、古典建筑和园林等诸方面的知识。这些知识是导游讲解的素材，是导游服务的“原料”，是导游人员的看家本领。导游人员要努力学习，力争使自己上知天文、下晓地理，对本地及邻近省、市、地区的旅游景点、风土人情、历史掌故、民间传说等了如指掌，并对国内外的主要名胜景区、景点应有所了解，还要善于将本地的风景名胜与历史典故、文学名著、名人逸事等有机联系在一起。对史地文化知识的综合理解并将其融会贯通、灵活运用，对导游人员来说具有特别重要的意义。

3.政策法规知识

政策法规知识也是导游人员应必备的知识。这是因为：第一，政策法规是导游人员工作的指针。导游人员在导游讲解、回答游客对有关问题的询问或向游客讲述有关问题时，必须以国家的方针政策和法规做指导，否则会给游客造成误解，甚至给国家造成损失。第二，旅游过程中出现的有关问题，导游人员需要根据国家的政策和有关的法律法规予以正确处理。第三，导游人员自身的言行要符合国家政策法规的要求，遵纪守法。

总之，导游人员应该牢记国家现行的方针政策，掌握有关的法律法规知识，了解外国游客在中国的法律地位以及他们的权利和义务。只有这样，才能正确地处理问题，做到有理、有利、有节，导游人员自己也可少犯错误或不犯错误。

4.心理学知识

导游人员的工作对象主要是形形色色的游客，还要与各旅游服务部门的工作人员打交道，导游工作集体三成员（全陪、地陪和领队）之间的相处有时也很复杂。导游人员是做人的工作，而且往往是与之短暂相处，因而掌握必要的心理学知识具有特殊的重要性。导游人员要随时了解游客的心理活动，有的放矢地做好导游讲解和旅途生活服务工作，有针对性地提供心理服务，从而使游客在心理上得到满足，在精神上获得享受。事实证明，向游客多提供心理服务远比功能服务重要。

5.美学知识

旅游活动是一项综合性的审美活动。导游人员的责任不仅要向游客传播知识，也要传递美的信息，让他们获得美的享受。一名合格的导游人员要懂得什么是美，知道美在何处，并善于用生动形象的语言向不同审美情趣的游客介绍美，而且还要用美学知识指导自己的仪容、仪态，因为导游人员代表着国家（地区），其本身就是游客的审美对象。

6.政治、经济、社会知识

由于游客来自不同国家的不同社会阶层，一些游客往往对目的地的某些政治、经济和社会问题比较关注，还有些游客常常把本国的社会问题同出访目的地的社会问题进行比较。此外，在旅游过程中，游客随时可能见到目的地的某些社会现象，引发他们对某些社会问题的思考，要求导游人员给予相应的解释。所以，导游人员掌握相关的社会学知识，熟悉国家的社会、政治、经济体制，了解当地的风土人情、宗教信仰和禁忌习俗等就显得十分必要。

7.旅行知识

导游人员率领游客在目的地旅游，在提供导游服务的同时，还应随时随地帮助游客解决旅行中的各种问题。因此，导游人员掌握必要的旅行知识，对旅游活动的顺利进行就显得十分重要。旅行知识包括交通知识、通信知识、货币保险知识、卫生防病知识等，必要的旅行知识往往能起到少出差错、事半功倍的作用。

（三）工作能力和创新精神

导游工作是一项难度较大、复杂而艰巨的工作，导游的工作能力直接影响对客服务的效率和服务效果。导游工作能力和创新精神既是工作需要，也关系到个人的发展。导游人员的工作对象形形色色，旅游活动丰富多彩，出现的问题及其性质各不相同，导游人员必须根据不同的时空条件采取相应的措施。因此，较强的工作能力和创新精神，充分发挥主观能动性和创造性，对导游人员具有特殊的重要意义。

导游人员的工作能力和创新精神主要表现在以下四个方面：

1.独立执行政策和宣传讲解的能力

导游人员必须具有高度的政策观念和法治观念，要以国家的有关政策和法律、法规指导自己的工作和言行；要严格执行旅行社的接待计划；要积极主动地宣传中国、讲解中国现行的方针政策，介绍中国人民的伟大创造和社会主义建设的伟大成就以及各地区的建设和发展情况；回答游客的种种询问，帮助他们尽可能全面地认识中国。

2.较强的组织协调能力和灵活的工作方法

导游人员接受任务后要根据旅游合同安排旅游活动并严格执行旅游接待计划，带领全团人员游览好、生活好。这就要求导游人员具有较强的组织协调能力，要求导游人员在安排旅游活动时有较强的针对性并留有余地，在组织各项活动时讲究方式、方法并及时掌握变化的客观情况，灵活地采取相应的有效措施。

3.善于和各种人打交道的能力

导游人员的工作对象甚为广泛，善于和各种人打交道是导游人员最重要的素质之一。与层次不同、品质各异、性格相左的中外人士打交道，要求导游人员必须掌握一定的公共关系学知识并能熟练运用，具备灵活性、理解能力和适应能力，随机应变处理问题，搞好各方面的关系。导游人员具有相当的公关能力，就会在待人接物时更自然、得体，能动性和自主性的水平必然会更高，有利于提高导游服务质量。

导游工作的性质特殊、人际关系比较复杂，要求导游人员应是活泼、外向的人，是永远精力充沛、情绪饱满的人，是具有爱心、与人打交道热情、待人诚恳、富于幽默感的人，是有能力解决问题并让人信赖、依靠的人。性格内向腼腆的导游人员，应在实践中不断磨炼自己，培养处理人际关系的能力。

4.分析解决问题和处理事故的能力

沉着分析、果断决定、正确处理意外事故是导游人员最重要的能力之一。旅游活动中意外事故在所难免，能否妥善地处理事故是对导游人员的一种严峻考验。临危不惧、头脑清醒、遇事不乱、处理果断、办事利索、积极主动、随机应变是导游人员处理意外事故时应具备的能力。

（四）健康的身心

导游工作是一项脑力劳动和体力劳动高度结合的工作，工作纷繁，量大面广，流动性强，体力消耗大，而且工作对象复杂，诱惑性大。因此，导游人员必须是一个身心健康的人，否则很难胜任工作。

1.身体健康

导游人员从事的工作要求他能走路，会爬山，能连续不间断地工作；全陪、地陪和领队要陪同旅游团队周游各地，变化的气候和各地的水土、饮食对他们都是严峻的考验。

2.心理平衡

导游人员的精神要始终愉快、饱满，在游客面前应显示出良好的精神状态，进入“导游”角色要快，并且能保持始终而不受任何外来因素的影响。面对游客，导游人员应笑口常开，决不能把丝毫不悦的情绪带到导游工作中去。特别是现在，游客的自我保护意识越来越强，有时对导游工作的理解不够，导游人员要能受得起委屈，心态要好。

3.头脑冷静

在旅游过程中，导游人员应始终保持清醒头脑，处事沉着、冷静、有条不紊；处理各方面关系时要机智、灵活、友好协作；处理突发事件以及游客的挑剔、投诉时要干脆利索，要合情、合理、合法。

4.思想健康

导游人员应具有高尚的情操和很强的自控能力，抵制形形色色的诱惑，清除各种腐朽思想的污染。

总之，一名合格的导游人员应精干、老练、沉着、果断、坚定，应时时处处显示出有能力领导旅游团队，而且工作积极、耐心，会关心人、体谅人，富于幽默感，导游技能高超。

（五）纪律要求

1.忠于祖国，坚持“内外有别”原则

导游人员要严守国家机密，应以国家利益为重。带团旅游期间，不随身携带内部文件，不向游客谈及旅行社的内部事务及旅游费用。

2.严格按规章制度办事，执行请示汇报制度

（1）导游人员应严格按照旅行社确定的接待计划，安排旅行、游览活动，不得擅自增加、减少旅游项目或者中止导游活动；在旅行、游览中，遇有可能危及游客安全的紧急情形时，经征得多数游客的同意，可以调整或者变更接待计划，同时立即报告旅行社。

（2）在旅行、游览中，当可能发生危及游客人身、财物安全的情况时，导游人员

应提早向游客作出真实说明和明确警示，并按照旅行社的要求采取防止危害发生的措施。

3.自觉遵纪守法

（1）导游人员要严禁嫖娼、赌博、吸毒；不得索要或接受反动、黄色书刊画及音像制品。

（2）导游人员不得套汇、炒汇；不得以任何形式向海外游客兑换、索取外汇。

（3）导游人员不得向游客兜售物品或者购买游客的物品；不偷盗游客的财物。《旅行社质量保证金赔偿试行标准》第八条第五款规定："导游私自兜售商品，旅行社应全额退还旅游者购物价款。"

（4）导游人员不能欺骗、胁迫游客消费或者与经营者串通欺骗、胁迫游客消费。

（5）导游人员不得以明示或暗示的方式向游客索要小费，不准因游客不给小费而拒绝提供服务。《旅行社质量保证金赔偿试行标准》第八条第六款规定："导游索要小费，旅行社应赔偿被索要小费的2倍。"

（6）导游人员不得营私舞弊、假公济私，不大吃大喝。

4.自尊、自爱，不失人格、国格

（1）导游人员不得"游而不导"，不擅离职守，不懒散松懈，不本位主义，不推诿责任。《旅行社质量保证金赔偿试行标准》第九条规定："导游在旅游行程期间，擅自离开旅游团队，造成旅游者无人负责，旅行社应承担旅游者滞留期间所支出的食宿费等直接费用，并赔偿全部旅游费用30%的违约金。"

（2）导游人员要关心游客，不态度冷漠，不敷衍了事，不在紧要关头临阵脱逃。

（3）导游人员不要与游客过分亲近，不介入旅游团队内部的矛盾和纠纷，不在游客之间拨弄是非，对待游客要一视同仁，不厚此薄彼。

（4）导游人员有权拒绝游客提出的侮辱人格尊严或者违反其职业道德的不合理要求。

（5）导游人员不得迎合个别游客的低级趣味在讲解、介绍中掺杂庸俗下流的内容。

5.注意小节

（1）导游人员不要随便单独去游客的房间，更不要单独去异性游客的房间；

（2）导游人员不得携带自己的亲友随旅游团队活动；

（3）导游人员饮酒量不要超过自己酒量的1/3。

任务实施与评价

实训任务：导游人员的职业道德

实训步骤：

1.教师讲解导游人员的职业道德要求。

2.教师给出案例材料，提出相关辩题。

3.学生分组展开辩论。

正方：提高导游人员的职业道德比带团技能更重要。

反方：提高导游人员的知识技能比职业道德更重要。

4.教师对双方辩论技巧、逻辑推理、语言概括能力进行总结。

实训要求：为了让辩论取得较好的效果，教师在实训课前要先选择辩题，布置学生通过网络、报纸、图书等渠道收集有关导游人员职业道德的资料。

考核评价：

1.全体同学投票选出最佳辩手，并说明原因，重复精彩观点。

2.根据双方辩论内容的相关性和逻辑性，观点的合理性以及辩论中表现出的风度进行评分。

任务二　导游服务认知

◎任务介绍

近年来，出现了很多由于导游人员服务质量不高引起的旅游投诉，导游人员是与游客接触最密切的岗位之一，他们工作的质量直接影响游客的旅游消费行为，进而关系到旅行社的生存与发展。作为一名导游人员应该正确理解导游服务的概念、类型，意识到导游服务的重要性，并正确掌握导游服务的原则。

◎任务导入

导游服务是在旅游活动基础上产生的，它是旅游服务中的一个重要组成部分，贯穿旅游者整个旅游过程。作为一名导游人员，是否真正理解了导游服务的含义，如何根据导游服务的范围为游客提供相关服务，在带团中如何运用导游服务原则，这些基本又很关键的问题必须掌握。

相关知识

一、导游服务概述

（一）导游服务的产生和发展

1.古代旅游活动

在人类历史上，人类有意识地外出旅行是由产品或商品交换引起的，即第三次社会大分工使商业从农牧业和手工业中分离出来，出现了专门从事商品交换的商人。正是他们在原始社会末期开创了人类旅游活动的先河。他们以经商为目的，周游于不同的部落之间。显然，在这个时期，导游服务还没有产生。封建社会中后期，出现了以求学、保健、探险为目的的旅行，在这些旅行活动中有时会有熟悉当地环境的人做向导，但并不以此为生，收受的只不过是旅游者的赏赐（小费）。

总之，古代旅游（旅行）充满艰苦性、冒险性的原因除了交通工具落后外，缺乏专业向导也是重要的原因。事实证明，有组织、有领导的旅游成功性大；反之，则很难达到预期目的。近代旅游成为人们愉快的活动，专职导游随之而产生，在人类社会上掀开了新的一页。

2.商业性导游服务的产生

世界公认的第一次商业性旅游是1841年由英国人托马斯·库克（Thomas Cook）组织的。1841年7月5日，库克包租了一列火车，运送了500多人从莱斯特前往拉夫巴勒参加禁酒大会，他向每位游客收费1先令，免费提供带火腿肉的午餐及小吃，还有一个唱赞美歌的乐队跟随，成为公认的近代旅游活动的开端。在这次旅游活动中，库克从始至终随团陪同，这是现代旅行社全陪的最早体现。这次旅行成为公认的近代商业性旅游活动的开端。1845年，库克放弃了木工的工作，开始专门从事旅游代理业务，成为世界上第一位专职的旅行代理商，并建立了世界上第一家旅行社——托马斯·库克父子旅行社，组织了多次出国旅游，推动了近代旅游业的发展。

后来欧洲、北美、日本纷纷仿效托马斯·库克组织旅游活动的成功模式，先后组建了旅行社或类似的旅游组织，招募陪同或导游，带团在国内外参观游览。这样在世界上逐渐形成了导游队伍。第二次世界大战后，大规模的群众性旅游活动崛起并得到发展，使导游队伍迅速扩大。目前，世界各国都拥有一大批数量不等的专职和兼职导游队伍。

3.我国导游服务的发展历程

中国第一代导游员出现于1923年8月上海商业储备银行的旅游部组建之时。从这时起，我国导游服务的发展经历了四个阶段。

（1）起步阶段（1923—1948年）。同欧美国家相比，中国近代旅游业起步较晚。20世纪初期，一些外国旅行社，如美国的通济隆旅游公司（前身为托马斯·库克父子旅行社）和运通旅游公司开始在上海等地设立旅游代办机构，总揽中国旅游业务，雇用中国人充当导游。1923年8月，上海商业储备银行总经理陈光甫先生在同仁的支持下，在该银行下创设了旅游部。1927年6月，该旅游部从银行独立出来，成立了中国旅行社，其分支社遍布华东、华北、华南等15个城市。与此同时，中国还出现了其他类似的旅游组织，如铁路游历经理处、公路旅游服务社、浙江名胜导团等。社会团体方面也相继成立了旅游组织。1935年中外人士组成中国汽车旅行社，1936年筹组了国际旅游协会，1937年出现友声旅行团、精武体育会旅行部、萍踪旅行团、现代旅行社等。这些旅行社和旅游组织承担了近代中国人旅游活动的组织工作，同时也出现了第一批中国导游人员。

（2）开拓阶段（1949—1977年）。中华人民共和国成立后，我国旅游事业有了进一步发展。第一家旅行社"华侨服务社"（中旅的前身）于1949年11月在厦门筹建，12月正式营业。1964年6月，国务院批准成立"中国旅行游览事业管理局"作为国务院直属机构，加强对旅游事业的组织和领导。在此期间，我国的导游队伍逐渐形成，规模有二三百人，这一时期导游服务是作为外事接待工作的面貌出现，因此从事导游服务的工作人员均称为翻译导游人员。在周恩来总理提出的"三过硬"（思想过硬、业务过硬、外语过硬）原则指导下，他们是国际导游队伍的一支后起之秀，为我国旅游事业的发展、创立中国导游风格、总结导游工作经验、扩大我国国际旅游市场的影响起到了重要作用。

（3）发展阶段（1978—1988年）。党的十一届三中全会后，我国实行对外开放政策，吸引了大批海外旅游者涌入我国，国内旅游也蓬勃发展。为适应旅游业的大好形势，1978年中国旅行游览事业管理局改名为“中国旅行游览事业管理总局”，各省、自治区、直辖市都设立了相应的旅游局。1980年6月，中国青年旅行社总社成立，几个中央部委（如邮电、教育、铁路等）也相继成立了旅行社。1984年，旅行社外联权的下放，使得全国各行业和地区性旅行社迅速发展。1988年，全国形成了以中旅、国旅、青旅为主干框架的近1 600家旅行社体系，全国导游人员迅速扩大到25 000多人，他们为这一时期我国旅游业的发展作出了贡献。但由于增长速度过快，一批水平不高的人也进入了导游队伍，整体导游水平和素质不如前一阶段。

（4）全面建设导游队伍阶段（1989年至今）。为了整顿导游队伍，使导游服务水平适应我国旅游业发展的需要，1989年3月国家旅游局在全国范围内进行了一次规模空前的导游资格考试，自此每年举行一次全国性的导游资格考试；1989年，《中国旅游报》等单位发起了“春花杯导游大奖赛”，此后又举办了多次全国导游大奖赛，对提高我国的导游服务水平、推进导游工作规范化的进程作出了贡献。这标志着我国开始迈入全面建设导游队伍的阶段。

1994年，国家旅游局决定对全国持有导游证的专职及兼职导游人员分等定级，划分为初级、中级、高级、特级四个级别，进一步加强导游队伍建设。1994年，国家旅游局联合国家技术监督局发布了《导游员职业等级标准（试行）》。1995年，国家发布了《中华人民共和国国家标准导游服务质量》。1999年5月，国务院发布《导游人员管理条例》，标志着我国导游队伍的建设迈上了法律进程。

2002年，全面推行导游计分制管理和IC卡管理等举措，促进了导游工作的规范化和导游队伍的建设。2003年，为了支持我国西部地区旅游事业的发展和导游队伍的建设，还开展了“百名导游援藏”行动。2016年5月，国家旅游局决定在吉林长白山、湖南长沙和张家界、广西桂林、海南三亚、四川成都试点线上线下导游自由执业。

2017年3月，国家旅游局办公室印发《关于换发电子导游证等相关事宜的通知》，通知明确规定，在2017年6月30日前，在全国范围内完成电子导游证的换发。电子导游证将替代导游IC卡成为导游执业证件，以电子数据形式保存于导游人员个人的手机等移动终端设备中。导游人员在开展导游活动时，使用电子导游证，便于旅游执法检查、导游执业信息收集等工作的开展，便于查看导游人员基本资料、游客评价、执业记录、奖惩历史信息等，电子导游证是我国旅游行业进入电子信息化发展的重要举措之一。

（二）导游服务的概念

导游服务是指导游人员代表被委派的旅行社，或同游客签订合同，接待或陪同游客旅行、游览，按照组团合同或约定的内容和标准向游客提供的旅游接待服务。

具体来说应包括以下三层含义：

（1）从执业角度来划分，导游人员分为两类：一种是由旅行社委派，可以是专职的，也可以是兼职的，按照旅行社同游客签订的旅游合同和计划的旅游线路向游客提供接待服务；另一种是自由职业者，他们通过线上或线下渠道，根据同游客签订的合同向游客提供的向导和讲解服务。

（2）导游人员的主要业务是从事游客接待服务。一般来说，多数导游人员是在陪同游客旅行、游览的过程中向其提供导游服务的，但是也有些导游人员是在旅行社设在不同地点的柜台前接待游客，向游客提供旅游咨询，帮助游客联系和安排各项旅游事宜，他们同样提供的是接待服务。不同的是，前者是在出游中提供接待服务，后者是在出游前提供接待服务。

（3）导游人员向游客提供的接待服务是有标准的。对于团体游客必须按组团合同的规定和导游服务质量标准实施，对于散客必须按事前约定的内容和标准实施。导游人员不得擅自增加或减少甚至取消旅游项目，也不得降低导游服务质量标准。一方面，导游人员在接待过程中要注意维护所代表的旅行社的形象和信誉；另一方面，要注意维护游客的合法权益。对参加旅行社组织的旅游活动的游客而言，导游服务工作是其顺利完成游程的主要依托。

因此，导游服务是整个旅游过程中的服务灵魂，导游人员在旅游过程中的服务艺术、服务技能、服务效果和组织能力对游客的综合旅游感受会形成最直接的影响。不仅如此，导游服务工作的优劣还会直接影响整个旅游行业的信誉，对旅游经济的发展产生直接或间接的影响。

二、导游服务的类型

导游服务的类型是指导游人员向游客介绍游地区或地点情况的方式。导游服务的范围极广，内容相当复杂，就现代导游服务方式而言，大致可分为两类：物化导游方式和实地导游方式。

1.物化导游方式

（1）图文导游方式：导游图、交通图、旅游指南、景点介绍册页、旅游产品目录等；

（2）声像导游方式：有关国情介绍、景点介绍的录像带、电影片、幻灯片和VCD光盘等；

（3）多媒体导游方式：利用高科技的方式，如多媒体信息查询系统，旅游网站等。

旅游业发达国家对图文和声像导游方式极为重视，各大、中城市的旅游景点以及机场、火车站、码头等处都设有摆放各种印制精美的旅游宣传资料的“旅游服务中心”或“旅游问讯处”，人们可以随意翻阅，自由索取；工作人员会热情、耐心地解答有关旅游活动的各种问题，并向问询者提供有参考价值的建议。很多旅游公司通过定期向公众放映有关旅游目的国（地）的电影或录像或举办展览会等手段来影响潜在的旅游者。组团社通常在旅游团队集合后、出发前，在领队向团员介绍目的地的风俗民情及旅游注意事项的同时，为旅游者放映有关旅游目的地的电影、录像或幻灯片，散发旅游指南等材料，帮助旅游者了解即将前往游览参观的目的地的基本情况。此外，许多博物馆、教堂和重要的旅游景点配备有先进的声像设施，方便游客参观游览并帮助他们比较深刻、全面理解重要景观内含的深奥寓意和艺术价值，从而获得更多美的享受。

2.实地导游方式

实地导游方式，又称讲解导游方式，包括导游人员在游客旅行、游览途中所做的介绍、交谈和问题解答等导游活动，以及在参观游览途中所做的介绍和讲解。

随着时代的发展、科学技术的进步，导游服务方式将越来越多样化、高科技化。图文和声像导游方式形象生动、便于携带和保存的优势将会进一步发挥，在导游服务中的作用会进一步加强。然而，同实地导游方式相比，图文和声像导游方式仍然处于从属地位，只能起到减轻导游人员负担、辅助实地导游方式的作用。实地导游方式不仅不会被图文和声像导游方式所替代，而且将永远在导游服务中处于主导地位。实体导游方式的具体作用为：

（1）有利于旅游活动中的人际交往和情感交流。旅游是客源地的人们到旅游目的地的一种社会文化活动，通过对目的地社会文化的了解来接触目的地的人民，实现不同国度、地域、民族之间的人际交往，建立友谊。导游人员是游客首先接触而且接触时间最长的目的地的居民，导游人员的仪容仪表、言谈举止和导游讲解方式都会给游客留下难以磨灭的印象。通过导游人员的介绍和讲解，游客不仅可以了解目的地的文化，增长知识，陶冶情操，而且通过接触目的地的居民，特别是与其相处时间较长的导游人员，会自然而然地产生一种情感交流，即不同国度、地域、民族之间的相互了解和友谊。这种游客与导游人员之间建立起的正常的人与人之间的情感关系是提高导游服务质量的重要保证。这同样是高科技导游方式难以做到的。

（2）有利于提供个性化的导游服务。由于社会背景和旅游动机的不同，不同的游客出游的想法和目的也不尽相同，有的人会直接表达出来，有的人比较含蓄，还有的人可能缄默不语。单纯依靠图文声像一类千篇一律的固定模式介绍旅游景点，是不可能满足不同社会背景和出游目的的游客的需求的。导游人员可以通过实地导游方式掌握游客对旅游景点的喜好程度，在与游客接触和交谈中，了解不同游客的想法和出游目的，然后根据游客的不同需求，在对参观游览的景物进行介绍的同时，有针对性、有重点地进行讲解。导游讲解贵在灵活，妙在变化，绝不是一部机器，甚至是一个高智能的机器人所能应对的。

（3）有利于及时解决各种问题。现场导游情况纷繁复杂，在导游人员对参观游览的景物进行介绍和讲解时，有的游客会专心致志地听，有的游客则满不在乎，有的游客还会借题发挥，提出各种稀奇古怪的问题。这些情况都需要导游人员在讲解过程中沉着应对、妥善处理。在不降低导游服务质量标准的前提下，一方面满足那些确实想了解参观游览地景点知识的游客的需求，另一方面要想方设法调动那些对参观游览地不感兴趣的游客的游兴，同时要对提出古怪问题的游客做必要的解释，以活跃整个旅游气氛。此类复杂情况并非现代科技导游手段可以做到的，只有高水平的导游人员才能得心应手地应对这种复杂多变的情况。

三、导游服务的特点

导游服务作为一种高智能、高技能的服务工作，以其独有的鲜明特点，成为旅游业中富有挑战性和创造性的工作。

（一）独立性强

导游服务是独当一面的工作。导游人员带领旅游团队外出旅游，在整个旅游活动过程中往往只有导游人员与旅游者终日相处，导游服务的完成是在没有他人帮助下独立进行的，因而导游服务是一种流动的、单兵作战的工作方式。导游人员必须具备较强的独立工作能力，才能够圆满地完成旅游团队的导游服务工作。导游服务的独立性表现在以下三个方面：

1.独立组织、协调旅游活动

导游人员作为旅行社委派的代表，在为旅游者提供服务的过程中需要独立完成许多组织协调工作。在旅行社内部，导游人员需要与外联、计调、财会等部门协调关系、密切合作，充分做好导游服务的准备工作，以保证旅游活动的顺利进行；在对外关系中，导游人员要代表本旅行社与各有关方面联系和交往，协调好各种关系；在旅游团队内部，要考虑旅游者的年龄、职业、性格、兴趣各不相同，科学组织安排团队的各项活动；要协调多种关系，旅行社之间、旅行社与各单项旅游产品供给部门之间都可能产生矛盾和问题，导游人员对此也要进行组织与协调工作，使之紧密合作，各负其责。

2.独立解决各种矛盾和突发性事件

导游人员在带团旅游过程中，旅游者的食、住、行、游、购、娱等各个方面都需要依靠导游人员来安排，不可避免地会遇到各种各样的、难以预料的问题和矛盾。因此，作为一名导游人员，必须具备独立处理、安排、解决有关矛盾和问题的能力。尤其是在遇到一些突发性事件，如食物中毒、交通事故、游客突然发病或死亡等时，会出现来不及向旅行社请示就必须由导游人员立即作出决定并进行初步处理的情况。因此，导游人员应具备及时解决各种问题和突发性事件的能力。

3.独立进行不同类型的导游讲解

导游人员在讲解过程中，并不是千篇一律的固定模式，而是需要根据游客不同的文化层次、不同的审美情趣以及不同的兴趣爱好，及时调整自己的讲解内容，使导游讲解具有较强的针对性，以满足不同旅游者的需求。这是导游人员需要独立完成的工作，是别人无法替代的。

（二）脑力与体力高度结合

导游服务并不像有些人认为的那样是“游山玩水”、轻松愉快的，而是一项复杂、烦琐的脑力劳动和体力劳动高度结合的服务性工作。一方面，导游人员在讲解服务过程中必然会涉及许多方面的知识，这就要求导游人员博闻强记，掌握天文、地理、政治、经济、文化、教育、医疗卫生、法律、宗教、民俗等各方面丰富的知识，对音乐、舞蹈、美术、建筑、心理学、美学等方面也要有一定的涉猎；另一方面，导游服务流动性强、工作量大、体力支出较大。在旅游过程中，导游人员不仅要带领旅游者一起游览，为其讲解和介绍，还要随时随地帮助旅游者解决出现的各种问题，尤其在旅游旺季，导游人员需要“连轴转”，工作难度增强，体力消耗加大，往往无法正常休息。这种脑力与体力相结合的服务特点在其他行业中是很少见的。

（三）复杂多变

导游服务是按照一定程序进行的，但在实际服务过程中却需要面对许多的不确定性，这使导游服务工作经常处于繁杂多变的情况下。导游服务的复杂多变表现在以下三个方面：

1.服务对象复杂

导游服务的对象是来自不同国家和地区的旅游者，他们的职业、性别、年龄、宗教信仰等各不相同，他们的兴趣爱好、性格、习惯也是千差万别。导游人员在提供服务时，面对的是一个复杂的服务对象群体。由于接待的每一批旅游者都互不相同，因此这又是一个不断变化的复杂群体。

2.旅游者的需求多种多样

导游人员不仅要按照接待计划安排和落实旅游者在旅游过程中的食、住、行、游、购、娱等基本活动，还有责任满足或帮助旅游者解决其随时提出的各种要求，以及解决或处理旅游过程中随时出现的问题和情况。由于对象不同、时间与场合不同、客观条件不同，即使是同样的要求或问题往往也会出现不同的情况，这就需要导游人员根据具体情况准确判断并妥善处理。

3.需要协调的关系复杂

导游人员为确保旅游活动的顺利进行，需要与许多相关部门和工作人员进行接洽和交往，需要商讨各项事宜，争取各方的支持和配合。由于这些部门和工作人员都分别代表了不同的权力和利益，如果协调不好，就会产生各种各样的矛盾，给导游服务形成障碍，影响导游服务的质量。导游服务中所需处理的关系相当复杂，因为这些关系都涉及部门和个人的利益。作为导游人员，既是旅行社利益的代表者，又是旅游者利益的代表者与维护者，导游人员以双重身份与各方打交道，因此导游人员处在一种工作关系和人际关系都比较复杂的关系网中，要处理好这些复杂繁多的关系，就需要具有较高的综合素质和较强的公关能力。

（四）关联度高

旅游产品是以服务形式表现的无形产品。一个完整的旅游产品包括旅游活动的六大要素，即食、住、行、游、购、娱等内容，是由许许多多的单项旅游产品组合而成的。这些单项旅游产品又是由各自独立、性质不同、功能各异的旅游供给部门分别提供的。一次成功的旅游活动需要这些环环相扣的各旅游供给部门的共同努力和通力协作，无论哪一个部门出现了问题，都会影响旅游活动的正常进行，使旅游者感到不满或失望，从而影响整体旅游产品的质量。导游服务涉及旅游行业的方方面面，具有很强的关联性，这就要求导游人员必须以高度的事业心和责任感，对各个相关部门进行统筹协调。

四、导游服务的原则

导游人员要把接待工作做好，需要处理好旅游者、旅行社、有关接待单位和国家之间的关系，既要维护游客的合法权益，又要维护旅行社和国家的利益。为此，在接待工作中，必须遵循以下基本原则：

（一）“游客至上”原则

“游客至上”是旅游行业的座右铭。这不仅是招徕游客的宣传口号，还是旅游行业的服务宗旨、行动指南，更是旅游服务工作中处理问题的出发点。“游客至上”，即在游客和旅游行业的关系中，游客总是第一位的，没有游客，旅游服务的价值就无从体现，导游服务也就失去了存在的必要。

“游客至上”要求导游人员尊重游客，真心实意地为游客服务；要求导游人员在与游客相处时要处处以游客利益为重，尽可能地满足游客的正当需求，而不能过多地强调自己的困难，不能以个人的情绪随心所欲地对待游客；要求导游人员在为游客服务时必须符合国家和旅游行业的有关规定，服务质量必须达到国家和行业制定的标准，并努力将规范化服务与个性化服务、细微化服务有机地结合起来，从而向旅游者提供高质量的导游服务。

（二）维护游客合法权益原则

根据《中华人民共和国消费者权益保护法》（2013年修正），消费者购买物品和服务的合法权益应受到保护。旅游者作为旅游产品和服务的购买者和消费者，其权益也应受到法律的保护。

2013年10月1日实施的《中华人民共和国旅游法》规定，旅游经营者不得以不合理低价组织旅游活动，不得指定具体购物场所，不得安排另行付费项目。导游、领队不得擅自变更旅游行程或者中止服务活动，不得向旅游者索取小费，不得诱导、欺骗、强迫旅游者购物或者参加另行付费项目。

（三）“履行合同”原则

《旅行社条例》中明确规定，旅行社为旅游者提供服务，应当与旅游者签订旅游合同。作为旅行社的代表，导游人员处在旅游接待的第一线，要不折不扣地按照旅游合同规定的内容和标准向旅游者提供导游服务，将维护旅游者的合法权益作为自己的服务准则，并据此对其他旅游服务的供给进行监督，处理旅游过程中发生的问题。

（四）平等待客原则

平等待客原则要求导游人员平等待客、礼貌待客，热情地为每一位游客服务，对每一位游客都一视同仁，提供同等的优质服务。若某些导游人员嫌贫爱富，只关心巴结领导，关心部分有钱的游客，而不理睬或冷落了普通或购物少的游客，势必会使一些游客心理失去平衡，影响其旅游心情，对导游人员产生成见，也不利于导游人员工作的展开。要求导游人员一视同仁，对游客不要分三六九等，同每个游客都一样热情友好礼貌，提供同样的服务，在处理问题时，公平、公正就可以赢得游客的尊重和信赖，避免麻烦。

（五）“合理而可能”原则

满足旅游者的正当要求，使他们愉快地度过旅游生活是导游人员的主要任务。旅游者提出合理要求，又是能够办到的，即使会给导游人员增添不少麻烦，但导游人员也要尽力予以满足。如果旅游者提出的要求是合理的，但实在无法满足，导游人员就要实事求是地说明原委，必要时还需赔礼道歉。游客提出不合理要求，导游人员要婉拒，但要讲清道理。“合理而可能”原则既是导游服务原则，也是导游人员处理问题、满足游客要求的依据和准则。

上述五项原则不是孤立的，而是相互关联、互为补充的，既是导游人员的优质服务原则，也是衡量导游人员服务态度、服务质量及其工作能力的重要标准。导游人员必须牢记这些原则并将其融会贯通、灵活运用，努力为游客提供高质量的导游服务。

五、导游服务的发展趋势

（一）导游知识现代化

导游服务是一种知识密集型的服务，即通过导游人员的讲解来传播文化、传递知识，促进世界各地区间的文化交流。在未来社会，人们的文化修养更高，对知识的更新更加重视，文化旅游、专业旅游、科研考察的发展也会对导游服务提出更高的知识要求。

根据这一趋势，导游人员必须提高自身的文化修养，不断吸收新知识和新信息，导游人员掌握的知识不仅要有广度，还要有深度，使导游讲解的内容进一步深化，更具有科学性。这样导游人员的讲解将更有说服力，不仅能同游客讨论一般问题，还能较深入地谈论某些专业问题。总之，在知识方面，导游人员不仅要成为“杂家”，还要成为某些方面的专家。

（二）导游服务内容扩大化

由最初的引路、讲解，到如今的照顾、处理各种需求，导游服务的内容集向导、讲解、旅途照顾和服务于一体。今后，导游服务的内容将继续扩大，如寻亲访友、翻译、陪同、组织会议等。

（三）导游方法的多样化

旅游活动的多样化，尤其是参与性旅游活动的兴起和发展，要求导游人员随之变化导游方法。参与性旅游活动的发展，意味着人们追求自我价值实现的意识在不断增强。追求自我价值不仅体现在工作中，人们还将其转移到了娱乐活动中。人们参加各种节庆活动，与当地居民一起活动、生活，还在旅游目的地学习语言、各种手艺和技能，甚至参加冒险活动等。这要求导游人员不仅会说（导游讲解），还要能动，与游客一起参加各种活动。

（四）导游服务的个性化

今天的社会是个性张扬的社会，个性化发展成为时代的主题，人们对旅游产品的消费呈现个性化的趋势。一方面，导游服务的个性化要求导游人员根据游客的个性差异和不同的旅游需求提供针对性的服务，使不同的游客获得更大的心理满足；另一方面，导游服务的个性化有利于导游人员根据自己的优势或特长、爱好，形成自己的个性风格，朝品牌化导游发展，给游客留下特色鲜明的印象。

（五）导游职业自由化

导游职业的自由化不仅在西方国家早已盛行，而且成为我国导游人员职业生涯的发展趋势。目前，我国旅游主管部门已在一些地方启动导游职业自由化的试点工作，一些导游人员已经加入到试点中，随着时间的推移，将会有越来越多的导游人员成为自由职业者。

为了推进导游职业自由化，2016年8月，全国导游公共服务监管平台启动。根据该平台的要求，导游人员的执业选择不再受地域限制，而是可以在全国范围自由择业，有序流动。对游客来说，则可通过该平台或对接该平台的商业网站提供的导游二维码进行扫描，识别导游身份，查看导游信息，自主选择导游和对导游服务进行评价、点赞和投诉。

为配合平台运用，2017年3月国家旅游局办公室发布了《关于换发电子导游证等相关事宜的通知》，规定在2017年6月30日前，在全国范围内完成电子导游证的换发。电子导游证将替代导游IC卡成为导游执业证件，以电子数据形式保存于导游人员个人的手机等移动终端设备中。按统一规格制作的“导游身份标识”是电子导游证的外在表现形式。2017年7月1日后，导游人员在开展导游活动时，需要使用电子导游证。而旅游执法检查、导游执业信息收集等将依托电子导游证展开。

德技兼修1-1　　全国特级导游韩兆君：让导游之路走得更稳更踏实（节选）

“获评全国特级导游，是对我20多年导游历程最好的褒奖，是一种莫大的荣耀和鼓励。一个人、一辈子、一件事，导游职业改变了我，也成就了我。”谈起获评感受，来自山东省泰安市导游协会的韩兆君如是说。2012年获评全国优秀导游员，在第二届全国导游大赛中获三等奖，2017年获得第三届全国导游大赛银奖、最佳风采奖……回忆往事，韩兆君十分感慨：“全国特级导游时隔20多年后重评，给行业注入了强心剂，让大家觉得导游职业还是有奔头的，让我有了在这个行业坚持到底的决心。”

2000年，从中职院校毕业后，学习财务会计专业的韩兆君面临就业压力。得知学校开办了导游培训班，他毫不犹豫地报了名。“必须要抓住机会拼一把。”3个月后，韩兆君考下了导游资格证，自此与导游行业结缘。

2001年，韩兆君接到了第一个团——来自河南的40名游客。可是，旅游目的地住宿条件十分有限。“游客住不好可怎么办?”正当韩兆君发愁该如何向游客解释时，一位游客宽慰的话点醒了韩兆君：“相比住得如何、吃得如何，我们希望的是听导游讲出有意义的东西，有所收获，才算没有白来。”原来游客需要的是有深度的讲解。韩兆君下定决心，要努力提升自己的工作能力，把团带出温度，让游客记住这个叫韩兆君的导游。

韩兆君清楚，导游虽然是杂家，但更需要在某个方面做精、做专。此后，他跑遍了泰安的书店、书摊和夜市，把所有和泰山有关的书都买回来。当发现某个问题在不同的书上有不同说法时，他会再去请教研究泰山的专家。“要补足缺项，把自己武装到牙齿。”

20余年间，他阅读了大量名家散文集，将其中的知识点烂熟于胸。因为他深知，只有熟知不同地方的地域差异和文化特点，才能更好地服务游客。做好预案是韩兆君多年以来形成的习惯。时至今日，每次带团前，他仍会重新准备讲解词，即使再熟悉不过的内容，也会仔细温习。他还会根据游客的不同年龄、职业、兴趣爱好，提前准备至少10个可能被游客提及的问题，有针对性地进行讲解。人生在勤，不索何获。不断学习、不断重复是韩兆君的制胜法宝，他一直保持着每天手抄《论语》的习惯，研究不同学者的解读，提炼自己的观点，最终转化成讲解词。

2020年8月，韩兆君开始了在青海省海北藏族自治州（以下简称“海北州”）职业技术学校的支教生涯，每年“驻守”10个月之久，教授旅游管理与德育课。对于支教时光，韩兆君十分珍惜，恨不能倾其所有帮助每个孩子，每次接到新班，他都会主动“亮明底牌”。“以前，我和大家一样，也是一名中职生，而今天，我站在讲堂前给大家授课，这足以证明只要你们想，只要你们努力，一切都有可能。”他说：“希望每个孩子都能像青藏高原上的格桑花一样绽放。只要我的课对一位学生有帮助，我就没有白来。”

资料来源　唐伯依．全国特级导游韩兆君：让导游之路走得更稳更踏实［N］．中国旅游报，2022-07-25（4）．

思政元素：守正创新　笃行致远

学有所悟：党的二十大报告提出：“广大青年要坚定不移听党话、跟党走，怀抱梦想又脚踏实地，敢想敢为又善作善成，立志做有理想、敢担当、能吃苦、肯奋斗的新时代好青年，让青春在全面建设社会主义现代化国家的火热实践中绽放绚丽之花。”当代中国青年应牢记传播中华优秀传统文化的初心使命，自信自强、守正创新，踔厉奋发、勇毅前行，讲好中国故事、传播好中国声音，争取更加伟大的胜利和荣光。

任务实施与评价

实训任务：导游服务认知

实训步骤：

1.以小组为单位进行实训。

2.通过网络、图书等途径收集有关导游服务特点、原则的案例，并进行分析总结，全面认知导游服务。

3.展示成果，分组介绍对导游服务的认识。

4.教师点评、打分。

实训要求：以小组为单位，进行成果分享。

考核评价：教师根据各小组的展示情况和选择的案例，判断其对导游服务的特点和原则的掌握程度，并进行打分。

任务三　散客旅游与团队旅游

◎ 任务介绍

团队旅游是传统的旅游形式，在出游前一次性交费，由旅行社安排行程。近年来，随着人们旅游经验的增加，旅游景区散客接待条件日益改善，散客旅游已经成为当今旅游活动的主要形式，作为导游人员一定要了解散客旅游特点，掌握散客导游服务程序及服务质量要求。

◎ **任务导入**

近几年，从国际旅游统计的各种数据来看，散客旅游发展迅速，已成为当今旅游的主要方式。从国内市场来看，人们旅游的类型已经从简单的观光旅游，逐步向参与型旅游发展，国内散客市场也日益扩大。

相关知识

一、散客旅游

（一）散客旅游的概念

散客旅游，又称自助或半自助旅游，是由旅游者自行安排旅游行程，零星现付各项旅游费用的旅游形式。散客旅游并不意味着全部旅游事务都由游客自己办理而完全不依靠旅行社。实际上，不少散客的旅游活动均借助了旅行社的帮助，如出游前的旅游咨询；交通票据和饭店客房的代订；委托旅行社的派遣人员途中接送；参加旅行社组织的菜单式旅游等。

（二）散客旅游迅速发展的原因

近年来，散客旅游发展迅速，散客市场日益扩大。导致散客旅游迅猛发展的原因主要有：

1.游客旅游经验的丰富

随着我国国内旅游的发展，游客的旅游经验得到积累，他们的自主意识、消费者权益保护意识不断增强，更愿意根据个人喜好自主出游或结伴出游。

2.游客结构的改变

随着我国经济的发展，社会阶层产生了变化，一部分人先富裕起来，中等收入群体逐渐形成，改变了游客的经济结构；大量青年游客的增多，他们往往性格大胆，富有冒险精神，旅游过程中带有明显的个人爱好，不愿受团队旅游的束缚和限制。

3.交通和通信的改变

现代交通和通信工具的迅速发展，为散客旅游提供了便利的技术条件。随着我国汽车进入家庭步伐的加快，人们驾驶自己的汽车或租车出游十分盛行。现代通信、网络技术的发展，也使得游客无须通过旅行社来安排自己的旅行，他们越来越多地借助网上预订和电话预订。

4.散客接待条件的改善

世界各国和我国各地区，为发展散客旅游都在努力调整其接待机制，增加或改善散客接待设施。他们通过旅游咨询电话、电脑导游显示屏等为散客提供服务。我国不少旅行社已经建立了完善的散客服务网络，并运用网络等现代化促销手段，为散客旅游提供详尽、迅捷的信息服务，还有的旅行社设立专门的接待散客部门，以适应这种发展的趋势。

5.《中华人民共和国旅游法》实施的影响

《中华人民共和国旅游法》要求旅行社团队出游不得安排购物店和自费项目，使得团队旅游费用升高，让一些想与团队出游的人望而却步，于是选择让旅行社代购部分旅游产品，自己安排行程。

（三）散客旅游的特点

1.规模小

由于散客旅游多为游客本人单独出行或与朋友、家人结伴而行，因此同团体旅游相比，人数规模小。对旅行社而言，接待散客旅游的批量比接待团体旅游的批量要小得多。

2.批次多

虽然散客旅游的规模小、批量小，但是由于散客旅游发展迅速，目前散客的游客数大大超过了团体游客数，各国、各地都在积极发展散客旅游业务，为其发展提供了各种便利条件，散客旅游更得到长足的发展。旅行社在向散客提供旅游服务时，由于其批量小、总人数多的特征，从而形成了批次多的特点。

3.要求多

散客旅游中，大量的公务和商务游客的旅行费用多由其所在的单位或公司全部或部分承担，所以他们在旅游过程中的许多交际应酬及其他活动，一般都要求旅行社为他们安排，这种活动不仅消费水平较高，而且对服务的要求也较多。

4.变化大

由于散客的旅游经验还有待完善，在出游前对旅游计划的安排缺乏周密细致的考虑，因此在旅游过程中常常随时变更其旅游计划，导致更改或取消出发前向旅行社预订的服务项目。

5.预订期短

同团体旅游相比，散客旅游的预订期比较短。因为散客旅游要求旅行社提供的不是全套旅游服务，而是一项或几项服务，有时是在出发前临时提出的，有时是在旅行过程中遇到的，他们往往要求旅行社能够在较短时间内安排或办妥有关的旅行手续，从而对旅行社的工作效率提出了更高的要求。

（四）散客服务的类型

1.旅游咨询服务

旅游咨询服务主要包括电话咨询、人员咨询和网络咨询。

2.单项委托服务

旅行社为散客提供的各种按单项计价的可供游客选择的服务，主要服务内容有抵达或离开的接送、行李提取与托运、代订饭店、代订汽车、代订代购交通票据、代办出入境等各种相关手续、提供导游服务等。

3.选择性旅游服务

将同一旅行线路或地区或相同旅游景点的不同地方的游客组织起来，分别按单项价格计算的服务方式，主要有小包价旅游中的导游服务、风味餐、娱乐节目、参观游览等。

（五）散客服务程序

散客旅游与团队旅游在接待工作和接待程序上有许多相似的地方，但也有不同之处。散客部的导游人员随时都在办理接待散客的业务，按散客的具体要求提供办理单项委托服务的事宜。一般情况下，柜台工作人员先用电话通知散客部计调人员，请其按要求配备地陪和车辆，并填写旅游委托书。地陪按委托书（或接待计划）的内容进行准备。

1.服务准备

导游人员接到迎接散客旅游者的任务后，应认真做好迎接散客的准备工作，这是接待好散客的前提。

（1）认真阅读接待计划。导游人员应明确迎接的日期，航班（车次、船次）的抵达时间；散客的姓名及人数和下榻的饭店；有无航班（车次、船次）及人数的变更；提供哪些服务项目；是否与其他散客合乘一辆车至下榻的饭店等。

（2）做好出发前的准备。导游人员要准备好迎接散客旅游者的姓名或小包价旅游团队的欢迎标志、地图，随身携带导游证、胸卡、导游旗或接站牌；检查所需票证，如离港机（车、船）票、餐单、游览券等。

（3）联系交通工具。导游人员要与计调部或散客部确认司机姓名并与司机联系，约定出发的时间、地点，了解车型、车号。

2.接站服务

接站时要使散客旅游者或小包价旅游团队受到热情友好的接待，有宾至如归之感。

（1）提前到港等候。导游人员应提前30分钟抵达接站地点。

（2）迎接旅游者。接散客比接团队旅游者要困难，因为人数少，稍有疏忽，就会出现漏接。比如，旅游者自行到饭店或被别人接走。因此，在航班（车次、船次）抵达时，导游人员和司机应站在不同的出口迎接旅游者。

3.导游讲解服务

（1）沿途导游讲解服务。在从机场（车站、码头）至下榻的饭店途中，导游人员对散客应像对团队一样进行沿途导游，介绍所在城市的概况，下榻饭店的地理位置和设施，以及沿途景物和有关注意事项等。对个体散客，沿途导游服务可采取对话的形式进行。

（2）现场导游讲解服务。抵达游览景点后，导游人员应对景点的历史背景、特色等进行讲解，语言要生动，有声有色，引导旅游者参观。如果是单个旅游者，导游人员可采用对话或问答形式进行讲解，更觉亲切自然。有些零星散客，有考察社会的兴趣，善于提出问题、讨论问题，导游人员要有所准备，多向旅游者介绍我国各方面的情况，从中了解旅游者的观点和意见。如果是散客小包价旅游团队，导游人员应陪同旅游团队，边游览边讲解，随时回答旅游者的提问，并注意观察旅游者的动向和周围的情况，以防旅游者走失或发生意外事故。

4.入住饭店服务

入住饭店服务应使旅游者进入饭店后尽快完成住宿登记手续，导游人员应热情介绍饭店的服务项目及入住的有关注意事项，与旅游者确认日程安排与离店的有关事宜。散客抵达饭店后，导游人员应帮助散客办理饭店入住手续。按接待计划向散客明确说明饭店将为其提供的服务项目，并告知散客离店时要现付的费用和项目，记下散客的房间号码。散客行李抵达饭店后，导游人员负责核对行李，并督促行李员将行李运送到散客的房间。

5.送站服务

游客在结束本地参观游览活动后，导游应使散客顺利、安全地离站。导游人员必须在送站前24小时与散客或散客小包价旅游团队确认送站时间和地点。若散客不在房间，应留言并告知再次联络的时间，然后再联系、确认。要备好散客的机（车、船）票。同散客部或计调部确认与司机会合的时间、地点及车型、车号。

当散客乘国内航班离站时，导游人员应掌握好时间，使散客提前90分钟到达机场；当散客乘国际航班离站时，导游人员应使散客提前2小时到达机场；当散客乘火车离站时，导游人员应使散客提前40分钟到达车站。在送散客到机场（车站、码头）的途中，导游人员应向旅游者征询在本地停留期间或游览过程中的感受、意见和建议，并代表旅行社向旅游者表示感谢。散客到达机场（车站、码头）后，导游人员应提醒和帮助旅游者带好行李和物品，协助旅游者办理机场税。一般情况下，机场税由散客自付，但送站计划上注明代为散客缴纳机场税时，导游人员应按照计划办理，回去后再凭票报销。导游人员在同旅游者告别前，应向机场人员确认航班是否准时起飞，若航班推迟起飞，应主动为旅游者提供力所能及的服务和帮助。若确认航班准时起飞，导游人员应将旅游者送至隔离区入口处，同其告别，热情欢迎他（她）们下次再来。若有旅游者再次返回本地，要同旅游者约好返回等候地点。旅游者若乘国内航班离站，导游人员则要待飞机起飞后方可离开机场。若送旅游者去火车站，导游人员要安排好旅游者从规定的候车室上车入座，协助旅游者安顿好行李后，将车票交给旅游者，然后同其道别，欢迎再来。

6.结束工作

由于散客经常有临时增加旅游项目或其他变化的情况而需要导游人员向旅游者收取各项费用，因此在完成接待任务后，应及时结清所有账目，并及时将有关情况反馈给散客部或计调部。

案例分析1-1

地陪小王在陪同一对老年夫妇游览故宫时工作认真负责，在2个半小时内向游客详细讲解了午门、三大殿、乾清宫和珍宝馆。老人提出了一些有关故宫的问题，小王说："时间很紧，现在先游览，回饭店后我一定详细回答你的问题。"游客建议她休息，她都谢绝了。虽然很累，但她很高兴，认为自己出色地完成了导游讲解任务。然而，出乎她意料的是那对老年夫妇不仅不表扬她，反而写信给旅行社领导批评了她。她很委屈，但领导了解情况后说老年游客批评得对。

思考：地陪小王错在哪里？应该怎样接待老年游客？

案例分析1-1

答案提示

二、团队旅游

（一）团队旅游的概念

团队旅游是以旅行社为主体的集体旅游方式，由旅行社或中介机构对旅行进行行程安排和计划，团队成员遵从旅行社安排统一进行旅行，采用包价方式一次性提前支付旅费并在某些项目上可享受团队折扣优惠的新型旅游方式。团队旅游通常是指10人以上的团体共同出游。

旅行社提供线路，游客选择购买，然后游客在规定的时间、地点、景区，在导游人员的陪同下，乘坐交通工具，住预订的宾馆，按照规定的线路完成食、住、行、游、购、娱等旅游过程。

（二）团队旅游与散客旅游的区别

1.旅游活动安排方式

散客旅游的外出旅游计划和旅游行程都是由游客自己安排的。当然，不排除他们与旅行社产生各种各样的联系。团队旅游的食、住、行、游、购、娱一般都是由旅行社或旅游服务中介机构提前安排的。

2.人数多少

散客旅游以人数少为特点，一般为一个人或几个人组成，可以是单个旅游者，也可以是一个家庭，还可以是几个好友。团队旅游一般是由10人以上的旅游者组成。

3.服务内容

团队旅游是有组织地按预定的行程、计划进行旅游。而散客旅游的随意性很强、变化多，服务项目不固定，并且自由度大。

4.付款方式和价格

散客旅游的付款方式有时是零星现付，即购买什么，购买多少，按零售价格当场现付。团队旅游是通过旅行社或旅游服务中介机构，采取支付综合包价的形式，即全部或部分旅游服务费用由旅游者在出游前一次性支付。由于团体旅游的人数多，购买量大，在价格上有一定的优惠；散客旅游则是零星购买，相对而言，数量较少，因此散客旅游的服务项目的价格比团队旅游的服务项目的价格就相对贵一些。另外，散客旅游的每个服务项目都是按零售价格支付的，而团队旅游在某些服务项目（如机票、住房）上可以享受折扣或优惠，因此较为便宜。

5.服务难度

散客旅游没有领队和全陪，服务难度更大。

（三）团队旅游中导游服务人员的组成

团队旅游的导游服务人员一般由全陪、地陪和领队组成，他们共同承担并实施旅游接待计划，沟通旅游服务各方面关系，为团队的游客提供或落实食、住、行、游、购、娱等方面的服务，使游客在优质的服务中获得一个美好的经历，从而保证整个旅游活动顺利有序地进行。团队旅游的导游服务人员作为各自旅行社的代表，既有分工，行使各自的职责，又有合作，共同保证团队旅游各项计划的落实与进展，为团队成员提供满意的服务。

（四）团队旅游服务程序

1.地陪导游服务程序

地陪规范服务流程是指地陪自接受了旅行社下达的旅游团队接待任务起至送走旅游团队整个过程的工作流程。地陪的导游服务工作程序主要包括八个步骤，即准备工作—接站服务—入店服务—核定日程—参观游览—餐饮、娱乐、购物服务—送站服务—后续工作。

2.全陪导游服务程序

从19世纪中期托马斯·库克作为世界上第一位全陪登上历史舞台至今，全陪的作用越来越重要。全陪服务是保证团队旅游的各项活动按计划实施，旅行顺畅、安全的重要因素之一。全陪作为组团社的代表，应自始至终参与旅游团队（游客）移动中各环节的衔接，监督接待计划的实施，协调领队、地陪、司机等旅游接待人员的协作关系，严格按照服务规范提供各项服务。

全陪的导游服务工作程序主要包括八个步骤，即准备工作—首站接团—入住饭店—核定日程—转站服务—各站服务—末站送团—后续工作。

3.出境领队服务程序

出境领队是经国家旅游行政管理部门批准的经营出境业务的旅行社委派出国旅游团队的专职服务人员，代表该旅行社全权负责旅游团队在境外的旅游活动。《中国公民自费出国旅游管理暂行办法》规定："出国旅游必须是采取团队形式，团队旅游活动必须在领队的带领下进行。"

出境领队的导游服务工作程序主要包括三个步骤，即准备工作—全程陪同服务—后续工作。

任务实施与评价

实训任务：散客迎接服务

实训步骤：

1.认真阅读接待计划，掌握接站地点和时间，熟悉散客人数、特点、联系方式等。

2.进行角色扮演和场景模拟，在正确地点接团并及时找到游客。

3.简单阐述模拟工作带来的启示。

4.学生互评，教师评价。

实训要求：采用本地地接旅行社真实接待计划，由学生进行分组表演，一名同学扮演地陪，一名同学扮演全陪，组内其他同学扮演游客，做好接团前各项准备工作。

考核评价：根据双方表现，判断学生是否掌握散客接团的程序和方法，并进行打分。

项目自测

一、判断题

1.目前，我国的导游管理体制属于"封闭式严格型"。（　　）

2.1845年，托马斯·库克与儿子约翰·梅森·库克成立了托马斯·库克父子旅行社。（　　）

3.导游服务贯穿于旅游活动的始终，涉及游客的食、住、行、游、购、娱六大旅游要素，是整个旅游服务中最重要的一个部分。（　　）

二、单选题

1.导游讲解与旅行生活服务之间是（　　）的关系。

A.相互独立又互为因果　　B.互为条件又互相补充

C.相互联系又相互包含　　D.相互独立又互相替代

2.导游服务在连接各项接待服务中起（　　）作用。

A. 强化　B. 先导　C. 纽带　D. 黏合

3. 导游执业方式自由化是导游自由执业的核心，目前导游自由执业主要有五种模式，其中不包括（　　）。

A. “旅游公司委派”模式　B. “游客直联”模式

C. “旅行社委派”模式　D. “旅行社预订”模式

三、多选题

1. 下列古代的旅行活动中，类似于今天观光旅游的有（　　）。

A. 帝王将相的巡游　B. 官吏被贬返回故里

C. 历朝的新官上任　D. 士人、学子的漫游

E. 求经拜佛的宗教旅行

2. 按照《中华人民共和国旅游法》和《中华人民共和国消费者权益保护法》，旅游者的合法权益包括（　　）等。

A. 旅游公平交易权　B. 旅游服务内容知悉权

C. 旅游者隐私保护权　D. 人身和财物安全权

E. 依约享受旅游服务权

项目自测 1-1

扫码答题

3. 导游服务在未来的发展趋势有（　　）。

A. 导游内容高知识化　B. 导游手段简单化

C. 导游执业自由化　D. 导游服务个性化

E. 导游方法多样化

2 项目二 导游文化元素

项目概述

党的二十大报告指出："坚守中华文化立场，提炼展示中华文明的精神标识和文化精髓，加快构建中国话语和中国叙事体系，讲好中国故事、传播好中国声音，展现可信、可爱、可敬的中国形象。"导游应了解我国不同地域的文化元素，以及不同地区游客的文化特质，并且能够根据不同地域的特色文化元素进行导游词创作。导游词的撰写与讲解是灵活多样的，只有充分利用好文化元素和创作技巧，才能更好地完成导游词的创作和讲解工作。

学习目标

知识目标

1. 了解我国旅游目的地的区域概况。
2. 掌握文化讲解的要素。

能力目标

1. 能够根据各地区的文化要素撰写具有相关文化元素的导游词。
2. 能够根据不同地区游客的特质，进行有针对性的讲解和服务。

素养目标

1. 理解中华民族博大精深的多元文明，提高文化素养。
2. 使学生厚植爱国情怀，坚定文化自信。

任务一　目的地地域文化元素

◎任务介绍

提前了解旅游目的地的文化特征，根据目的地的特色地域文化撰写导游词，使用多种旅游讲解技巧。

◎任务导入

兼容并蓄的中华文化因和谐统一而源远流长，而每一个旅游目的地又各具特色、风格独特，多元文明蕴含了哪些地区的不同文化呢？

相关知识

一、华北：寻根文化

（一）区域概况

1.地貌齐全复杂

华北区域地貌齐全，类型复杂多样，从西到东分布着高原、高山、盆地、丘陵、平原、海洋等地貌结构，横跨我国地势的第二和第三阶梯，主要包括冀北山地、太行山地、秦晋高原、关中平原、陕南山地、山东丘陵和华北平原等。

2.旅游景点众多

著名旅游景点有北京故宫、明十三陵、天坛、圆明园、佛宫寺释迦塔、秦始皇兵马俑和黄帝陵等。

（二）文化讲解

1.华夏文明标志，文物古迹众多

以华北的核心地区京津冀为例，拥有悠久的历史文化和多样的民俗文化，还有杨柳青年画、曲阳石雕和蔚县剪纸等多姿多彩的民俗艺术文化。

知识链接 2-1 杨柳青年画

2.文化艺术形式丰富多样

北京京剧闻名中外，山东快书、陕西秦腔和河南豫剧等也各有特色，广为流传。

3.特种工艺品和民间工艺品

特种工艺品和民间工艺品有玉雕、唐三彩、景泰蓝和风筝等。

二、东北：关东风情

（一）区域概况

1.气候特征明显

寒冷漫长的冬季使东北拥有丰富的冰雪旅游资源，如欣赏冰雕、冰灯和雾凇景观；体验滑冰、冰球、冰帆、冰橇、冰螺和狗拉爬犁等运动。夏季东北是避暑的好去处，特别是漠河的“北极村”，不仅凉爽，还可欣赏“白夜”奇景。

2.边境漫长

黑龙江与俄罗斯有着漫长的边境线，吉林与俄罗斯、朝鲜都有接壤，辽宁也与朝鲜相邻。

（二）文化讲解

1.民族风情复合多样

东北地区有满族、蒙古族、回族、朝鲜族、达斡尔族、鄂伦春族、鄂温克族和赫哲族等众多少数民族，民族风情浓郁。

2.建筑艺术受多种文化影响

哈尔滨的欧式建筑，如圣索菲亚教堂等，与中国古典式建筑、现代大厦交织，共同构成了哈尔滨城市风貌的一大特色。

3.民间艺术乡土气息浓厚

知识链接
2-2
冰雪之旅

东北二人转和东北大秧歌等都体现出浓郁的乡土气息。二人转，俗称小秧歌，是中国东北地区的走场类曲艺、地方戏，是广泛流传于东北三省及内蒙古自治区的戏曲形式。二人转结合了东北秧歌、民间说唱、莲花落、戏曲、东北民歌和笑话等曲艺形式，有300余年的历史。1953年，在北京举行的第一届全国民间音乐舞蹈大会上，东北代表团的二人转节目正式参加演出，二人转这个名字首次得到全国文艺界的承认，并延续发展。

三、华东：婉约江南

（一）区域概况

1.经济发达，文化繁荣

华东地区经济发达，物产丰富，是我国重要的工业基地之一，钢铁、机电、轻纺和化工等在全国居首要地位。华东地区也是我国农业最发达的地区之一，江南平原号称“鱼米之乡”。华东地区的民族工业发展较早，发展水平也较高，尤其是传统工业和手工业种类多，质地优良。

2.名山众多，水景秀丽

名山：黄山、九华山、庐山、雁荡山、普陀山、天柱山、天台山、天目山、井冈山、三清山和龙虎山等。

胜水：全国五大淡水湖中除洞庭湖外，鄱阳湖、太湖、洪泽湖、巢湖全都集中在华东地区。太湖、巢湖、玄武湖等湖泊游，以及大运河沿岸游，已成为领略江南风景的最佳旅游线路。

（二）文化讲解

1.园林荟萃，名城夺目

知识链接
2-3
杭州西湖

古典园林主要集中在苏州、南京、无锡、扬州、上海等地。著名的园林有拙政园、豫园、网狮园和个园等。著名的旅游城市有上海、南京、苏州、杭州、扬州和绍兴等，旅游业发达。

2.旅游产品种类丰富

华东地区的红色旅游、乡村旅游和生态旅游等旅游产品丰富多彩。

四、华中：荆楚文化

（一）区域概况

1.水陆并举，交通发达

长江是著名的“黄金水道”，我国最长的铁路——京九铁路穿越而过，武汉、长沙等城市都有高铁通往全国各个方向，方便了人们的出游。

2.地形复杂，水利资源丰富

华中地区以平原为主，四周低山丘陵环抱。华中地区的主要地貌单元有鄂西山地、鄂北山地、两湖平原、湘西丘陵、湘中丘陵和南岭山地等，横跨我国地势的第二和第三阶梯。其中，鄂西有巫山、神农架、武当山和长江三峡；两湖平原则由湖北的江汉平原和湖南的洞庭湖平原组成，是著名的“鱼米之乡”。华中地区河网稠密、湖泊众多，是水力资源极为丰富的地区。

（二）文化讲解

1.楚文化特色鲜明

华中地区在古代是楚文化的发源地之一，这块土地上孕育了灿烂的楚文化，因而也就有众多的楚文化遗存。楚文化主要体现在青铜器铸造工艺、丝织与刺绣、髹（xiū）漆工艺，以及美术、乐舞和文学等方面。

2.三国遗迹众多

荆州古城、襄樊古隆中、蒲圻赤壁、当阳长坂坡和关林等都在华中地区。

3.近现代革命纪念地，伟人足迹众多

武昌起义、秋收起义等重大革命历史事件都发生在华中地区。

五、华南：岭南风韵

（一）区域概况

华南地区的地势为北高南低，地形复杂，有山地、丘陵、平原和台地，以山地、丘陵为主。华南地区还有个特点就是各省内河流交错纵横，水资源十分丰富。岭南大部分地区属于亚热带气候；雷州半岛一带、海南岛和南海诸岛则属于热带海洋性气候，夏季气温高，太阳高度角大，日照时间长。全年主导风向为东北风和北风，夏季主导风向为东南风和南风。

（二）文化讲解

1.多元、务实、开放、兼容、创新

岭南文化以其独有的多元、务实、开放、兼容和创新等特点，采中原之精粹，纳四海之新风，融汇升华，自成宗系，在中华大文化之林独树一帜，对华中地区乃至全国的经济、社会发展起着积极的推动作用，是中华民族灿烂文化中最具特色和活力的地域文化之一。

知识链接
2-4
客家文化

2.客家文化

客家文化有古汉文化活化石之誉，客家人也被海外人士喻为“东方犹太人”，客家人创造的客家文化遍布全球80个国家和地区，集中分布于客家人聚居的地方。其中，广东省就有客家人居住的县市16个，包括兴宁和河源等。

六、西南：多彩民俗

（一）区域概况

1.神奇的喀斯特地貌

“喀斯特”原是伊斯特拉半岛上一座石灰岩高原的地名，那里有典型的岩溶地貌，于是“喀斯特”成为岩溶地貌的代称。相比之下，中国的南方地区更有资格成为岩溶地貌的代名词。中国是喀斯特地貌分布面积最大的国家，从热带到寒温带，从湿润区到干旱区，各种喀斯特地貌类型齐全、包罗万象，西南地区因喀斯特地貌而形成的旅游资源尤其丰富，峰、林、山、谷、湖、石、瀑、泉、潭，几乎集合了所有自然景观元素。

2.气候适宜

我国西南大部分地区污染少、零雾霾，空气不干不湿，紫外线不强，气候舒适期长，是全国舒适期最长的区域，长寿之乡比例较高，尤其适合旅居养老，对老年游客非常有吸引力。

（二）文化讲解

知识链接 2-5
在云南过春节

多彩的民族风情：经过历史发展的长期积累，西南少数民族在各民族内部、不同民族之间以及各民族与国家之间、大众与社会精英之间形成了和谐文化传统，其特质具体体现为族内和谐、族际和谐、民族与国家和谐、大众与精英和谐。这一和谐文化传统，对于西南地区少数民族的族内整合、族际整合以及民族国家整合，发挥了积极的政治效能，并将继续发挥其正面效应。传承与发展这一文化特质，可以为进一步铸牢中华民族共同体意识、巩固和发展中华民族共同体贡献力量。

七、西北：丝路风情

（一）区域概况

1.深居内陆，景观壮丽奇特

深居内陆，四周多高山，总体上处于山脉和盆地相间排列地带，地形复杂，从东到西分别为戈壁沙滩、荒漠草原、戈壁荒漠和峡谷山丘等景观。

2.地广人稀

降水量不均匀，属于干旱半干旱地区，不适宜耕种，耕地较少。

（二）文化讲解

1.游牧文化

知识链接 2-6
丝绸之路

游牧民族逐水草而居的生活代表了一种遥远而浪漫的文化想象。高山湖泊，弯弓大雕，骏马奔驰逐落日，风吹草低见牛羊，让禁锢于钢筋水泥丛林中的现代都市人，在内心深处油然而生出一种自由放旷的诗意想象。

2.丝路文化

西北地区的传统村落主要分布于丝绸之路经济带周边，地域特色鲜明，文化底蕴深厚。

八、青藏：高原藏乡

（一）区域概况

1.雪域高原

中国境内的青藏高原平均海拔4 400米，素有“世界屋脊”和“地球第三极”之称。高原上绵亘多条巨大的山脉，多冻土、多积雪，冰川分布广泛，常年气温较低。

2.发展中的交通

青藏铁路又称“青藏线”，全长1 956千米，是一条连接青海省西宁市至西藏自治区拉萨市的国铁Ⅰ级铁路。青藏铁路建设克服了高原冻土、高原反应的难题，是通往西藏腹地的第一条铁路，也是世界上海拔最高、线路最长的高原铁路。

（二）文化讲解

青藏地区海拔高、氧气稀薄、高原密布，居民多居住在河谷地区。独特的地域风貌造就了青藏地区神秘的宗教文化，从早期的崇拜大自然与动物，拥有明显的图腾敬仰，到佛教传入后，具有西藏本土特色的藏传佛教成为主流。

知识链接 2-7

我国的八大旅游区

任务实施与评价

实训任务：导游文化及导游讲解技巧

实训步骤：

1. 教师讲解我国旅游地的文化特征。
2. 教师给出旅游地实例，讲解撰写导游词的方法。
3. 学生根据教师所展示的旅游地特色，撰写导游词。
4. 教师根据旅游地特色，评析学生撰写的导游词。

实训要求：学生更加熟悉旅游地的文化特色、地域风貌，撰写精彩导游词，锻炼导游讲解能力。学生熟记教师讲述的内容，并通过网络、书籍等方式查阅资料加强记忆。

考核评价：根据学生撰写的导游词进行评分。

任务二　游客的文化特质和性格地图

◎ 任务介绍

了解不同地区游客的文化特质及性格特点，根据不同地区游客特质构建良好服务关系。

◎ 任务导人

一方水土养一方人，如果导游人员能在工作中对来自不同地域的游客的文化特质和性格特征有所了解，则能够更加迅速地产生共鸣，被游客认同，减少误会和隔阂，提高工作效率。那么，各个地域游客的特点又是怎样的呢？

相关知识

一、北京游客：热情爽朗

（一）游客特点

北京人身处京城，侃起国家大事、政治形势来，就像高山流水，气势磅礴。因此，有顺口溜说，“北京人侃主义，广东人谈生意”。另外，北京人也是中国人中最具幽默感的一群人，燕赵文化赋予北京人热情爽朗的性格特质，加之北京长期作为都城的优越地位及独具魅力的北京方言，使得北京人幽默起来挥洒自如。

（二）如何产生共鸣

与北京人打交道，不能忽视他们的幽默感。要听懂北京人的幽默，有以下诀窍可以一用：熟悉四种以上北京人惯用的幽默技法，体会出其侃的特点。多接近一些善于京味幽默的北京朋友，领会其幽默风格。当听到一些颇与环境不协调的话语时，这就可能是北京人的幽默，这时应多想想，领会其幽默之意。

二、天津游客：豁达幽默

（一）游客特点

提起天津人，多数人首先想到的就是他们的幽默，天津走出了马三立、冯巩、郭德纲等大家熟悉的相声演员，是外地人心目中名副其实的“哏儿都”。

（二）如何产生共鸣

了解天津的历史和地域文化，就不难与天津人产生共鸣。清朝初年，“九河下梢”的地理位置使天津的漕运和海运得到了兴盛，也带动了修船造船、装卸搬运等相关产业的发展。当时自天津城西北角经北大关至天后宫一带，商贾云集、人声鼎沸、屋瓦鳞次、店铺林立，形成了以码头为中心的繁华商业区。码头是天津人生活和工作的中心，在这里他们的日常生活就是和南来北往的人打交道，久而久之，就给人留下了能说会道的印象。快节奏的码头生活，需要传情达意言简意赅。长此以往，语言简练成了天津话的一大特点。

三、上海游客：精明洋气

（一）游客特点

上海人的精明反映在日常生活中，既包括谋取个人利益的行为，又包括对个人权益、利益的维护，上海人精明源自商业传统的熏陶。同时，上海人的洋气也是有目共睹的。

（二）如何产生共鸣

不可否认，上海人很骄傲，我们承认他们确实有骄傲的资本便不难产生共鸣。为上海游客服务的过程中，要经常赞叹上海这座城市，如地区生产总值高、人均收入高和居民学历高等。当涉及游客利益的问题时，一定要严格按照旅游合同执行。

四、东北游客：热情的长子有情怀

（一）游客特点

东北是指由黑龙江、吉林和辽宁三省以及内蒙古东四盟构成的区域，东北人的热情也是众所周知的，尤其表现在请客吃饭方面。

（二）如何产生共鸣

和他们聊聊“共和国长子”的称呼，那时的东北工业、铁路冠绝全国，国营大厂众多，共和国很多个第一都是在这片热土上被见证的。计划经济时代，大企业、好企业很多都在东北，东北人又大都在“体制内”，自然而然就有东道主、“长子”的情节，既然都“长子”了，必须照顾好小兄弟们，好客、热情、豪爽、大方的情绪喷薄而出。

五、西北游客：包容节约

（一）游客特点

行政区划上的西北地区包括陕西省、甘肃省、青海省、宁夏回族自治区和新疆维吾尔自治区。西北人大体上可以概括为豪爽义气、直来直往、为人热情。西北人做事讲究气势、洒脱和不屈，要的就是如戈壁滩一样的宽广，像黄河水一泻千里的气势。西北人用胸腔的共鸣来表达自己，每句话的前面都要加一个“啊”，或者在后面缀一个“嘛”字。

（二）如何产生共鸣

西北人身体健壮，朴讷温厚而又爽直豪放，与他们产生共鸣最简单的方法就是忆苦思甜，在较长的旅途中，可以播放一些当地的民歌，因为曾经在艰苦的环境中，人们是用音乐排解心中的苦闷，用歌声表达自己不能随便告诉他人的情感，所以我们听到陕北民歌时会感觉那么悠远、绵长。

六、云南游客：热爱生活的慢性子

（一）游客特点

云南人性子慢，做什么都是慢悠悠的，走在路上都很少见那种快走的人。云南人坦荡、直率，心里想什么就讲什么。

（二）如何产生共鸣

首先，要做的就是不要催他们，适应他们的进度，慢下来一起享受旅途。其次，应该以礼相待，不斤斤计较。一般来说，云南人很少会舌枪唇战地讨价还价，也很少与人争执，与他们做生意，会觉得很轻松。要诚实买卖，商品一般要明码标价，让顾客心里踏实。生意人之间以气节相尚，以诚信相待。

七、广东游客：酷爱养生，亲和有礼

（一）游客特点

广东人爱吃，讲究“补”，爱煲汤，爱喝粥。广东人亲和有礼且特别务实，如果遇到有人求助，多数都会尽力帮忙。

（二）如何引起共鸣

养生是老广东人最有兴趣的话题之一，需要注意的是少谈政治，少谈哲理人生，多讲经济，多聊商机，还有就是一定要把服务做好。

八、山东游客：传统朴实

（一）游客特点

山东游客深受儒家思想影响，儒家文化讲究“以人为本，以仁为核心”，这深深地影响了山东人，他们也为自己继承了“周孔遗风”而感到自豪。他们比较传统，普遍厚道纯朴，重感情，讲义气。

（二）如何引起共鸣

山东人比较重视教育，到一地旅游也会对当地的教育情况关注有加，接待山东游客时，可以介绍一下本地的教育政策，通常能够快速引起共鸣。另外，山东人比较节俭，对自费项目和购买土特产品兴趣不大。

知识链接
2-8
我国不同区域的饮食文化

任务实施与评价

实训任务：游客的文化特质和性格地图

实训步骤：

1.教师讲解不同地区游客文化性格特质。

2.教师给出实际案例，讲解产生共鸣的方法。

3.学生分组，运用所学知识进行课堂实际沟通。

4.教师根据不同小组之间的沟通表现评分。

实训要求：

1.了解游客的文化特质和性格特点。

2.了解如何在具体的导游工作中做好前期准备、运用和提高自己的职业技能。

考核评价：

1.学生根据沟通的顺畅程度进行互评。

2.教师根据契合程度进行点评及评分。

项目自测

一、判断题

1.养生是老山东人最有兴趣的话题之一。（　　）

2.云南人性子慢，做什么都是慢悠悠的。（　　）

3.语言简练是天津话的一大特点。（　　）

二、单选题

1.“共和国长子”是指（　　）游客。

A.东北　　B.华北　　C.西北　　D.西南

2.（　　）不是大家熟悉的天津相声演员。

A.马三立　　B.冯巩　　C.郭德纲　　D.侯宝林

3.接待（　　）游客时，可以介绍一下本地的教育政策，通常能够快速引起共鸣。

A.北京　　B.上海　　C.山东　　D.广东

三、多选题

1.行政区划上的西北地区包括（　　）。

A.陕西省　　B.甘肃省　　C.青海省

D.宁夏回族自治区　　E.新疆维吾尔自治区

2.下列描述符合上海情况的有（　　）。

A.地区生产总值高　　B.人均收入高　　C.平均学历高

D.房价高　　E.深受儒家思想影响

3.东北是指由（　　）构成的区域。

A.黑龙江省　　B.吉林省　　C.辽宁省

D.内蒙古东四盟　　E.内蒙古自治区

项目自测
2-1

扫码答题

3 项目三　导游带团技能

项目概述

党的二十大报告指出，完善中国特色现代企业制度，弘扬企业家精神，加快建设世界一流企业，支持中小微企业发展。旅行社作为我国旅游业的重要组成部分，面临前所未有的发展机遇和挑战。只有了解旅行社行业的发展现状，熟悉行业常识，遵守企业规范，才能顺利筹建旅行社，为旅行社经营奠定基础。

学习目标

知识目标

1.掌握导游人员与旅游者交往的技能。
2.掌握塑造导游人员良好职业形象的方法。
3.掌握特殊旅游团队的接待服务技能。
4.掌握导游人员带团常用技巧。

能力目标

1.能够树立导游人员良好职业形象。
2.能够熟练运用与旅游者交往的技能。
3.能够妥善处理游客的个别要求。
4.能够做好特殊游客的接待服务。

素养目标

1.培养学生优秀的旅游职业道德。
2.培养学生对行业的热爱，对职业的专注、对业务的精益求精。

任务一　与游客交往技能

◎ 任务介绍

在整个旅游活动过程中，导游人员与旅游者在一起的时间最长、接触机会最多。对导游人员来说，最重要的工作就是为旅游者提供细致、周到、全方位的服务。为此，导游人员要探索导游服务的规律，分析旅游者的心理，掌握与旅游者交往的技能，让旅游者在旅游过程中获得更多的愉悦感受。与旅游者交往的技能，是导游人员与旅游者建立友情关系的重要途径，是完成带团任务的有效保证。

◎ 任务导入

导游人员在带团过程中会遇到各种性格类型的旅游者，也会遭遇旅游者情绪不好、游兴不高等情况。要想顺利地完成带团工作，导游人员必须积极主动与旅游者进行沟通，调整游览状态。这就需要导游人员在日常工作中不断培养与旅游者进行交往的技能。

相关知识

一、树立良好的导游人员职业形象

职业化形象是导游人员服务规范与否的一种标志，导游人员依靠主观努力和实际行动，为自己塑造一个良好的职业化形象，给旅游者留下训练有素的印象。树立良好的职业形象有助于增强旅游者对导游人员的信任感，有助于缩短导游人员与旅游者间的心理距离。

导游人员道德风范的核心是爱岗敬业、尽职尽责，导游人员要把导游工作作为自己一生热爱的职业，把为游客提供尽善尽美的服务，作为终生追求的目标。只有这样才能长期坚持导游工作，否则将被严酷的竞争所淘汰。只有全体导游人员都懂得道德风范的建设，才能树立导游队伍的良好形象，获得社会大众的认同，使得全社会对导游人员有一个积极的评价。

（一）塑造良好的仪容仪表

导游人员要有良好的仪容仪表，接团当天要着正装，服装整齐合体，以表示对旅游者的尊重与欢迎。随后的游览活动，导游人员仍然要身着得体、适合工作的、与周围环境景物相协调的服装。送行时，导游人员最好着正装，表示导游人员对工作的敬业。同时，导游人员要注意每天更换衣服，以保持良好的形象。服装要注意搭配，这包括发型、着装、穿鞋、身上饰物、背包，做到全身上下和谐统一，在突出个性的同时，一定要注意方便工作。导游人员身上的饰品要简洁明快，不应过多，以免影响工作。仪容仪表是导游人员自身兴趣爱好、综合素质的体现，要在工作中不断地摸索，以求达到最佳。

（二）重视“第一印象”

在人际知觉中，给人留下的第一个印象是至关重要的。一个人在初次见面时给人留下的印象，会影响人们对他以后一系列行为的评判和解释。

迎接旅游团队是导游人员与游客接触的开始，导游人员在接团时留给游客的首次印象，对游客心理有重大影响，它往往会影响游客在以后的旅游活动中的判断和认识。游客每到一地，总是怀着一种新奇的忐忑不安的心情，用审视甚至近于挑剔的目光打量前来接团的导游人员。因此，导游人员从第一次接触游客起就必须注意树立良好的形象，既要注意外表的形象，又要注意态度对游客心理的影响，还要通过周密的工作安排、良好的工作效率给游客留下良好的第一印象。从接站地点到下榻饭店的交通工具、行李运送和沿途导游讲解都要做好妥善的安排，迅速地满足游客的要求。导游人员在接团前如能记住游客的姓名和特征，迎客时能叫出他们的名字，游客会迅速消除初到异地的孤独感和茫然感，增强安全感和信任感。这是导游服务成功的良好开端，也为导游人员与游客和睦相处奠定了一定的感情基础。

（三）注重礼节礼貌

在导游服务的全过程中，导游人员应以诚待人，热情服务，与游客建立良好的人际关系，赢得游客的好感与信赖；换位思考，宽以待人，理解游客的所想、所愿、所求和所为，平心静气地对待游客的“过错”，合理妥善地处理游客的要求乃至苛求。总之，导游人员要始终表现出豁达自信、坦诚乐观、沉着果断、办事利落、知识渊博、技能娴熟等职业特质。

导游服务是高智商、高体能、高质量的服务，其职业形象也应该是非常高尚的。良好的职业形象，包括职业化的仪容仪表、礼节礼貌、道德风范、社会评价。礼节是人们在交际场合中相互问候、致意、祝愿的惯用形式，礼貌则是人与人之间在接触交往中互相尊重和友好的行为规范。礼节是礼貌的具体体现。礼节礼貌的核心内容是对人表示尊重。导游人员要学会问候语、征询语与委婉语的用法，学会待人接物的各种礼貌。中国是泱泱大国、礼仪之邦，导游人员应该以礼节礼貌见长。

二、确立在旅游团队中的主导地位

旅游团队是由素不相识的、各种各样的游客构成的临时性和松散性的团体。导游人员在带团过程中应该尽快确立自己在旅游团队中的主导地位，这是带好一个旅游团队的关键。导游人员只有确立了主导地位并取得了游客的信任才能具有凝聚力、影响力和调控力，才能真正带好一个旅游团队。

（一）以诚待人，热情服务

导游服务具有周期性短的特点，导游人员每接一个团与游客接触的时间都不长，做全陪十几天，做地陪只有几天，难以“日久见人心”，因此导游人员要尽快与游客建立良好的人际关系，这样才能顺利开展工作。真诚对待游客是建立良好人际关系的感情基础，心诚则灵，有诚意才可靠。当导游人员的真诚和热情被游客认可时，就能赢得游客的好感与信赖。

刚参加工作不久的年轻导游员带团时难免会出现一些差错，但他们之所以能得到游客的肯定和欢迎，就是因为他们的热情和真诚感动了游客。真诚和热情有时还能弥补导游工作中的某些不足，当游客认定导游人员是真心维护他们的利益时，即使遇到了问题，他们也会持合作的态度。

（二）换位思考，宽以待客

换位思考是指导游人员站在游客的角度，以“假如我是游客”的思维方式来理解游客的所想、所愿、所求和所为，从而做到“宽以待客”，想方设法满足游客的要求，理解他们的“过错”或苛求。由于客观存在的物质条件、生活水平的差距，往往游客在客源地很容易办到的事情到目的地就很难办到，甚至成了“苛求”。如果导游人员能站在游客的角度，对游客提出的种种要求平心静气地对待，努力寻找其中的合理成分，尽力使游客的要求得到满足，即使是苛求也一定能妥善地加以处理。

知识链接
3-1
如何应对游客的
“从众行为”

（三）树立威信，善于“驾驭”

由于导游服务是一种引导、组织游客进行各种旅游活动的积极行为，因此导游人员必须是旅游团队的主导者，对旅游团队具有“驾驭”技能。导游人员要确立自己在旅游团队中的威信，主导游客的情绪和意向，努力使游客的行为趋于一致，使一个临时组成的松散的游客群体成为一个井然有序的旅游团队。

三、营造导游人员与旅游者的和谐关系

旅游者是导游人员工作的对象，与旅游者保持良好的人际关系，有助于旅游计划的完成。导游人员应该维护旅游者的合法权益，忠实地执行旅游接待计划，既要对旅行社忠诚，又要对旅游者真诚。导游人员与旅游者相处的时间最长，从迎来到送走，形影相随。旅游者有什么问题，都会直接反映给导游人员，导游人员要见机行事，其中有很多是人际关系的问题，包括导游人员与旅游者的关系。导游人员要有一套在最短的时间内，和旅游者建立良好人际关系的方法，而唯一的途径就是遵循规范化服务的原则。导游人员要认真对待自己的工作，勤勤恳恳、一丝不苟，以辛勤的劳动换取旅游者的认同。

（一）尊重游客

尊重游客，就是要尊重游客的人格和愿望。游客希望得到尊重是正常的、合理的，也是起码的要求。导游人员必须明白，只有当游客在热情友好的气氛中自我尊重的需求得到满足时，为游客提供的各种服务才有可能发挥作用。

“扬他人之长，隐其之短”是尊重人的一种重要做法。在旅游活动中，导游人员要妥善安排，让游客进行“参与性”活动，使其获得自我成就感，增强自豪感，从而在心理上获得最大的满足。

（二）微笑服务

微笑是自信的象征，是友谊的表示，是和睦相处、合作愉快的反映，还是一种无声的语言，有强化有声语言、沟通情感的功能，有助于增强交际效果。

（三）使用柔性语言

“一句话能把人说笑，也能把人说跳。”导游人员有时一句话说好了会使游客感到高兴；有时一不当心，甚至是无意中的一句话，就有可能伤害游客的自尊心。因此，导游人员在与游客交往时必须注意自己的语言表达方式，与游客说话要语气亲切、语调柔和、措辞委婉、说理自然，常用商讨的口吻与游客说话。这样的“柔性语言”既使人愉悦，又有较强的征服力，往往能达到以柔克刚的效果。

（四）与游客建立“伙伴关系”

旅游活动中，游客不仅是导游人员的服务对象，也是合作伙伴，只有游客的通力合作，旅游活动才能顺利进行，导游服务才能取得良好的效果。要想获得游客的合作，导游人员应设法与游客建立“伙伴关系”。一方面，导游人员可通过诚恳的态度、热情周到的服务、谦虚谨慎的作风、让游客获得自我成就感等方式与游客建立合乎道德的、正常理性的情感关系，当然这种情感关系应是面对每一位游客的，决不能厚此薄彼；另一方面，导游人员在与游客交往时还应把握正确的心理状态，尊重游客，与游客保持平行性交往，力戒交锋性交往。

（五）了解旅游者的心理

导游人员要有效地向旅游者提供心理服务，必须了解旅游者的心理与变化。

1.从国籍、年龄、性别和所属阶层等方面了解旅游者

每个国家、每个民族都有自己的传统文化和民风习俗，人们的性格和思维方式也不相同，即使是同一个国家的不同地区、不同民族的人在性格和思维方式上也有很大差异；与此同时，旅游者所属的社会阶层、年龄和性别的不同，对其心理特征和生活情趣也会产生较为明显的影响。导游人员应从这些方面去了解旅游者，并有针对性地向他们提供心理服务。

（1）区域和国籍。首先，从区域的角度来看，东方人和西方人在性格和思维上有较明显的差异。西方人较开放、感情外露，喜欢直截了当地表明意愿，其思维方式一般由小到大、由近及远、由具体到抽象；东方人较含蓄、内向，往往委婉地表达意愿，其思维方式一般从抽象到具体、从大到小、从远到近。了解了这些差异，导游人员在接待西方旅游者时，就应特别注重细节。比如，西方旅游者认为，只有各种具体的细节做得好，由各种细节组成的整体才会好，他们把导游人员提供的具体服务抽象为导游人员的工作技能与整体素质。其次，从国籍的角度来看，同是西方人，在思维方式上也存在一些差别。比如，英国人矜持、讲究绅士风度；美国人开放、随意、重实利；法国人浪漫、爱享受生活；德国人踏实、勤奋、守纪律；意大利人热情、热爱生活等。

（2）所属社会阶层。来自上层社会的旅游者大多严谨持重，发表意见时往往经过深思熟虑，他们期待听到高品位的导游讲解，以获得高雅的精神享受；一般旅游者则喜欢不拘形式的交谈，话题广泛，比较关心带有普遍性的社会问题及当前的热门话题。在参观游览时，期待听到故事性的导游讲解，希望轻轻松松地旅游度假。

（3）年龄和性别。年老的旅游者好思古怀旧，对游览名胜古迹、会见亲朋老友有较大的兴趣，他们希望得到尊重，希望导游人员多与他们交谈；年轻的旅游者好逐新猎奇，喜欢多动多看，对热门的社会问题有浓厚的兴趣；女性旅游者则喜欢谈论商品及购物，喜欢听带故事情节的导游讲解。

2.从分析旅游者所处的地理环境来了解旅游者

旅游者由于所处的地理环境不同，对于同一类旅游产品会有不同的需求与偏好，他们对那些与自己所处地理环境迥然不同的旅游目的地往往情有独钟。比如，我国北方的旅游者喜爱南国风情，南方的旅游者偏好北国风光；内陆地区的旅游者喜欢去青岛、三亚等海滨城市，沿海地区的旅游者向往九寨沟、西双版纳独特的风貌；旅游者在盛夏时节去大连、哈尔滨等北方名城，隆冬季节奔赴海南岛和东南亚，这种反向、

反季节出游已成为一种普遍的现象。导游人员可通过分析地理环境来了解旅游者的这些心理活动。

3.从旅游者的出游动机来了解旅游者

人们旅游行为的形成有其客观条件和主观条件。客观条件主要是人们有足够的可自由支配收入和闲暇时间，主观条件是指人们必须具备旅游的动机。一般来说，人们参加旅游团队的心理动机包括：省心，不用做决定；节省时间和金钱；有伴侣、有团友；有安全感；能正确了解所看到的景物。导游人员通过周到、细致的服务和精彩、生动的讲解能满足旅游者的这些心理需求。

从旅游目的的角度来看，旅游者的旅游动机一般包括：观赏风景名胜、探求文化差异、寻求文化交融的文化动机；考察国情民风、体验异域生活、探亲访友寻根的社会动机；考察投资环境、进行商务洽谈、购买旅游商品的经济动机；休闲度假、康体健身、消遣娱乐的身心动机。导游人员了解和把握了旅游者的旅游动机，就能更恰当地安排旅游活动和提供导游服务。

4.从旅游者不同的个性特征了解旅游者

旅游者的个性各不相同，导游人员从旅游者的言行举止可以判断其个性，从而达到了解旅游者并适时提供心理服务的目的。

（1）活泼型旅游者：爱交际，喜讲话，好出点子，乐于助人，喜欢多变的游览项目。对于这类旅游者，导游人员要扬长避短，既要乐于与他们交朋友，又要避免与他们过多交往，以免引起其他团员的不满；要多征求他们的意见和建议，但注意不能让其影响旅游活动，打乱正常的活动日程；可适当地请他们帮助活跃气氛，协助照顾年老体弱者等。活泼型旅游者往往能影响旅游团队的其他人，导游人员应与之搞好关系，在适当的场合表扬他们在导游活动中的配合并表示感谢。

（2）急躁型旅游者：性急，好动，争强好胜，易冲动，好遗忘，情绪不稳定，比较喜欢离群活动。对这类比较难对付的旅游者，导游人员要避其锋芒，不与他们争论，不激怒他们；在发生冲动时不要与他们计较，待他们冷静后再与其好好商量，往往能取得良好的效果；对他们要多微笑，服务要热情周到，而且要多关心他们，随时注意他们的安全。

（3）稳重型旅游者：稳重，不轻易发表见解，一旦发表，希望得到他人的尊重。这类旅游者容易交往，但他们不主动与人交往，不愿麻烦他人；游览时他们喜欢细细欣赏，购物时爱挑选比较。导游人员要尊重这类旅游者，不要怠慢，更不能故意冷淡他们；要主动多接近他们，尽量满足他们合理而可能的要求；与他们交谈要客气、诚恳，速度要慢，声调要低；讨论问题时要平心静气，认真对待他们的意见和建议。

（4）忧郁型旅游者：身体弱，易失眠，忧郁孤独，少言语但重感情。面对这类旅游者，导游人员要格外小心，尊重他们的隐私；要多亲近他们、多关心体贴他们，但不能过分表示亲热；多主动与他们交谈愉快的话题，但不要与之高声说笑，更不要与他们开玩笑。

这四种个性的旅游者中以活泼型和稳重型居多，急躁型和忧郁型只是少数。不过，典型个性只能反映在少数旅游者身上，多数旅游者往往兼有其他类型的个性特征。而且，在特定的环境中，人的个性往往会发生变化，因此导游人员在向旅游者提供服务时要因人而异，要随时观察旅游者的情绪变化，及时调整，力争使导游服务更具针对性，获得令旅游者满意的效果。

5.通过分析旅游活动各阶段旅游者的心理变化了解旅游者

旅游者来到异地旅游，摆脱了在家乡紧张的生活、烦琐的事务，希望自由自在地享受愉快的旅游生活。由于生活环境和生活节奏的变化，在旅游的不同阶段，旅游者的心理活动也会随之发生变化。

（1）旅游初期：求安全心理、求新心理。旅游者刚到旅游地，兴奋激动，但人生地疏、语言不通、环境不同，往往容易产生孤独感、茫然感和不安全感，唯恐发生不测，有损自尊心，危及财产甚至生命。也就是说，在旅游初期，旅游者求安全的心态表现得非常突出，因此消除旅游者的不安全感成为导游人员的首要任务。人们来到异国他乡旅游，其注意力和兴趣从日常生活转移到旅游目的地，全新的环境、奇异的景物、独特的民俗风情，使旅游者逐新猎奇的求新心理空前高涨，这在入境初期表现得尤为突出，往往与不安全感并存。因此，在消除旅游者不安全心理的同时，导游人员要合理安排活动，满足他们的求新心理。

（2）旅游中期：懒散心理、求全心理、群体心理。随着时间的推移、旅游活动的开展以及相互接触的增多，旅游团队成员间、旅游者与导游人员之间越来越熟悉，旅游者开始感到轻松愉快，会产生一种平缓、轻松的心态。但是，正是由于这种心态，旅游者往往忘却了控制自己，思辨技能也不知不觉地减退，常常自行其是，甚至出现一些反常言行以及放肆、傲慢、无理的行为。一方面，旅游者的个性充分暴露，开始出现懒散心态，如时间观念变差，群体观念变弱；另一方面，旅游者把旅游活动理想化，希望在异国他乡能享受在家中不可能得到的服务，从而在生活上、心理上产生过高要求，对旅游服务横加挑剔，求全责备，求全心理非常明显。此外，由于旅游者的思考力和判断力减弱，这时如果团内出现思辨能力较强而又大胆直言的“领袖人物”，其他旅游者便会不假思索地附和他，唯其马首是瞻，不知不觉地陷入一种人云亦云、随波逐流的群体心理状态。

导游人员在旅游中期阶段的工作最为艰巨，也最容易出差错。因此，导游人员的精力必须高度集中，对任何事都不得掉以轻心。这个阶段是对导游人员组织技能和独立处理问题技能的实战检验，也是对其导游技能和心理素质的全面考验，所以导游人员应十分重视这个阶段的工作。

知识链接
3-2

导游人员
带团模式

（3）旅游后期：忙于个人事务。旅游活动后期，即将返程时，旅游者的心理波动较大，开始忙乱起来，如与家庭及亲友联系突然增多，想购买称心如意的纪念品但又怕行李超重等。总之，他们希望有更多的时间处理个人事务。在这一阶段，导游人员应给旅游者留出充分的时间处理自己的事情，对他们的各种疑虑要尽可能耐心地解答，必要时做一些弥补和补救工作，使前一段时间未得到满足的个别要求得到满足。

任务实施与评价

实训任务：与游客交往的技能。

实训步骤：

1.以小组为单位进行情景剧表演。

2.小组内有人员分工，一名同学饰演导游人员，其余同学为旅游者。

3.表演内容要求展示导游人员通过一定的手段与方法来激发旅游者的游兴。表演可以在教室进行，也可以在校园内进行。

实训要求：分小组进行角色扮演，每小组进行导游人员与旅游者交往的情景表演。

考核评价：以小组互评为主，以教师点评为辅。

任务二 游客个别要求处理技能

◎任务介绍

游客的个别要求是指参加团体旅游的游客提出的各种计划外的特殊要求。游客提出的特殊要求既是对导游人员处理问题技能的一个考验，也是保证并提高旅游服务质量的重要条件之一。

◎任务导入

游客在整个旅游过程中，难免会有一些个性化的要求，面对层出不穷的问题和游客提出的个别要求，导游人员应该怎样处理呢？

相关知识

一、游客个别要求处理原则

一般来看，游客的个别要求可以分为四种情况：一是合理的，并经过导游人员的努力可以满足的要求；二是合理的，但现实难以满足的要求；三是不合理的，但经过导游人员的努力可以满足的要求；四是不合理的，且无法满足的要求。根据国际惯例和导游服务经验，导游人员在处理游客的个别要求时，一般应遵循以下五条基本原则：

（一）符合法律原则

《导游人员管理条例》和《旅行社条例》中规定了游客、导游人员、旅行社三者之间的权利和义务，导游人员在处理游客个别要求时，要符合法律对这三者的权利和义务规定。同时，还要考虑游客的个别要求是否符合我国法律的其他规定，如果相违背，应断然拒绝。

（二）合理可行原则

合理的基本判断标准是不影响大多数游客权益、不损害国家利益、不损害旅行社和导游人员的合法权益；可行是指具备满足游客合理要求的条件。导游人员在服务过程中，应努力满足游客合理而可行的要求，使他们能够获得一种愉快的旅游经历，从而给旅游目的地的形象、旅行社的声誉带来正面影响。特别是一些特种旅游团队，如残疾人旅游团队、新婚夫妇旅游团队。

（三）公平对待原则

公平对待原则是指导游人员对所有游客应一视同仁、平等对待。游客不管来自哪个国家、属于哪个民族、拥有何种肤色，不管其社会地位高低、年老年幼、男性女性，也不管身体是否残疾，都是导游人员服务的对象。导游人员应尊重他们的人格，一视同仁，热情周到地为他们提供导游服务，维护他们的合法权益，满足他们合理可行的要求，切忌厚此薄彼、亲疏偏颇。

（四）尊重游客原则

游客提出的要求大多数是合情合理的，但也会有游客提出一些苛刻的要求，使导游人员为难。对待这种情况，导游人员一定要记住自己的职责，遵循尊重游客的原则，对游客要礼让三分。游客可以挑剔甚至谩骂，但导游人员要保持冷静，始终有礼、有理、有节，不卑不亢。在游客提出个人要求时，导游人员一要认真倾听，不要没有听完就指责游客的要求不合理或胡乱解释；二要微笑对待，切忌面带不悦、恶言相向；三要实事求是、耐心解释，不要以“办不到”一口拒绝。需要强调的是，导游人员一定不要和游客正面冲突，以免影响整个旅游活动。

（五）维护尊严原则

面对游客提出的个别要求，导游人员要坚决维护祖国的尊严和自身的人格尊严。对游客提出有损国家利益和民族尊严的要求断然拒绝、严正驳斥；对游客提出的侮辱自身人格尊严或违反导游人员职业道德的不合理要求，有权拒绝。对不合理或不可能实现的要求和意见，导游人员要耐心解释，实事求是；处理问题要合情合理、沉着冷静、不卑不亢，既不伤自身之雅又不损游客之尊，理明则让。经过导游人员的努力仍有解决不了的困难时，导游人员应向接待社领导汇报，请其帮助。总之，对游客提出的要求，不管其难易程度、合理与否，导游人员都应给予足够的重视并正确、及时、合情合理地予以处理，力争使游客愉快地旅行游览。

案例分析3-1

王导游负责接待一个来自美国新泽西州共23人组成的旅游团队。这些美国游客在各地旅游时购物十分踊跃，消费能力令人吃惊。

离开中国的前一天，每位游客的行李都大大超出了人们的意料。这时有几位游客满脸怒气地找到了王导游，抱怨下榻的酒店服务质量不高，没能满足他们所提出的合理要求。经过了解，原来是游客们担心乘坐飞机离境时行李会超重，想请行李员帮忙称量行李。可是，酒店的礼宾部告知游客酒店没有行李称量工具。游客们十分失望，转而求助于王导游。

思考：游客们的要求是否合理？如果你是王导游会怎样处理？

案例分析
3-1

答案提示

二、餐饮、住房、购物、娱乐方面个别要求的处理

食、住、购、娱是旅游活动的主要组成部分，也是游程顺利进行的基本保证。导游人员应高度重视游客的此类个别要求，认真、热情、耐心地设法予以解决。

（一）餐饮方面个别要求的处理

“民以食为天”，跨国界、跨地区的游客对餐饮的要求各不相同，因餐饮问题引起的游客投诉屡见不鲜。下面就常见的六种情况讲述导游人员面对此类要求的处理方法。

1.对特殊饮食要求的处理

由于宗教信仰、生活习惯、身体状况等原因，有些游客会提出饮食方面的特殊要求，如不吃荤食，不吃油腻、辛辣食品，不吃猪肉或其他肉食，甚至不吃盐、糖、味精等。导游人员对游客提出的特殊要求，要区别对待。

（1）事先有约定：若所提要求在旅游协议书有明文规定的，接待社须早作安排，地陪在接团前应检查落实情况，不折不扣地兑现。

（2）抵达后提出：若旅游团队抵达后或到定点餐厅后临时提出要求，则需要视情况而定。一般情况下，地陪应立即与餐厅联系，在可能的情况下尽量满足其要求；若情况复杂，确实有困难满足不了其特殊要求，地陪则应说明情况，协助游客自行解决。例如，建议游客到零点餐厅临时点菜或带游客去附近餐馆（最好是旅游定点餐馆）用餐，餐费自理。

2.要求换餐

部分外国游客不习惯中餐的口味，在几顿中餐后要求改换西餐；有的外地游客想尝尝当地小吃，要求换成风味餐。诸如此类的要求，导游人员在处理时应考虑以下内容：

（1）是否有充足的时间换餐。如果旅游团队在用餐前3个小时提出换餐的要求，地陪应尽量与餐厅联系，但需要事先向游客讲清楚，换餐的差价由游客自付。

（2）询问餐厅能否提供相应的服务。若计划中的供餐单位无法提供相应的服务，地陪则应考虑更换餐厅。

（3）如果是在接近用餐时间或到餐厅后提出换餐要求，应视情况而定。若餐厅有该项服务，地陪则应协助解决；若餐厅没有此项服务，则地陪不应接受此类要求，但应向游客做好解释工作。

（4）若游客仍坚持换餐，地陪可建议游客到零点餐厅自己点菜或单独用餐，费用自理，并告知原餐费不退。

案例分析3-2

全陪小熊和一个来自德国的旅游团队坐长江豪华游船游览长江三峡，一路上相处十分愉快。游船上每餐的中国菜肴十分丰盛，且每道菜没有重复。但一日晚餐过后，一游客对小熊说：“你们的中国菜很好吃，我每次都吃得很多，不过今天我的肚子有点想家了，你要是吃多了我们的面包和黄油，是不是也想中国的大米饭？”旁边的游客也笑了起来。虽说是一句半开玩笑的话，却让小熊深思。

思考：如果你是小熊会怎样做？

案例分析3-2
答案提示

3.要求单独用餐

由于旅游团队的内部矛盾或其他原因，个别游客要求单独用餐。此时，导游人员要耐心解释，并告诉领队请其调解；如游客坚持，导游人员可协助与餐厅联系，但餐费自理，并告知综合服务费不退。由于游客外出自由活动、访友、疲劳等原因不随团用餐，导游人员应同意其要求，但要说明餐费不退。

4.要求在客房内用餐

若游客生病，导游人员或饭店服务员应主动将饭菜端进房间以示关怀。若健康的游客希望在客房用餐，应视情况办理。如果餐厅能提供此项服务，可满足游客的要求，但须告知服务费标准。

5.要求自费品尝风味餐

旅游团队要求外出自费品尝风味餐，导游人员应予以协助，可由旅行社出面，也可由游客自行与有关餐厅联系订餐；风味餐订妥后旅游团队又想不去，导游人员应劝他们在约定时间前往餐厅，并说明若不去用餐须赔偿餐厅的损失。

6.要求推迟就餐时间

由于游客的生活习惯不同，或由于在某旅游地游兴未尽等原因要求推迟用餐时间的，导游人员可与餐厅联系，视餐厅的具体情况处理。一般情况下，导游人员要向旅游团队说明餐厅有固定的用餐时间，劝其入乡随俗，过时用餐需要另付服务费。若餐厅不提供过时服务，最好按时就餐。

（二）住房方面个别要求的处理

旅游过程中，饭店是游客临时的家。对于在住房方面的要求，导游人员一定要尽力协助解决。

1.要求调换饭店

团体游客到一地旅游时，享受什么星级的饭店在旅游协议书中有明确规定，有的在什么城市下榻哪家饭店都写得清清楚楚。所以，接待社向旅游团队提供的客房低于标准，即使用同星级的饭店替代协议中标明的饭店，游客都会提出异议。

如果接待社未按协议安排饭店或协议中的饭店确实存在卫生、安全等问题而致使游客提出换饭店，那么地陪应随时与接待社联系，接待社应负责予以调换。如确有困难，则应按照接待社提出的具体办法妥善解决，并向游客说明理由，提出补偿条件。

2.要求调换房间

不同的换房原因，有不同的处理方法。由于房间不干净，如有蟑螂、臭虫、老鼠等，游客提出换房，则应立即满足，必要时应调换饭店；由于客房设施尤其是房间卫生达不到清洁标准，应立即打扫、消毒，若游客仍不满意，坚持调房，则应与饭店有关部门联系予以满足。当游客对房间的朝向、层数不满意，要求调换另一朝向或另一楼层的同一标准客房时，若不涉及房间价格并且饭店有空房，可与饭店客房部联系，适当予以满足，或请领队在团队内部进行调整。当无法满足游客调房的需求时，导游人员应耐心解释，并向游客致歉。如果游客要住高于合同规定标准的房间，若有房间，则可予以满足，但游客要交付原定饭店退房损失费和房费差价。

3.要求住单间

团队旅游一般安排住标准间或三人间。由于游客的生活习惯不同或因同室游客之间闹矛盾，而要求住单间的，导游人员应先请领队调解或内部调整，若调解不成，饭店如有空房，可满足其要求。但导游人员必须事先说明，房费由游客自理（一般由提出方付房费）。

4.要求延长住店时间

由于某种原因（如生病、访友、改变旅游日程等）而中途退团的游客提出延长在本地的住店时间的，导游人员可先与饭店联系，若饭店有空房，可满足其要求，但延长期内的房费由游客自付。如果原住饭店没有空房，那么导游人员可协助联系其他饭店，房费由游客自理。

5.要求购买房中物品

如果游客看中客房内的某种摆设或物品，要求购买，导游人员应积极协助，与饭店有关部门联系，满足游客的需求。

（三）购物方面个别要求的处理

购物是旅游活动的重要组成部分，游客往往会有各种各样的特殊要求，导游人员要不怕麻烦、不图私利，设法予以满足。

1.要求单独外出购物

（1）在自由活动时间尽力提供帮助，当好购物参谋。例如，推荐商场、联系出租车、写中英文便条等。

（2）在离开旅游地当天，旅游者要求单独外出购物时应劝阻，以防误机（车、船）。

2.要求退换商品

游客购物后发现是残次品，或计价有误，或对物品不满意，要求导游人员帮其退换，导游人员应积极协助，必要时陪同前往。

3.要求再次前往某商店购物

游客欲购买某一商品，出于“货比三家”的考虑或对商品价格、款式、颜色等犹豫不决，当时没有购买，后来经过考虑又决定购买，要求地陪帮助。对于这种情况，地陪应热情帮助。地陪若有时间可陪同前往，车费由游客自理；若因故不能陪同前往，可为游客写一张中英文便条，写清商店地址及欲购商品的名称，请其乘出租车前往。

4.要求购买古玩或仿古艺术品

游客希望购买古玩或仿古艺术品，导游人员应带其到文物商店购买，买妥物品后要提醒他保存发票，不要将物品上的火漆印（如有的话）去掉，以便海关查验；游客要在地摊上选购古玩，导游人员应劝阻，并告知中国的有关规定；若发现个别游客有走私文物的可疑行为，导游人员则须及时报告有关部门。

5.要求购买中药材

有些游客想买些中药材，并携带出境。导游人员应告知中国海关的有关规定。

6.要求代办托运

外汇商店一般都经营托运业务，导游人员应告诉购买大件物品的游客。若商店无托运业务，导游人员要协助游客办理托运手续。

游客欲购买某一商品，但当时无货，请导游人员代为购买并托运，对游客的这类要求，导游人员一般应婉拒；实在推脱不掉时，导游人员要请示领导，一旦接受了游客的委托，导游人员应在领导指示下认真办理委托事宜：收取足够的钱款（余额在事后由旅行社退还委托者），发票、托运单及托运费收据寄给委托人，旅行社保存复印件，以备查验。

（四）娱乐活动方面个别要求的处理

1.要求调换计划内的文娱节目

凡在计划内注明有文娱节目的旅游团队，一般情况下，地陪应按计划准时带游客到指定娱乐场所观看文艺演出。若游客提出调换节目，地陪应针对不同情况，本着

“合理而可行”的原则，作出以下处理：

如果是全团游客提出更换文娱节目，地陪应与接待社计调部门联系，尽可能调换，但不要在未联系妥当之前许诺；如果接待社无法调换文娱节目，地陪要向游客耐心解释，并说明票已订好，不能退换，请其谅解。

部分游客要求观看别的演出，处理方法同上。若决定分路观看文娱演出，在交通方面导游人员可作出以下处理：若两个演出点在同一线路，则导游人员要与司机商量，尽量为少数游客提供方便，送他们到目的地；若不同路，则导游人员应为少数游客安排车辆，但车费自理。

2.要求自费观看文娱节目

在时间允许的情况下，导游人员应积极协助。以下两种方法地陪可酌情选择：

与接待社有关部门联系，请其报价。将接待社的对外报价（包括节目票费、车费和服务费）报给游客，并逐一解释清楚。若游客认可，请接待社预定，地陪同时要陪同前往，将游客交付的费用上交接待社，并将收据交给游客。

协助解决，提醒游客注意安全。地陪可帮助游客联系购买节目票，请游客自乘出租车前往，一切费用由游客自理。但应提醒游客注意安全，带好饭店卡片（卡片上有中英文饭店名称、地址、电话）备用。必要时，地陪可将自己的联系电话告诉游客。

如果游客执意要去大型娱乐场所或情况复杂的场所，导游人员须提醒游客注意安全，必要时陪同前往。

3.要求前往不健康的娱乐场所

游客要求去不健康的娱乐场所和过不正常的夜生活，导游人员应断然拒绝并介绍中国的传统观念和道德风貌，严肃指出不健康的娱乐活动和不正常的夜生活在中国是禁止的，是违法行为。

（五）要求自由活动和转递物品的处理

旅游线路安排中往往有自由活动时间，在集体活动时间内也有游客要求单独活动的要求。导游人员应根据不同情况，妥善处理。

1.应劝阻游客自由活动的五种情况

（1）如旅游团队计划去另一地游览，或旅游团队即将离开本地时，导游人员要劝其随团活动，以免误机（车、船）。

（2）如地方治安不理想、复杂、混乱的地方，导游人员要劝阻游客外出活动，更不要单独活动，但必须实事求是地说明情况。

（3）不宜让游客单独骑自行车去人生地不熟、车水马龙的街头游玩。

（4）游河（湖）时，游客提出希望划小船或在非游泳区游泳的要求，导游人员不能答应，不能置旅游团队于不顾而陪少数人去划船、游泳。

（5）游客要求去不对外开放的地区、机构参观游览，导游人员不得答应此类要求。

2.允许游客自由活动时导游人员应做的工作

（1）要求全天或某一景点不随团活动。由于有些游客已来多次，或已游览过某一景点不想重复，因而不想随团活动。当游客要求不游览某一景点或一天、数天离团自由活动时，如果其要求不影响整个旅游团队的活动，导游人员可以满足游客要求并提供必要帮助。导游人员需要提前说明，如果不随团活动，无论时间长短，所有费用不退，需增加的各项费用自理。导游人员需要告诉游客用餐的时间和地点，以便其归队时用餐；提醒游客注意安全，保护好自己的财物；提醒游客带上饭店卡片（卡片上有中英文饭店名称、地址、电话）备用。用中英文写一张便条，注明游客要去的地名、地址及简短对话，以备不时之需。必要时，地陪可将自己的联系电话告诉游客。

（2）到游览点后要求自由活动。到某一游览点后，若有个别游客希望不按规定的线路游览而希望自由游览或摄影，若环境许可（游人不太多，秩序不乱），可满足其要求。导游人员要提醒游客集合的时间和地点及旅游车的车号，必要时留一字条，写上集合时间、地点和车号以及饭店名称和电话号码，以备不时之需。

（3）自由活动时间或晚间要求单独行动。导游人员应建议游客不要走得太远、不要携带贵重物品（可寄存在前台）、不要去秩序混乱的场所，以及不要太晚回饭店等。

（六）游客要求为其转递物品的处理

由于种种原因游客要求旅行社或导游人员帮其转递物品。一般情况下，导游人员应建议游客将物品或信件亲手交给或邮寄给收件部门或收件人，若确有困难，可予以协助。转递物品和信件，尤其是转递重要物品和信件，或向外国驻华使、领馆转递物品和信件，手续要完备。

（1）必须问清何物。若是应税物品，导游人员则应提醒游客纳税。若转移物品是食品，导游人员则应婉言拒绝，请游客自行处理。

（2）请游客写委托书，注明物品名称、数量，并当面点清、签字，以及留下详细的通信地址和电话。

（3）将物品或信件交给收件人后，请收件人写收条并签字盖章。

（4）将委托书和收条一并交旅行社保管，以备后用。

（5）原则上不能接受转递给外国驻华使、领馆及其人员的物品或信件的委托。在推脱不了的情况下，导游人员应详细了解情况并向旅行社领导请示，经请示同意后将物品或信件交旅行社有关部门，由其转递。

案例分析3–3

某旅游团队离境前，一老年游客找到全陪小李。请求他将一个密封的盒子转交一位朋友，并说："盒里是一些贵重物品。本来想亲手交给他的，但他来不了饭店，我也去不了他家。现在只得请你将此盒转交给我的朋友了。"小李为了使游客高兴，接受了他的委托，并亲自将盒子交给了游客的朋友。可是，半年后，老年游客写信给旅行社，询问为什么全陪小李没有将盒子交给他的朋友。当旅行社调查此事时，小李说已经把盒子交给了老人的朋友了，并详细地介绍了整个过程。旅行社领导严肃地批评了小李。

案例分析
3–3
答案提示

思考：（1）领导的批评对不对？为什么？

（2）怎样正确处理游客的转递贵重物品的委托要求？

三、游客其他个别要求的处理

（一）要求探视亲友活动的处理

游客到达某地后，希望探望在当地的亲戚或朋友，这可能是其旅游目的之一。导游人员应设法予以满足，并根据具体情况进行以下处理：

（1）如果游客知道亲友的姓名、地址，导游人员则应协助联系，并向游客讲明具体的乘车路线。

（2）如果游客只知道亲友姓名或某些线索，地址不详，导游人员则可通过旅行社请公安户籍部门帮助寻找，找到后及时告诉游客并帮其联系；如果旅游期间没找到，则可请游客留下联系电话和通信地址，待找到其亲友后再通知游客。

（3）如果海外游客要会见中国同行洽谈业务、联系工作或进行其他活动，导游人员则应向旅行社汇报，在领导指示下给予积极协助。

（4）如果导游人员发现个别中国人与游客之间以亲友身份作掩护进行不正常往来，或游客会见人员中有异常现象，则应及时向旅行社领导汇报。

（5）如果外国游客要求会见在华外国人或驻华使、领馆人员，导游人员则不应干预；如果游客要求协助，导游人员则可给予帮助；若外国游客盛情邀请导游人员参加使、领馆举办的活动，导游人员则应先请示旅行社领导，经批准后方可前往。

（二）要求亲友随团活动的处理

游客到某地希望会见亲友，但时间有限又不舍得放弃旅游活动，因此向导游人员提出随团的要求，导游人员要做到：

（1）征得领队和旅游团队其他成员的同意。

（2）与接待社有关部门联系，如无特殊情况可请随团活动的人员准备好有效身份证件到接待社填写表格，交纳费用；办完随团手续后方可随团活动。

（3）如因时间关系无法到旅行社办理相关手续，可电话与接待社有关部门联系，得到允许后代为查阅证件，收取费用；尽快将收据交给游客。

（4）若是外国驻华使馆人员或外国记者要求随团活动，则应请示旅行社领导，按照我国政府的有关规定办理。

（三）中途退团的处理

1.因特殊原因提前离开旅游团队的

游客因患病，或因家中出事，或因工作上急需，或因其他特殊原因，要求提前离开旅游团队、中止旅游活动，经接待社与组团社协商后可予以满足，至于未享受的综合服务费，按旅游协议书的规定，或部分退还，或不予退还。

2.无特殊原因执意退团的

游客无特殊原因，只是某个要求得不到满足而提出提前离团。导游人员要配合领队做说服工作，劝其继续随团旅游；若接待社确有责任，则应设法弥补；若游客提出的是无理要求，导游人员要做耐心解释；若劝说无效，游客仍执意要求退团，可满足其要求，但应告知其未享受的综合服务费不予退还。

外国游客不管因何种原因要求提前离开中国，导游人员都要在旅行社领导的指示下协助游客办理分离签证及其他离团手续，所需费用游客自理。

案例分析3-4

某国旅游团队到中国进行北京、承德、天津七日游。行程的第三天，领队找到北京地陪，急切地说："游客的国家发生骚乱，很多住宅区、商店被抢，而团内大部分人来自骚乱地区，现决定放弃旅游，立即回国。”地陪已得知骚乱消息，对游客表示同情，并表示愿意协助旅游团队办理相关手续。

地陪请示旅行社领导，经批准后立即着手办理旅游团队提前回国事宜。旅游团队的机票是组团社预购的双程机票，地陪与该国航空北京办事处联系，得知因骚乱，机票已被预订完。地陪又与其他航空公司联系，只有港龙航空还有部分飞往雅加达的机票，于是地陪和游客们商量，告知港龙航空有票并有折扣价，但要在香港转机，需要9个多小时才能到。游客们接受这一现实，地陪马上办妥了机票及其他回国手续，将游客们平安送抵机场。

思考：从这件突发个案中，可以得出哪些启示？

案例分析 3-4

答案提示

（四）延长旅游期限的处理

游客要求延长旅游期限一般有两种情况：

1. 由于某种原因中途退团，但本人继续在当地逗留需延长旅游期

对无论何种原因中途退团并要求延长在当地旅游期限的游客，导游人员应帮其办理一切相关手续。对那些因伤病住院，不得不退团并须延长在当地居留时间者，除了办理相关手续外，还应前往医院探视，并帮助患者及其陪伴家属解决生活上的困难。

2. 不随团离开或出境

游览活动结束后，由于某种原因，游客不随团离开或出境，要求延长逗留期限，地陪应酌情处理。若不需办理延长签证的，一般则可满足其要求；无特殊原因的游客要求延长签证，原则上应予以婉拒；若确有特殊原因需要留下但需办理签证延期的，地陪则应请示旅行社领导，向其提供必要的帮助。

（1）办理延长签证手续的具体做法是：首先到旅行社开证明，然后陪同游客持旅行社的证明、护照及集体签证到外国人出入境管理处办理分离签证手续和延长签证手续，费用自理。

（2）如果离团后继续留下的游客需要帮助，一般可帮其做以下工作：协助其重新预订航班、饭店等，并向其讲明所需费用自理；若游客要求继续提供导游或其他服务，则应与接待社另签合同。

（3）离团后的一切费用均由游客自理。

任务实施与评价

实训任务：通过实训，使学生了解并掌握处理旅游者个别要求的方法。

实训步骤：旅行社的导游小赵受旅行社委派，为来自H市的旅游团队提供导游服务。在旅游过程中，旅游团队中的一些游客提出了换房、单独用餐、单独外出购物、退换商品、中途退团等要求，导游小赵需要妥善地处理这些要求。

实训要求：分小组进行角色扮演，每组进行导游人员处理旅游者个别要求的情景表演。

考核评价：小组互评、讨论，教师点评、总结。

任务三 特殊游客服务技能

◎任务介绍

在旅游团队中有许多特殊的旅游者，不同类型的特殊游客都有其固有的特点以及对应的导游服务技能，掌握这些接待服务技能，有利于导游人员在带团过程中提供更有针对性的服务。如何做好不同类型的特殊游客接待服务，是一名优秀的导游人员必须具备的基本技能。

◎任务导入

导游带团经常会遇到一些特殊类型的旅游团队，如“夕阳红”团队、学生团、政务考察团等，对于这些特殊团队，导游人员在提供服务时应注意哪些问题？有什么服务技能呢？

相关知识

一、旅游团队中特殊游客的接待技巧

游客来自不同的国家和地区，他们在年龄、职业、宗教信仰、社会地位等方面存在较大的差异，有些游客甚至非同一般、特点尤为突出，导游人员必须给予特别重视和关照，因此称之为特殊游客或重点游客。虽然他们都是以普通游客的身份而来，但接待方法有别于一般的游客。

（一）对儿童的接待

出于增长见识、健身益智的目的，越来越多的游客喜欢携带自己的子女一同到目的地旅游，其中不乏一些少年儿童。导游人员应在做好旅游团队中成年游客旅游工作的同时，根据儿童的生理和心理特点，做好专门的接待工作。

1.注意儿童的安全

儿童游客，尤其是2～6岁的儿童，天生活泼好动，因此要特别注意他们的安全。地陪可酌情讲些有趣的童话和小故事吸引他们，既活跃了气氛，又使他们不到处乱跑，保证了安全。在旅游过程中，经常会出现中国游客因喜爱要和外国儿童合影留念的情况。面对好客的中国人，孩子和家长开始很兴奋、新鲜，很愿意合作。但时间一长，次数一多，他们就会产生厌烦情绪。遇到这种情况，导游人员一方面要代他们婉言谢绝，另一方面也可做一些工作，尽量让双方都满意。

2.掌握“四不宜”原则

对有儿童的旅游团队，导游人员应掌握“四不宜”的原则：不宜为讨好儿童而给其买食物、玩具；不宜在旅游活动中突出儿童，而冷落其他游客；即使家长同意也不宜单独把儿童带出活动；儿童生病，应及时建议家长就医诊治，而不宜建议其给孩子自行服药，更不能提供药品给儿童服用。

3.对儿童多给予关照

导游人员对儿童的饮食起居要特别关心，多给一些关照。比如，天气变化时，要及时提醒家长给孩子增减衣服，如果天气干燥，还要提醒家长多给孩子喝水等；用餐前，考虑到儿童的个子小，且外国儿童不会使用中餐用具，地陪应先给餐厅打电话，请餐厅准备好儿童用椅和刀、叉、勺等一些儿童必备用具，以减少用餐时的不便。

4.注意儿童的接待价格标准

对儿童的收费是根据不同的年龄，有不同的收费标准和规定，如机（车、船）票、房费、餐费等，导游人员应特别注意。

案例分析3-5　　一次失败的带团经历

成都某旅行社导游小李作为全陪，带领28人的中学生夏令营旅游团队赴北京旅游。小李是第一次做全陪，而且是第一次带中学生团，虽然做了较多准备，但仍感压力很大。团队到达北京的当晚，就有一名学生睡梦中从床上滚下，摔破了下巴（地接社为降低成本，安排住大学生宿舍，睡上下床），结果送医院缝了三针；次日安排上午游天坛，下午游故宫。但在天坛，有七八位学生与团队走失，致使整队多花了近2个小时才把人找齐。团队到达故宫时，已是下午3点，地陪要求一个半小时内游完故宫并在北门集合。学生只好一路小跑，这才基本准时到达集合地点；晚餐时，学生又累又饿，餐厅上菜节奏却很慢，往往一道菜上来立刻被抢光，然后众学生就敲着饭碗等菜，弄得餐厅里乌烟瘴气。

思考：为什么说这是一次失败的带团经历？

案例分析
3-5

答案提示

（二）对高龄游客的接待

在我国入境旅游和国内旅游市场，老年游客均占有较大的比例。而在这些老年游客中还有年龄在80岁以上的高龄游客。尊敬老人是我们中华民族的传统美德，因此导游人员应通过谦恭尊敬的态度、体贴入微的关怀以及不辞辛苦的服务做好高龄游客的接待工作。

1.高龄游客的特点

（1）行程舒缓。这是高龄旅游团队的明显特征，是老年旅游者的生理条件所决定的。他们不可能像年轻人那样风风火火、富于冒险、追求刺激、接受急行军般的旅游方式。他们需要的是旅行中的舒适、游览中的从容，注重旅游质量，而不是盲目地追求数量。他们希望游览行程的安排在时间和空间上始终处于一种轻松的状态。

（2）希望得到尊重。任何旅游者在旅游中都希望得到别人的尊重，老年旅游者则更为突出。在生活中，他们需要导游人员的悉心照料；在游览中，他们希望听到高水平的讲解；在日常的交往中，他们希望不被对方忽视；在他们提出意见后，希望能得到对方的重视。在旅游中，他们希望威望的回归、自我价值的实现。他们高兴时，希望别人与其分享；他们不满时，希望别人听其发泄；他们成功时，希望得到掌声与赞扬；他们失误后，希望得到理解和安慰。

（3）对讲解要求较高。老年旅游者普遍有着较高的文化素养及丰富的社会阅历，面对观赏对象，有自己独特的理解。他们希望听到导游人员较高水平的讲解，以满足自己求知、求新、求异的需求。有些老年旅游者尤其喜欢听导游人员在历史、文学艺术、社会文化方面的深入讲解，因为能听懂高层次的讲解，水平自然也不会太低，这仍然是追求自我价值的一种体现。

（4）喜欢怀旧。老年旅游者通常大多数会利用旅游的机会故地重游，而且一开口讲话通常就是“我们那时候……”“当年……”，导游人员必须耐心加虚心，给老人以足够的回忆空间。同时，老年旅游者还特别喜欢向导游人员提问题，希望得到满意的回答。有些问题体现出旅游者较高的文化水平，既有品位又有深度；但有时也会提出较为幼稚的问题，但他们的态度绝对是认真的。

2.高龄游客接待原则

（1）妥善安排日程。导游人员应根据高龄游客的生理特点和身体情况，妥善安排好日程。首先，日程安排不要太紧，活动量不宜过大、项目不宜过多，在不减少项目的情况下，尽量选择便捷路线和有代表性的景观，少而精，以细看、慢讲为宜。其次，应适当增加休息时间。参观游览时可在上、下午各安排一次中间休息，在晚餐和看节目之前，应安排回饭店休息一会儿，晚间活动不要回饭店太晚。此外，带高龄游客团不能用激将法和诱导法，以免消耗体力过大，发生危险。

（2）做好提醒工作。高龄游客由于年龄大，记忆力减退，导游人员应每天重复讲解第二天的活动日程并提醒注意事项。如预报天气情况，提醒增减衣服，带好雨具，穿上旅游鞋等。进入游人多的景点时，要反复提醒他们提高警惕，带好自己的随身物品；其次，由于外国游客对人民币不熟悉，加上年纪大，视力差，使用起来较困难。为了使用方便或不被人蒙骗，地陪应提醒其准备适量的小面值人民币。此外，由于饮食习惯和生理上的原因，地陪在带高龄游客团队时，还应适当增加去厕所的次数，并提前提醒他们准备好零钱（收费厕所）。

（3）注意放慢速度。高龄游客大多数腿脚不太灵活，有时甚至力不从心。地陪在带团游览时，一定要注意放慢行走速度，照顾走得慢或落在后面的高龄游客，选台阶少、较平坦的地方走，以防摔倒碰伤；在向高龄游客讲解时，导游人员也应适当放慢速度、加大音量，吐字要清楚，必要时还要多重复。

（4）耐心解答问题。老年游客在旅游过程中喜欢提问题，好刨根问底，再加上年纪大，记忆力不好，一个问题经常重复问几遍，遇到这种情况，导游人员不应表示反感，要耐心、不厌其烦地给予解答。

（5）预防游客走失。每到一个景点，地陪要不怕麻烦、反复多次地告诉高龄游客旅游路线及旅游车停车的地点，尤其是上、下车地点不同的景点，一定要提醒高龄游客记住停车地点。另外，还要提前嘱咐高龄游客，一旦发现找不到团队，千万不要着急，不要到处乱走，要在原地等待导游人员的到来。

（6）尊重西方传统。许多西方老年游客，在旅游活动中不愿过多地受到导游人员的特别照顾，认为那是对他们的侮辱，以证明他们是无用之人。因此，对此类游客应尊重西方传统，注意照顾方式。

（三）对残疾游客的接待

在外国旅游团队中，有时会有听障人士、截瘫人士、视力障碍人士（盲人）等残疾游客，他们克服了许多常人难以想象的困难来到中国旅游，这表明他们有着比常人对旅游更加强烈的渴望，也说明他们对中国有着特殊的感情，对中国悠久的历史文化有着浓厚的兴趣。同时，这也告诉我们，他们之所以在众多的旅游目的地中选择了中国，就是相信在中国不会受到歧视。因此，在任何时候、任何场合都不应讥笑和歧视他们，而应表示尊重和友好。残疾游客的自尊心和独立性特别强，虽然他们需要关照，但又不愿给别人增添麻烦。因此，在接待残疾游客时，导游人员要特别注意方式方法，既要热情周到，尽可能地为他们提供方便，又要不给他们带来压力或伤害他们的自尊心，真正做到让其乘兴而来、满意而归。

1.适时、恰当地关心照顾

接到残疾游客后，导游人员首先应适时地询问他们需要什么帮助，但不宜问候过多，如果过多地当众关心照顾，反而会使他们反感；其次，如果残疾游客不主动介绍，不要打听其残疾的原因，以免引起不悦；此外，在工作中要时刻关注残疾游客，注意他们的行踪，并给予恰当的照顾。尤其是在安排活动时，要多考虑残疾游客的生理条件和特殊需要。比如，选择路线时尽量不走或少走台阶、提前告诉他们洗手间的位置、通知餐厅安排在一层餐厅就餐等。

2.具体、周到的导游服务

对不同类型的残疾游客，导游服务应具有针对性。接待听障人士要安排他们在车上前排就座，因为他们需要通过导游人员讲解时的口形来了解讲解的内容。为了让他们获得更多的信息，导游人员还应有意向他们放慢讲解的速度；对截瘫人士，导游人员应根据接待计划分析他们是否需要轮椅。若需要，则应提前做好准备。接团时，要与计调部门或有关部门联系，最好派有行李箱的车，以便放轮椅或其他物品；对视力障碍人士，导游人员应安排他们在前排就座，能用手触摸的地方、物品可以尽量让他们触摸。在讲解时导游人员可主动站在他们身边，讲解内容要力求细致生动，口语表达要更加准确、清晰，讲解速度也应适当放慢。

（四）对宗教界人士的接待

在外国游客中，常常会有一些宗教界人士，他们以游客的身份来华旅游，同时进行宗教交流活动，导游人员要掌握其身份特殊、要求较多的特点，做好接待工作。

1.注意掌握宗教政策

导游人员平时应加强对宗教知识和我国宗教政策的学习，接待宗教旅游团队时，既要注意把握政策界限，又要注意宗教游客的特点。例如，在向游客宣传我国的宗教政策时，不要向他们宣传"无神论"，尽量避免有关宗教问题的争论，更不要把宗教、政治、国家之间的问题混为一谈，随意评论。

2.提前做好准备工作

导游人员在接到接待宗教团队的计划后，要认真分析接待计划，了解接待对象的宗教信仰及其职位，对接待对象的宗教教义、教规等情况要有所了解和准备，以免在接待中发生差错。如果该团队在本地旅游期间包括星期日，要征求领队或游客的意见，是否需要安排去教堂。若需要，则要了解所去教堂的位置及开放时间。

3.尊重旅游者的信仰习惯

一忌称呼不当。对寺庙的僧人应尊称为"大师""法师"，对道士应尊称为"道长"，对住持僧应尊称为"长老""方丈""禅师"。对喇嘛庙中的僧人应尊称为"喇嘛"，即"上师"之意。

二忌礼节失当。与僧人见面的行礼方式为双手合十，微微低头，或单手竖掌于胸前，头略低。忌用握手、拥抱、摸僧人头部等不当礼节。

三忌谈吐不当。与僧人、道人交谈，不应提及杀戮之辞、婚配之事，以及食用腥荤之言，以免引起僧人、道人的反感。

四忌行为举止不当。游览寺庙时不可大声喧哗、指点议论、妄加嘲讽或随便乱走，不可乱动寺庙之物，尤忌乱摸乱刻神像。若遇佛事活动，则应静立默视或悄然离开。

4.满足旅游者的特殊要求

宗教界人士在生活上一般都有一些特殊的要求和禁忌，导游人员应按照旅游协议书中的规定，不折不扣地兑现，尽量予以满足。例如，对宗教旅游者在饮食方面的禁忌和特殊要求，导游人员一定要提前通知餐厅做好准备。

（五）对有特殊身份和地位游客的接待

“有特殊身份和地位的游客”是指外国在职或曾经任职的政府高级官员、皇室成员；对华友好的官方或民间组织团体的负责人；社会名流或在国际和国内有一定影响的各界知名人士；国际或某国著名的政治家、社会活动家、大企业家等。这些游客是世界各国人民的使者，他们来到中国除了参观游览外，往往还有其他任务或使命，因此做好他们的接待工作意义重大。首先，导游人员要有自信心，不要因为这些游客地位较高、身份特殊而胆怯、畏惧。往往越是身份高的人，越懂得尊重别人。他们待人接物非常友好、客气，十分尊重他人的人格和劳动。如果导游人员因为心理压力过大，工作起来缩手缩脚，反倒会影响导游效果。其次，由于这些游客文化素质高、知识渊博，导游人员要提前做好相关的知识准备，如专业术语和行业知识等，以便能选择交流的话题，并能流利地回答他们提出的问题。此外，在接待这些游客时，由于有时中央领导人或有关负责人要接见、会谈，因此游览日程、时间变化较大，导游人员要注意灵活掌握，随时向有关领导请示、汇报，尽最大努力安排好他们的行程和相关活动。

1.重视讲解细节

在称谓上始终使用尊称，如“各位领导”“各位贵宾”；讲解的内容应以介绍景点背景资料为主，突出具体数据（注意数据准确）和本地特色，但不要妄自尊大；对旅游者感兴趣的内容可以多讲，其他少讲或不讲。

2.注意自己的身份

如果团队有地方官员陪同，安排行程时，多与他们商量，或请他们代为征求旅游者的意见；当地方领导与贵宾交谈时，导游人员可以暂时中断自己的讲解，以示尊敬；导游人员也不要在车上与驾驶员闲谈，而且不论领导再怎么欣赏你，也不可贸然与领导同桌吃饭或主动上前敬酒。

3.突出团队的主要领导

导游服务要以主要领导为核心，要多听取其意见，适当地照顾其他团员；讲解也以主要领导为主，时刻伴随其左右并引领路线。当有记者摄影时，导游人员应主动后退半步，突出团队成员；在没有得到领导明确邀请的情况下，导游人员一般不参加团队合影；即使受到邀请，也应居末位或站到后排。

4.注意购物问题

除非合同明确规定，导游人员不得安排政务型团队购物；旅游者主动要求购物时，导游人员可介绍商品特色，帮助其谈价，但是否购买应由旅游者自己拿主意。当发现商品质量不可靠或价格明显虚高时，应提醒旅游者谨慎购买。

（六）旅游团队中专业人士导游服务技能

1.旅游团队中专业人士的主要特征

旅游团队中专业人士的主要特征为：有较多的相关专业知识；目的明确；观察细致。

2.旅游团队中专业人士导游服务技能要点

（1）克服畏难情绪。许多导游人员都怕带专业团，因为导游专业的学习，只是对与旅游有关的各类知识的学习，并没有对某类知识研究十分透彻。另外，导游词中有很多是传说、神话故事、奇闻逸事，这些禁不起专业知识的考验。于是，在这些专家、学者面前讲解的时候，导游人员生怕有说错的地方，本来能说流利的也没有自信说了。其实，专家也不是什么事情都懂，也不是在各个领域中都是专家，作为地陪，当然比专家更加了解本地，对于专家不熟悉的方面，导游人员也有相当的发言权。

（2）做好知识准备。①对该专业（领域）要有一定的了解；②收集有关资料，掌握背景知识；③针对考察的具体对象重点准备。

3.讲解注意事项

讲解时尽量做到讲浅不讲深、讲外不讲内、讲个性不讲共性。首先，在讲解的时候，不要求能讲多深刻，但是所讲的内容必须正确，不能不懂装懂。另外，针对专家所精通的内容，尽量避免讲解，而主要讲解专家专业以外的内容。比如，带领研究古代建筑的专家在参观岳麓书院的时候，就要避免讲解古代建筑的特点，而可以把讲解的重点放在书院的历史、制度、核心思想等方面。还有就是不要讲些大家都知道的内容，特别是专家都知道的内容，而应该讲景点不同于其他景点的特点。

4.保证充足的游览时间

专家团队一般都有自己的研究目的，并非像一般游客走马观花，所以正常参观后，还应该留出一定的时间自由活动。

德技兼修3-1　金牌导游是如何炼成的？

2021年9月，文化和旅游部公布了2020年金牌导游培养项目结项人员名单，共有142名入选导游完成项目结项工作。金牌导游培养项目由各省级文化和旅游行政部门根据当年名额的分配情况开展申报工作，培养期为1年，申报者需要达到一定的条件。2017—2020年，全国入选金牌导游培养项目的导游员共计697人，平均年龄为39.8岁。

乐在其中　精益求精

“导游是我的工作，也是我快乐的源泉。”2020年金牌导游、来自江苏扬州的郭程这样总结10年导游生涯，“我将自己的知识分享给游客，也从游客那里获得新的知识，我乐在其中。”来自北京的金牌导游曹震儿时的梦想是成为一名主持人。进入导游行业之后，他找到导游与主持人的共同点。“二者都手持麦克风，主持人面对的是演播室内外的观众，我拿着麦克风面对的是来自全国各地的游客。导游不仅是我的一份工作，也是我热爱的事业。”他说。热爱可抵岁月漫长，因为热爱，所以更想把导游这份事业做好，金牌导游们对职业的专注、对业务的精益求精，对工作高标准、高要求是他们的共性。

“导游一定要学会换位思考，多想想游客需要什么。”郭程举了这样一个例子，“比如，飞机晚点，我不会自己决定更改行程，而是会征求游客的意见，提供几个选项给他们，这其实是相互尊重的问题。”每次接团，郭程都会根据游客的特点，在脑海中模拟接团场景。“我怎么问，游客会怎么答，结果是什么？我要把整个过程盘算一遍。”

除了服务细节上的用心，在知识储备上，金牌导游们也从不懈怠。郭程一直保持着每天阅读的习惯。他说，游客是他不断学习的动力，只有不断地积累才能为游客奉献更精彩的讲解。除了读书，曹震还会时刻留意身边的事情，拓宽自己的知识储备。“比如，去北京南站送游客，我就会提前了解北京南站的一些情况；出团前，对于出发机场、到达机场，我都会提前了解，并且到达之后会实地遛一遛。”

示范引领　发光发热

如今，越来越多的金牌导游在各自的岗位上通过各种途径发光发热，履行着金牌导游的使命。在郭程看来，金牌导游是一种责任，更是一种担当。“传帮带的工作我们之前一直在做，但没有成体系。金牌导游培养项目把传帮带列为一项任务，我们做起来也更加名正言顺。金牌导游在很多新导游心目中自带光环，是他们努力的方向和目标。”

资料来源：张宇.金牌导游是如何炼成的［N］. 中国旅游报，2021-12-13.

思政元素：职业热爱　责任担当　服务意识

学有所悟：党的二十大报告指出：“引导广大人才爱党报国、敬业奉献、服务人民。”好导游要不断满足游客不断变化的旅游需求，注重日常积累，每天坚持学习，具备完善的知识体系和深度的知识储备，掌握景观背后蕴含的文化底蕴。注重细节，细节决定成败，游客的体验感是服务细节积累而成的，为游客提供更加个性化的服务。

任务实施与评价

实训任务：为特殊游客提供服务

实训步骤：以小组为单位编排旅游小品，分别针对以下团队或游客就某一情景为游客提供接待服务：（1）政务型旅游团队；（2）宗教型旅游团队；（3）老年人旅游团队；（4）团队中的残疾游客；（5）团队中的儿童游客；（6）团队中的某知名电视节目主持人。

实训要求：

1.学生抽签决定表演内容，各组不能重复。

2.每组表演必须出现三处以上的接待错误，供其他小组挑错。

3.每组表演不超过5分钟。

考核评价：教师、各组学生进行点评及评分。

项目自测

一、判断题

1.某游客因所住房间标准太低，要求住更高档次的房间。导游经与饭店联系后可满足其要求，但需要告知所换房费自理。（　　）

2.在景点游览期间，若有个别游客走失，地陪应将旅游团队其他成员暂时交给全陪带领，自己迅速去寻找。（　　）

二、单选题

1.面对旅游团队中无理取闹的游客，导游应该（　　）。

A.据理力争　B.不理不睬

C.请团中其他游客评理　D.礼让三分，保持有礼有节

2.下列旅游者要求的自由活动行为中，导游应予劝阻的是（　　）。

A.游客要求自行参观博物馆　B.游客要求自行游览景点

C.游客要求离站前去购物　D.游客要求独自拜访名人故居

3.在遇到不可抗力造成旅游团队行程计划被迫更改时，导游的下列做法中，不正确的是（　　）。

A.实事求是地向游客讲清楚，求得他们的谅解

B.提出替代方案，与游客协商，并告知有关规定

C.为弥补游客的损失，立即给他们一定的物质补偿

D.以更加热情周到的服务吸引游客的注意力

三、多选题

1.对旅游团队中个别游客提出难以办到的要求，导游应该（　　）。

A.认真倾听　B.微笑对待　C.耐心解释

D.借故推拒　E.明确拒绝

2.为防止游客在景点游览时走失，地陪应做好的工作有（　　）。

A.在景点下车前告知旅游者旅游车的停车地点、车型和车号

B.在景点示意图前向旅游者介绍游览路线、所需时间、集合时间和地点

C.在游览中要以丰富的讲解内容和高超的讲解技巧吸引游客

D.在导游讲解中防止他人跟团听讲

E.在游览中要注意游客动向，提醒掉队的游客跟上团队

项目自测
3-1

扫码答题

4 项目四　导游人员讲解技能

项目概述

导游讲解就是导游以丰富多彩的社会生活和绚丽多姿的景观景物为题材，以兴趣爱好不同，审美情趣各异的游客为对象，对自己掌握的各类知识进行整理、加工和提炼，用简洁明快的语言进行的一种意境再创造。导游服务是一门艺术，集表演艺术、语言艺术和综合艺术于一身，集中体现在导游讲解之中。因此，导游讲解往往被看作衡量导游水平高低最为重要的技能。

学习目标

知识目标

1. 导游讲解的基本原则。
2. 导游讲解的具体要求。

能力目标

1. 掌握导游讲解能力、人际沟通交往能力和规范服务能力。
2 掌握并能够灵活利用导游讲解常用方法。

素养目标

1. 培养学生的敬业精神及社会责任感。
2 培养学生的敬业精神、创新意识。

任务一　导游语言表达要求

◎ 任务介绍

导游讲解，是导游人员以丰富多彩的社会实践和璀璨壮丽的自然、人文景观为题材，以兴趣和爱好各异的旅游者为服务对象，对相关知识进行加工、整理和提炼，用具有丰富表现力的语言进行的一种意境再创造。

◎ 任务导人

讲好中国故事是导游的职责，良好的语言表达能力是导游讲解工作的基础。那么，导游语言是怎样的呢？

相关知识

一、导游语言的基本要求

导游人员的语言表达直接影响旅游者的心理活动，导游人员必须在语言艺术的"达意"和"舒服"上下功夫，在"美"字上做文章。因此，导游人员的语言除了要符合语言规范之外，还要满足以下基本要求：

（一）正确性

正确是导游讲解的核心。正确包括两个方面的含义：一是内容正确；二是语言正确。

1.内容正确

内容正确是指导游讲解的内容具有客观性、准确性和健康性。

（1）客观性。导游人员的讲解一定要符合客观实际，在客观现实的基础上进行意境的再创造。知识和信息来源一定要可靠，具有权威性和可信度。即使是神话传说、民间故事也应当有所本源，不能信口雌黄，胡编乱造。无论是说古还是论今，议人还是叙事，讲故事还是说笑话，都要做到以实论虚、入情入理。

（2）准确性。对于国家的方针政策，不能随意解释；景观中涉及的数据和史实必须准确无误。不能张冠李戴，更不能用大概、可能之类来蒙混过关；对自然和人文景观的价值与来源，更不能随意评判。

（3）健康性。导游语言应当语气文雅，合乎礼仪，表现导游人员应有的气质和修养。健康性还表现为导游人员讲解的内容必须是健康的、向上的、无害的，不可庸俗下流或消极颓废。

2.语言正确

（1）要做到语言规范，用词贴切。语言要符合语法和日常习惯用法；遣词造句正确，词语组合、搭配恰当；注意词义的褒贬，同具体的场合、情景相吻合。

例如，导游人员在向游客介绍了某一自然景观之后说："这里的景色真叫人心旷神怡。"这里的"叫"字同心旷神怡的搭配就不如用"令"字更好，因为"令"字有

“使”的含义，即客观事物使人们主观上产生一种感受。

（2）恰当使用敬语、谦语和态势语，注意游客所在国的风俗习惯和语言习惯，注意不同国家、不同民族、不同文化背景下对同一态势语的不同理解。

在导游服务中，导游人员要特别注意不能用手指指点游客，这在西方国家是很不礼貌的动作。例如，导游人员在清点人数时用食指来点数，就会引起游客的反感。

竖起大拇指，在世界上许多国家（包括中国）都表示“好”，用来称赞对方高明、了不起、干得好，但在有些国家还有另外的意思，如在韩国表示“首领”“部长”“队长”“自己的父亲”；在日本表示“最高”“男人”“您的父亲”；在美国、墨西哥、澳大利亚等国则表示“祈祷幸运”；在希腊表示叫对方“滚开”；在法国、英国、新西兰等国则表示请求“搭车”。

（二）清楚性

1.发音正确，吐字清晰

导游人员在进行景点讲解、情况说明或回答游客问询的时候，一定要口齿清晰，吐字标准，发音正确，简洁明了。中文导游人员一定要加强普通话训练，外语导游人员一定要加强学习，说一口地道的外语。

2.通俗易懂，简洁明了

导游语言一定要通俗易懂，忌用歧义语和生僻词汇，避免啰嗦冗长；使用中国专用的政治词汇时要做适当的解释；要谨慎使用俚语，一定要了解其正确意义及使用场合；不要乱用高级形容词。

3.层层递进，逻辑性强

（1）导游人员的思维要符合逻辑规律，要保持导游语言前后的连贯性，即上一句和下一句之间、上一段和下一段之间一定要密切联系，使游客明确问题的来龙去脉。

例如，清朝十二皇帝葬身之处：清朝共有十二位皇帝，十位葬在关内的河北，两位葬在关外的辽宁。关内除末代皇帝溥仪葬在华龙陵园外，其余九位皇帝，五位葬在清东陵，四位葬在清西陵。关外的两位皇帝分别是太祖努尔哈赤和太宗皇太极。

（2）语言表达要有层次感。导游讲解一定要层次分明，要事先确定讲解的先后次序，即先讲什么、后讲什么，使之层层递进，条理清晰，脉络分明。

例如，清朝初期关外的“三京”“三陵”：“三京”是指旧时的兴京（现辽宁新宾）、东京（现辽宁辽阳）和盛京（现辽宁沈阳）。“三陵”是指新宾的永陵，即祖陵，埋葬着肇、兴、景、显四祖；沈阳东郊的福陵，即东陵，埋葬着清朝第一代开国君主努尔哈赤及孝慈高皇后叶赫那拉氏；昭陵位于沈城北部，又称北陵，埋葬着清朝第二代君主皇太极和孝端文皇后博尔济吉特氏。盛京“三陵”与河北遵化的清东陵，河北易县的清西陵共同构成了清代皇家陵园。

4.分清主次，突出中心

任何景区和景点都包含若干景观，由于时间等客观原因，在带领游客游览的过程中，不可能面面俱到。导游人员必须把握分寸，有主有次，重点讲解介绍景区中最具有代表性的景点和景物，非主流景观景点一带而过，使游客感到重点突出、脉络清晰、对所见景物留下较为深刻的印象。

在景区重点景观和景物的取舍方面，一是要遵循常规的重点；二是必须考虑游客的需要，不能仅凭导游人员的主观意志。导游人员的“重点”讲解内容应与游客的兴趣需要相一致，必须充分考虑游客的旅游动机和文化层次。

（三）生动性

1.语言生动形象

生动形象是导游语言艺术性的具体体现。要求导游人员在传递故事、描绘情境、叙述事实、呈现景物时声情并茂、引人入胜，使人如闻其声、如见其人、如观其状，以此引发游客的共鸣。因此，导游人员除了要把握好语音、语调之外，还要善于运用比喻、比拟、夸张、映衬、引用等修辞手法。语言力求鲜明生动，不仅要考虑讲话的内容，也要考虑表达方式，力求与神态表情、手势动作和谐一致。看景不如听景。栩栩如生的语言能够营造美的情趣，起到画龙点睛、情景交融的作用，从而提升导游讲解的品质。

2.语言诙谐幽默

幽默风趣是导游语言艺术性的重要体现，既可以融洽感情，活跃气氛，提高旅游者的游兴；又可以巧妙地化解尴尬，消除人际关系中的龃龉。智慧与幽默往往是一对孪生兄弟，幽默基于知识、阅历和性格之上，是一个人聪明才智的标志。因此，幽默的语言调侃，但不轻浮、浅薄。幽默的语言往往在轻松中蕴涵深沉，耐人寻味。

例如，现在各位看到前面这条“间株杨柳间株桃”的长堤就是白堤。当我们的船驶到这里，西湖最秀丽的风光就呈现在大家面前了。白堤原名“白沙堤”，早在1 000多年前的唐朝，就以风光旖旎而著称。它虽然与白居易主持修筑的白堤不在一个方位，但杭州人民为缅怀这位对杭州作出杰出贡献的“老市长”，仍把它命名为白堤。

运用幽默语言时，必须注意以下问题：首先，幽默不宜多用，更不宜滥用，否则会冲淡讲解的主要内容，给人油腔滑调之感；其次，幽默要把握分寸，幽默的话说得不好，很容易变成友谊的致命伤，切勿伤害在场的任何人，既不得针对一个人的身体缺陷，也不得针对他国的内政和宗教；最后，应注意幽默的格调与品位，杜绝黄色幽默和低级趣味的玩笑。

（四）临场性

导游语言最集中发挥的场合便是景点的实讲阶段，因此临场性便成为导游语言的一个突出特点，这一特点是依靠一系列表达手段来实现的。归纳起来，主要有表现临场性的词汇、临场导引语、临场操作提示语、设问四种手法。

1.表现临场性的词汇

表现临场性的词汇主要是指导游词中的临场时间名词、时间副词和指示代词等。时间名词主要有现在、今天、刚才、此时此刻等。时间副词主要有刚刚、正在、立刻、马上、将要等。指示代词主要使用近指代词，如这里、此处、这会儿、这么、这样等。

2.临场导引语

临场导引语主要是指对旅游者的引导或提示旅游者的一些用语。例如，“请大家往上看”“请大家顺着我手指的方向看”“现在大家看到的是……”“现在我们所处的位置是……”“我们面前的是……”“映入我们眼帘的是……”“车行左前方是……”

等。此外，还有引导旅游者参与的导引语，如“请大家试着……”“现在请大家猜一猜……”“哪位朋友愿意（做）……”等。这些导引语的使用使此情此景、此时此刻、此地此人的浏览临场特征更加突出，既有对旅游者的引导与提醒作用，又使导游词呈现出十分鲜明的临场性。

3.临场操作提示语

临场操作提示语就是附着在导游词中的具有指示作用或指导导游人员临场操作的说明用语。例如，“我想你们一定看过《红楼梦》吧，那你们可知道那块神石吗？对，那块神石就是指黄山的这块飞来石。那么接下来就让我们去一睹它的风采吧。大家跟紧我，各位游客，现在我们经过的是百步云梯，至于它有没有百步呢，就由游客们走过时注意数一下了。”

4.设问

设问就是根据旅游者思路设计一些问题。设问的主要表达方式有：“来到（讲到）这里，大家可能会问……”“……大家一定会产生这样的疑问……”“刚才有位朋友问……”等。例如，“到此各位不禁要问：这么多的文物，是如何保存下来的呢？屋子里面的人又跑到哪里去了呢？答案却是一场大火。据考古专家考证，是一场大火毁灭了他们的家，房屋倒塌，森林毁灭，所有的人都逃了出去。于是，便将这些物品埋葬了7 200多年。1973年6月，在大规模的挖掘中，这些文物才得以重见天日。”这种问题的要点并不是在“问”，而是在于集中旅游者的注意力，收拢旅游者的思路，使导游讲解有效进行。

二、导游语言的表达技巧

导游语言是导游人员在导游服务过程中必须熟练掌握和运用的所有含有一定意义并能引起互动的一种符号。从讲解的角度来说，导游语言不仅包括有声语言（口头语），还包括无声语言（态势语）。

（一）导游口头语的表达技巧

“一年拳，两年腿，十年才练一张嘴。”导游人员应该练好导游语言这一基本功，并使其语言水平不断提高。

1.音量大小适度

音量是指一个人讲话时声音的强弱程度。导游人员在进行导游讲解时要注意控制自己的音量。在游览过程中，音量大小往往受到游客人数、讲解内容和所处环境的影响，导游人员应根据具体情况适当地进行调节。

（1）要根据游客多少及导游地点、场合来调节音量。游客多时，音量要以使离你最远的游客听清为宜；游客少时音量则要小一些。在室外嘈杂的环境中讲解，导游人员的音量应适当放大，而在室内宁静的环境中则应适当放小一些。

（2）要根据讲解内容调节音量。首先，对于导游讲解中的一些重要内容、关键性词语或需要特别强调的信息，导游人员要加大音量，以提醒游客注意，加深游客的印象。例如，“各位游客，我们将于今天下午四点半在景区正门处集合。”这里主要强调的是集合时间和集合地点，以提醒游客注意。其次，故意压低嗓门，先抑后扬，造成一种紧张气氛，以增强感染力。例如，“（轻声）这天晚上，天黑得不见五指，庙里静得出奇，（提高音量）突然，一阵电闪雷鸣划破夜空……”可见，音量大小调节得当，能增强语言的表达效果。

2.语调升降有序

语调是指一个人讲话的腔调，即讲话时语音的高低起伏和升降变化。语调一般分为升调、降调和直调三种，高低不同的语调往往伴随着人们不同的感情状态。

（1）升调多用于表示兴奋、激动、惊叹、疑问等情感状态。例如：

大家请看，前面就是“天下巨观”悬空寺了！（表示兴奋、激动）

您老十年前就来过悬空寺？（表示惊叹、疑问）

看，悬空寺凌空危挂，多神奇呀！（表示兴奋、惊叹、激动）

悬空寺是如何修建的呢？为什么经历 1 400 多年的风雨仍能安然无恙？（表示疑问）

（2）降调多用于表示肯定、赞许、期待、同情等情感状态。例如：

我们明天早晨八点准时出发。（表示肯定）

期待与大家再次重逢，让我们后会有期！（表示期待）

这位游客答对了。（表示肯定）

我的讲解到此结束，谢谢大家！（表示尊重）

恭王府既是清代王府建筑的重要代表之一，也是中国传统建筑及造园技艺最成熟时期的重要表现。著名学者侯仁之先生称之为“一座恭王府，半部清代史”。（表示认同）

（3）直调多用于表示庄严、稳重、平静、冷漠等情感状态。例如：

首先，我们来看西湖中最大的岛“三潭印月”，这是一个“湖中有岛，岛中有湖”的湖上花园。（表示陈述）

各位朋友，西湖沿岸的景观就介绍到这里，接着我们去观赏湖中三岛。（表示平静）

黄果树瀑布是中国的，也是属于世界的。（表示庄严、稳重）

3.语速快慢相宜

语速是指一个人讲话速度的快慢程度。导游讲解应善于根据讲解的内容、游客的理解能力及反应等来控制讲解语言速度。例如，对中青年游客，导游讲解的速度可稍快些，而对老年游客则要适当放慢；对讲解中涉及的重要或需要特别强调的内容，语速可适当放慢一些，以加深游客的印象，而对那些不太重要的或众所周知的事情，则要适当地加快讲解速度，以免浪费时间，令游客不快。导游人员在导游讲解或同游客谈话时，要力求做到徐疾有致、快慢相宜，要善于根据讲解内容控制语速，以增强导游语言的艺术性。

4.停顿长短合理

停顿是一个人讲话时语音的间歇或语流的暂时中断。这里所说的停顿不是讲话时的自然换气，而是语句之间、层次之间、段落之间的有意间歇。其目的是集中游客的注意力，增强导游语言的节奏感。导游讲解停顿的类型很多，常用的有以下四种：

（1）语义停顿。它是指导游人员根据语句的含义所做的停顿。一般来说，一句话说完要有较短的停顿，一个意思说完则要有较长的停顿。例如：

西湖作为著名的风景地，/许多中外名人对这里情有独钟。//毛泽东一生中共40次来杭州，/最长的一次整整住了7个月之久，/他把杭州当作“第二个家”。//毛泽东常常称赞西湖秀美，/但他生前从未正式发表过描写西湖的诗词。//中国伟人喜欢西湖，/国际友人对西湖更是流连忘返。//美国前总统尼克松两次来杭州，/他赞叹地说：/“北京是中国的首都，/而杭州是这个国家的心脏，/我还要再来。”//尼克松还把家乡加利福尼亚州出产的红杉树送给了杭州。//

（2）暗示省略停顿。它是指导游人员不直接表示肯定或否定，而是用停顿来暗示，让游客自己去判断。例如：

大家请看，那块高耸的巨石像不像一座宝塔？//“宝塔”旁边的那块石头像不像一只蹲坐的熊？//这就是被称为“宝塔雄狮”的自然景观。（这里通过停顿让游客去思考、判断，从而留下深刻的印象。）

（3）等待反应停顿。它是指导游人员先说出令人感兴趣的话，然后故意停顿下来，以激起游客的反应。例如：

（承德避暑山庄阅射门前）说起这两个铜狮，还有一段动人的传说呢！相传在中国抗日战争时期，日本侵略军侵占了承德并大肆抢劫。有一天，一群日本兵发现这两个铜狮子很漂亮，是无价之宝，就想抢走。可是铜狮子太重，他们搬不动，于是就分头去找工具。等日本兵找到工具回来后发现狮子的眼睛红红的，哭出了血。（停顿下来，等待游客的反应）原来，这一切都是护院的老人干的。他想铜狮子是国家的财宝，决不能让日本兵抢走。于是灵机一动，立即从村里找来猪血，涂在狮子的眼睛上。果然，日本兵个个吓得目瞪口呆，害怕搬动狮子会给他们带来厄运，便慌里慌张地逃走了，这对国宝才得以保留至今。

（4）强调语气停顿。它是指导游人员讲解时，每讲到重要的内容，为了加深游客内心的印象所做的停顿。例如：

敦煌千古事，苦乐谁心知？王圆箓到底是应该受到／尊重还是／唾弃呢？（导游人员讲到这里，故意停住，吸引游客的注意力，加强游客对问题的印象。）

（二）导游态势语的表达技巧

态势语，又称体态语言、人体语言或动作语言，它是通过人的表情、动作、姿态等来表达语义和传递信息的一种无声语言。同口头语一样，它也是导游服务中重要的语言艺术形式之一，常常在导游讲解时，对口头语起着辅助作用，有时甚至还能起到口头语难以企及的作用。态势语种类很多，不同类型的态势语具有不同的语义，其运用技巧也不相同，下面介绍一些导游服务中常用的态势语。

1.首语

首语是通过人的头部活动来表达语义和传递信息的一种态势语，它包括点头和摇头。一般来说，世界上大多数国家或地区都以点头表示肯定，以摇头表示否定。而实际上，首语有更多的具体含义，如点头可以表示肯定、同意、承认、认可、满意、理解、顺从、感谢、应允、赞同、致意等。另外，因民族习惯的差异，首语在有些国家或地区还有不同的含义，如印度、泰国等国的某些少数民族奉行的是点头不算摇头算的原则，即同意对方意见用摇头表示，不同意则用点头表示。

2.表情语

表情语是指通过人的眉、眼、耳、鼻、口及面部肌肉运动来表达情感和传递信息的一种态势语。导游人员的面部表情要给游客一种平滑、松弛、自然的感觉，要尽量使自己的目光显得自然、诚挚，额头平滑不起皱纹，面部两侧笑肌略有收缩，下唇方肌和口轮匝肌处于自然放松的状态，嘴唇微闭，这样才能使游客产生亲切感。

微笑是一种富有特殊魅力的面部表情，导游人员的微笑要给游客一种明朗、甜美的感觉，微笑时要使自己的眼轮匝肌放松，面部两侧笑肌收缩，口轮匝肌放松，嘴角含笑，嘴唇似闭非闭，以露出半牙为宜，这样才能使游客感受到导游人员和蔼亲切。

3.目光语

目光语是通过人与人之间的视线接触来传递信息的一种态势语。艺术大师达·芬奇说："眼睛是心灵的窗户。"也就是说，透过人的眼睛，可以看到他的心理情感。导游讲解是导游人员与游客之间的一种面对面的交流。游客往往可以通过视觉交往从导游人员的一个微笑、一个眼神、一个动作、一种手势中加强对讲解内容的认识和理解。在导游讲解时，运用目光的方法很多，常用的主要有以下四种：

（1）目光的联结。导游人员在讲解时，应用热情、诚挚的目光看着游客。正如德国导游专家哈拉尔德·巴特尔所说的："导游人员的目光应该是开诚布公的、对人表示关切的，是一种可以看出谅解和诚意的目光。"

（2）目光的移动。导游人员在讲解某一景物时，用目光的移动来引导游客集中注意力，并按照讲解的顺序移动，使讲解内容与具体景物和谐统一，给游客留下深刻的印象。

（3）目光的分配。导游人员在讲解时，应注意自己的目光要统摄全部听讲解的游客，既可把视线放在最后边两端游客的头部，也可不时地环顾周围的游客，但切忌只用目光注视面前的部分游客，使其他游客感到自己被冷落，产生遗弃感。

（4）目光与讲解的统一。导游人员在讲解传说故事和逸闻趣事时，讲解内容中常常会出现甲、乙两人对话的场景，需要加以区别，导游人员应在说甲的话时，把视线略微移向一方；在说乙的话时，把视线略微移向另一方，这样可使游客产生一种逼真的临场感，如身临其境一般。

4.服饰语

服饰语是通过服装和饰品来传递信息的一种态势语。一个人的服饰既是所在国家、地区或民族风俗与生活习惯的反映，也是个人气质、兴趣爱好、文化修养和精神面貌的外在表现。加拿大导游专家帕特里克·克伦认为，衣着装扮得体比浓妆艳抹更能表现一个人趣味的高雅和风度的含蓄。

导游人员的服饰要注意和谐得体。导游人员的衣着装饰要与自己的身材、气质、身份和职业相吻合，要与所在的社会文化环境相协调，这样才能给人以美感。例如，着装不能过分华丽，饰物也不宜过多，以免给游客以炫耀、轻浮之感。

5.姿态语

（1）坐姿。导游人员的坐姿要给游客一种温文尔雅的感觉。其基本要领是：上体自然挺直，两腿自然弯曲，双脚平落地上，臀部坐在椅子中央，男导游人员一般可张开双腿，以显其自信、豁达；女导游人员一般两膝并拢，以显示其庄重、矜持。坐态切忌前俯后仰、摇腿跷脚或跷起二郎腿。

（2）立姿。导游人员的立姿要给游客一种谦恭有礼的感觉。其基本要领是：头正目平，面带微笑，肩平挺胸，立腰收腹，两臂自然下垂，两膝并拢或分开与肩平。不要两手叉腰或把手插在裤兜里，更不要有怪异的动作，如抽肩、缩胸、乱摇头、擤鼻子、掐胡子、舔嘴唇、拧领带、不停地摆手等。导游人员在讲解时，多采用站立的姿态。若在旅游车内讲解，应注意面对游客，可适当倚靠司机身后的护栏杆，也可用一只手扶着椅背或护栏杆；若在景点站立讲解，应双脚稍微分开（两脚距离不超过肩宽），将身体重心放在双脚上，上身挺直，双臂自然下垂，双手相握置于身前以示“谦恭”或双手置于身后以示“轻松”。

（3）走姿。导游人员的走姿要给游客一种轻盈稳健的感觉。其基本要领是：行走时，上身自然挺直，立腰收腹，肩部放松，两臂自然前后摆动，身体的重心随着步伐前移，脚步要从容轻快、干净利落，目光要平稳，可用眼睛的余光（必要时可转身扭头）观察游客是否跟上。行走时，不要把手插在裤袋里。

6.手势语

手势语是通过手的挥动及手指动作来传递信息的一种态势语。在导游讲解中，手势不仅能强调或解释讲解的内容，而且能生动地表达口头语所无法表达的内容，使导游讲解生动形象。

导游讲解中的手势有以下三种：

（1）情意手势。它是用来表达导游讲解情感的一种手势。例如：

人们常常把杭州西湖和瑞士日内瓦的莱蒙湖比喻为世界上东西方辉映的两颗明珠，正是因为有了西湖，才使意大利的马可波罗把杭州比喻为“世界上最美丽华贵的天城”。西湖作为著名景点，接待过世界各国的元首不计其数。因此，西湖不仅是杭州的明珠，更是东方的明珠、世界的明珠。（导游人员用握拳的手有力地挥动一下，既可渲染气氛，也有助于情感的表达）

（2）指示手势。它是用来指示具体对象的一种手势。例如：

（张氏帅府中院张作霖办公室）悬挂在办公桌两侧的是我们后期临摹的张作霖的墨宝——“书有未曾经我读，事无不可对人言”。意思是说，书有我张作霖没有读过的，但是我做的事没有不可以对别人说的。可见张大帅当年心胸非常坦荡。（导游人员可用指示手势来一字一句地加以说明）

（3）象形手势。它是用来模拟物体或景物形状的一种手势。例如：

戏楼内音响效果非常好，处在大堂最远的贵宾席，对戏台上的唱词也听得清清楚楚，这在设计上确实到了绝妙的境地。传说舞台下有九口大缸，排成V字形（用手指摆出V字形），起到了拢音和扩音的作用，俗称土音响。

导游讲解时，在什么情况下用何手势，都应视讲解的内容而定。在手势的运用上必须注意：一要简洁易懂；二要协调合拍；三要富有变化；四要节制使用；五要避免使用游客忌讳的手势。

三、导游交际语言表达要领

交际是人与人之间的往来接触。在导游服务中，导游人员主要是同游客和相关接待单位有关人员进行接触，而在接触过程中，语言是最基本、最重要的工具，语言表达方式、方法和技巧对接触效果都会产生影响。因此，为了同游客（主要接触对象）及相关接待单位友好相处，导游人员应不断提高自己的导游交际语言技能。

导游交际语言包含的内容很多，如见面时的语言、交谈时的语言、致辞（欢迎词、欢送词）的语言，导游人员同游客交往中对游客进行劝服、提醒、拒绝、道歉的语言等。

（一）称谓的语言技巧

一般情况下，导游人员对游客的称谓经常使用以下三种方式：

1.交际关系型称谓

交际关系型称谓主要是强调导游人员与游客在导游交际中的角色关系。例如，“各位游客”“诸位游客”“各位团友”“各位嘉宾”等，这类称谓角色定位准确，宾主关系明确，既公事公办，又大方平和，特别是其中的“游客”称谓是导游语言中使用频率最高的一种。

2.套用尊称型称谓

套用尊称型称谓在各种场合都比较适用，是对各个阶层、各种身份都比较合适的社交通称。比如，“女士们、先生们”“各位女士、各位先生”等，这类称谓尊称意味浓厚，适用范围广泛，回旋余地较大。但一般对涉外团较好，对国内团有点太正规。

3.亲密关系型称谓

亲密关系型称谓多用于比较密切的人际关系之间。比如，“各位朋友”“朋友们”等，这类称谓热情友好，亲和力强，注重强化平等亲密的交际关系，易于消除游客的陌生感，建议在和游客熟悉之后再用此称谓。在同个别人交谈或打招呼时，可以采用职务称谓，如王教授、张医生；可以采用职业称谓，以其职业加上性别相称，如司机先生，护士小姐；还可以采用姓名称谓，如李小姐、张先生等。

在旅游活动中，对游客称谓的原则应把握三点：一要得体；二要尊重；三要通用。

（二）交谈的语言技巧

在导游交际过程中，虽然导游讲解占据主要地位，但往往还有大量同游客自由交谈的时间。因此，在与游客自由交谈时，导游人员要注意讲究交谈的技巧。

导游人员与游客的交谈意图是明确的，是以达到协调双方关系、缩短双方心理距离、建立良好的交际基础为基本目的。因此，导游人员与游客交谈时，主要是从对方感兴趣的或对方关心的话题切入。例如，对旅游目的地的提前了解，女性游客对时装、美容、小孩的关注，老年游客对身体健康、怀旧的兴趣等。

交谈是双方自觉自愿、平等交流、随和开放的行为，导游人员应注意创造交谈的条件，营造交谈的氛围，根据游客的心理特征、语言习惯、文化水平、脾气秉性等各种因素，随机应变地引导交谈的过程，使交谈气氛融洽，交流愉快，达到与游客互相理解、有效沟通的目的。

（三）劝服的语言技巧

在导游服务过程中，导游人员常常会面临各种问题，需要对游客进行劝服，如旅游活动日程被迫改变需要劝服游客接受；对游客的某些不当行为需要进行劝说等。劝服一要以事实为基础，即根据事实讲明道理；二要讲究方式、方法，使游客易于接受。

1.诱导式劝服

诱导式劝服即循循善诱，通过有意识、有步骤的引导，澄清事实，讲清利弊得失，使游客逐渐信服。

例如，某旅游团队原计划自沈阳飞往上海，因未订上机票只能改乘火车，游客对此意见很大。这时导游人员说：“没有买上机票延误了大家的旅游行程，我很抱歉，也十分理解大家旅游的急迫心情。但如果乘飞机去上海还得等两天以后，就得不偿失了。因为我们只有短短的一天时间可以留给可爱的上海了。如果改乘火车，除了可以观赏沿途的自然风光，还有两天的时间留给上海。”导游人员的这席话使游客激动的情绪开始平静了下来，游客相继表示认可。

对这类问题的劝服，导游人员一要态度诚恳，使游客感到导游人员是站在游客的立场上帮助他们考虑问题；二要善于引导，巧妙地使用语言分析其利弊得失，使游客感到上策不行取其次也是最好的选择。

2.迂回式劝服

迂回式劝服是指不对游客进行正面、直接的说服，而采用间接或旁敲侧击的方式进行劝说，即通常所说的“兜圈子”。这种劝服方式的好处是不伤害游客的自尊心，而又使游客较易接受。

例如，某旅游团队有一位游客常常在游览中喜欢离团独自活动，出于安全考虑和旅游团队活动的整体性，导游人员走过去对他说：“××先生，大家现在游览休息一会儿，很希望您过来给大家讲讲您在这个景点游览中的新发现，作为我导游讲解的补充。”这位游客听后会心地一笑，自动地走了过来。在这里，导游人员没有直接把该游客喊过来，因为那样多少带有命令的口气，而是采用间接的、含蓄的方式，用巧妙的语言使游客领悟到导游人员话中的含意，游客的自尊心也没有受到伤害。

3.暗示式劝服

暗示式劝服是指导游人员不明确表示自己的意思，而采用含蓄的语言或示意的举动使人领悟的劝说。例如，有一位游客在旅游车内抽烟，使得车内空气混浊。导游人员不便当着其他游客的面，伤了这位游客的自尊，在其面向导游人员又欲抽烟时，导游人员向他摇了摇头（或捂着鼻子轻轻咳嗽两声），使游客熄灭了香烟。这里导游人员运用了肢体语言——摇头、捂鼻子咳嗽，暗示在车内“请勿吸烟”，使游客产生了自觉的反应。

总之，劝服的方式要因人而异、因事而异，要根据游客的不同性格、不同心理或事情的性质和程度，分别采用不同的方法。

（四）提醒的语言技巧

在导游服务中，导游人员经常会碰到少数游客由于个性或生活习惯的原因表现出群体意识较差或丢三落四的行为，如迟到、离团独自活动、走失、遗忘物品等。对这类游客，导游人员应从关心游客安全和旅游团队集体活动的要求出发给予特别关照，在语言上要适时地予以提醒。

1.敬语式提醒

敬语式提醒是导游人员使用恭敬口吻的词语，对游客直接进行的提醒方式，如

“请”“对不起”等。导游人员在对游客的某些行为进行提醒时，应多使用敬语，这样会使游客易于接受，如“请大家安静一下”“对不起，您又迟到了”。这样的提醒比“喂，你们安静一下”“以后不能再迟到了”等命令式语言要好得多。

2.协商式提醒

协商式提醒是导游人员以商量的口气间接地对游客进行的提醒方式，以取得游客的认同。协商将导游人员与游客置于平等的位置上，导游人员主动同游客进行协商，是对游客尊重的表现。一般来说，在协商的情况下，游客是会主动配合的。

例如，某游客常常迟到，导游人员和蔼地说：“您看，大家已在车上等您一会儿了，以后是不是可以提前做好出发的准备。”又如，某游客在游览中经常离团独自活动，导游人员很关切地询问他：“××先生，我不知道在游览中您对哪些方面比较感兴趣，您能否告诉我，好在以后的导游讲解中予以结合。”

3.幽默式提醒

幽默式提醒是导游人员用有趣、可笑且意味深长的词语对游客进行的提醒方式。导游人员运用幽默的语言进行提醒，既可使游客获得精神上的快感，又可使游客在欢愉的气氛中受到启示或警觉。

例如，导游人员在带领游客游览长城时，提醒游客注意安全并按时返回时说：“长城地势陡峭，大家注意防止摔倒。另外，也不要头也不回一股脑儿地往前走，一直走下去就是丝绸之路了，有人走了两年才走到，特别辛苦。”又如，几位年轻游客在浏览时，纷纷爬到一尊大石象的背上照相，导游人员见了连忙上前提醒他们：“希望大家不要欺负这头忠厚老实的大象！”这比一脸严肃地说“你们这样做是损坏文物，是要被罚款的”效果好得多。

（五）回绝的语言技巧

回绝，即对别人的意见、要求予以拒绝。在导游服务中，导游人员常常会碰到游客提出的各种各样的问题和要求，除了一些通常的问题和一些合理的但经过努力可以办到的要求可予以解释或满足外，也有一些问题和要求是不合理的或不可能办到的，对这类问题导游人员应回绝。但是，囿于导游人员同游客之间主客关系的束缚，导游人员不便于直接回答“不”，而必须运用回绝的语言表达方式和技巧。

1.柔和式回绝

柔和式回绝是导游人员采用温和的语言进行推脱的回绝方式。采取这种方式回绝游客的要求，不会使游客感到太失望，避免了导游人员与游客之间的对立状态。

2.迂回式回绝

迂回式回绝是指导游人员对游客的发问或要求不正面表达意见，而是绕过问题，从侧面予以回应或回绝。

3.引申式回绝

引申式回绝是导游人员根据游客话语中的某些词语加以引申而产生新意的回绝方式。

4.诱导式回绝

诱导式回绝是指导游人员针对游客提出的问题进行逐层剖析，引导游客对自己的问题进行自我否定的回应方式。

总之，导游人员无论采用哪种回绝方式，其关键都在于尽量减少游客的不快。导游人员应根据游客的情况、问题的性质、要求的合理与否，分别采用不同的回绝方式和语言表达技巧。

（六）道歉的语言技巧

在导游服务中，因为导游人员说话不慎、工作中的某些过失或相关接待单位服务上的欠缺，会引起游客的不快或不满，造成游客同导游人员之间关系的紧张。不管造成游客不愉快的原因是主观的还是客观的，也不论责任在导游人员自身还是在旅行社或相关接待单位方面，导游人员都应妥善处置，需要采用恰当的语言表达方式向游客致歉或认错，以消除游客的误会或不满情绪，求得游客的谅解，缓和紧张关系。

1.微笑式道歉

微笑是一种润滑剂，微笑不仅可以对导游人员和游客之间产生的紧张气氛起到缓和作用，而且微笑是向游客传递歉意信息的载体。例如，某导游人员回答游客关于长城的提问时，将长城说成建于秦朝，其他游客纠正后，导游人员觉察到这样简单回答是错误的，于是对这位游客抱歉地一笑，游客便不再计较了。

2.迂回式道歉

迂回式道歉是指导游人员在不便于直接、公开地向游客致歉时，而采用其他方式求得游客谅解的方式。例如，某导游人员在导游服务中过多地接触和关照部分游客，引起了另一些游客的不悦，导游人员觉察后，便主动地多接触这些游客，并给予关照和帮助，逐渐使这部分游客冰释前嫌。在这里，导游人员运用体态语言表达了歉意。又如，某旅游团队就下榻饭店早餐的品种单调问题向导游人员表示不满，提出要换住其他饭店。导游人员经与该饭店协商后，增加了早餐的品种，得到了游客的谅解。

导游人员除了采用迂回道歉方式改进导游服务外，还可以请示旅行社或同相关接待单位协商后，采用向游客赠送纪念品、加菜或免费提供其他服务项目等方式向游客道歉。

3.自责式道歉

由于旅游供给方的过错，使游客的利益受到较大损害而引起强烈不满时，即使代人受过，导游人员也要勇于自责，以缓和游客的不满情绪。例如，某导游人员接待了一个法国旅游团队，该团队从北京至武汉，17：00入住饭店后发现团长夫人的一只行李箱没有了，团长夫人非常气愤，连当晚法国驻华大使的宴请也没有参加。至次日零时，该件行李还未找到，所有团员均未睡觉，都在静静地等着。在这种情况下，陪同的导游人员一面劝游客早点休息，一面自责地对团长和团长夫人说：“十分对不起，这件事发生在我们国家是一件很不光彩的事，对此我心里也很不安，不过还是请你们早点休息，我们当地的工作人员还在继续寻找，我们一定会尽力的。”不管这位团长夫人的行李最终是否找到，但导游人员这种勇于自责的道歉，既体现了导游人员帮助游客解决问题的诚意，又是对游客的一种慰藉。

不管采用何种道歉方式，首先道歉必须是诚恳的；其次，道歉必须是及时的，即知错必改，这样才能赢得游客的信赖；最后，道歉要把握好分寸，不能因为游客某些不快就道歉，要分清深感遗憾与道歉的界限。

任务实施与评价

实训任务：每人自选一段导游词进行导游讲解，符合导游语言的基本要求。

实训步骤：学生以小组为单位，分别就以下内容进行情景表演：(1) 与游客交谈；(2) 劝服游客的艺术；(3) 提醒游客的艺术；(4) 回绝游客的艺术；(6) 向游客道歉的艺术。

实训要求：

1.创设情境，表现出导游人员口头语、态势语和交际语言的表达要领。

2.每组表演2～3分钟。

考核评价：以学生互评为主，以教师评价为辅。

任务二 导游讲解基本原则

◎任务介绍

导游的讲解能力是导游人员最重要的基本功之一。通过导游讲解，使游客感到旅游活动的知识性、趣味性和新奇性，对目的地留下美好的深刻印象。

◎任务导入

导游讲解的内容是丰富多彩的，能够给游客留下深刻印象的导游讲解一定不是千篇一律的，但一定都是遵循共同的基本原则的，那么导游讲解要遵循哪些原则呢？

相关知识

导游讲解是导游人员的一种创造性的劳动，因而在实践中，导游讲解的方式、方法可谓千差万别。要保证导游讲解的服务质量，导游讲解方式、方法的应用和创新都必须符合导游讲解的基本规律，要遵循一些基本的原则和符合一定的导游讲解要求。

一、计划性原则

所谓计划性，是指导游讲解的科学性和目的性，就是要求导游人员在特定的工作对象和时空条件下，发挥主观能动性，科学地安排游客的活动日程，有计划地进行导游讲解。

首先，计划性表现为对整个活动日程的安排。遵循游览活动中的一般规律，善于调节旅游节奏，使游客保持旺盛的精力和体力；游览与购物、娱乐相结合，既能丰富旅游项目，满足游客的不同需求，又能使整个行程富于变化。

其次，在每一天的旅游活动安排上，要特别注意科学分配时间。例如，导游人员应提前掌握饭店至各参观游览点的距离及行车所需时间、出发时间、各条参观游览线路所需时间、途中购物时间、午间就餐时间等，避免出现“前松后紧”或“前紧后松”的被动局面。另外，避免同一天旅游项目雷同，使游客始终保持稳定、持久的兴趣。

最后，计划性的另一个具体体现是每个参观游览点的导游方案。导游人员应根据游客的具体情况合理地安排在景点内的活动时间，选择最佳游览路线，导游讲解内容也要做适当取舍。什么时间讲什么内容、什么地点讲什么内容和重点介绍什么内容都应该有所计划，这样才能达到最佳的导游效果。

二、针对性原则

所谓针对性，是指从对象的实际情况出发，因人而异，有的放矢。导游人员的工作对象复杂，层次悬殊，年龄参差不齐，审美情趣各不相同，因此导游人员要根据不同对象的具体情况，在接待方式、服务形式、导游内容、语言运用、讲解的方式方法上，应该有所不同；导游讲解时，导游词内容的广度、深度及结构应该有较大的差异。要求导游人员在较高的语言修养的基础上灵活地安排讲解内容，使其深浅恰当；灵活地运用语言，使其雅俗相宜，努力使每个旅游者都能获得美的享受。通俗地说，就是要看人说话，投其所好，导游人员讲的正是游客希望知道的、有能力接受的并且感兴趣的内容。切忌千人一面、千团一词。

例如，对专家学者和“中国通”，导游人员在讲解时，要注意语言的品位，要谨慎、规范；对初访者，导游人员要热情洋溢；对年老体弱的游客，讲解时力求简洁从容；对青年游客，导游讲解应活泼流畅；对文化水平低的游客，导游讲解要力求通俗化。

三、灵活性原则

所谓灵活性，是指导游讲解要因人而异、因时制宜、因地制宜。我们所讲的最佳时间、最佳线路、最佳旅游点等都是相对的，客观上的最佳条件若缺少主观圆满的导游艺术的运用和发挥，就不可能达到预期的导游效果。

导游讲解贵在灵活、妙在变化，这是由以下因素决定的：旅游者的审美情趣各不相同，不同景点的美学特征千差万别，大自然又千变万化、阴晴不定，游览时的气氛、旅游者的情绪也随时变化。所以，即使游览同一景点，每次也都不一样，导游人员必须根据季节变化、天气状况、具体时间、服务对象的不同，灵活地选择导游知识，采用切合实际的方式进行导游讲解。世界上没有两次完全相同的旅游，无论一名导游人员具有的知识和经验如何丰富，他总会遇到各种新情况，需要他随机应变。总之，导游人员应根据讲解的对象和当时的时空环境，适当地调整讲解的分量、内容的深浅、音量的大小、速度的快慢，切忌千篇一律、墨守成规。

任务三 导游讲解常用手法

◎任务介绍

旅游是一项发现美、欣赏美的活动。导游人员在带领游客游览的过程中，需要调节游客的情绪、传递审美的方法和技巧。

◎任务导入

在旅游过程中，有些景观没有导游人员的讲解和指点，很难发现其美的所在，唤起美的感受，而经过导游人员一番画龙点睛或重彩泼墨似的讲解之后，感受就大不一样了，这正是因为导游运用了恰当的讲解方法。

相关知识

导游讲解的常用手法主要有十种。

一、描绘法

描绘法，是指运用具体形象、富有文采的语言，对眼前的景观进行描绘，使其细微的特点显现于游客眼前。例如：

风景区内风光旖旎，景色秀丽，有云雀峰、花果山、双龙江、仙人洞等自然人文景观400多处。这里既有云南石林的奇特，又有桂林山水的挺拔，峥嵘中含有清秀，粗犷雄奇中寓有妩媚，浓彩重墨中透出淡雅，清新豪放中显得庄重。一年四季景色各异：春天山花烂漫，夏天溪水潺潺，秋季霜染枫叶，冬季雪野冰川，景色十分迷人，素有“东北小桂林”之美誉。

二、分段讲解法

分段讲解法是指对那些规模较大、内容较丰富的景点，导游人员将其分为前后衔接的若干部分来逐段进行讲解的导游方法。一般来说，导游人员可首先在前往景点的途中或在景点入口处的示意图前介绍景点概况（包括历史沿革、占地面积、主要景观名称、观赏价值等），使游客对即将游览的景点有个初步印象，达到“见树先见林”的效果。然后，带团到景点按顺次游览，进行导游讲解。在讲解这一部分的景物时注意不要过多涉及下一部分的景物，但要在快结束这一部分的游览时适当地讲一点下一部分的内容，目的是引起游客对下一部分的兴趣，并使导游讲解环环相扣、景景相连。例如：

进入北京故宫午门之后，可以简单介绍一下故宫的历史沿革、占地面积、历史价值、建筑布局和参观路线，然后带领游客依次游览“外朝”与“内廷”。由午门到乾清门之间的部分分为“外朝”，以太和、中和、保和三大殿为中心，东西两侧有文华、武英两组宫殿对称排列。其中，太和殿俗称金銮殿，是故宫最高大的一座建筑物，也是国内最高大、最壮丽的古代木结构建筑。乾清门以内为“内廷”，建筑布局也是左右对称。中部为乾清宫，交泰殿、坤宁宫是历代皇帝居住和处理日常政务的地方。两侧的东、西六宫是嫔妃的住所，东、西一所是皇子的住所。“内廷”还有供皇家游玩的三处花园——御花园、慈宁花园和乾隆花园。

三、突出重点法

突出重点法是指在导游讲解中不面面俱到，而是突出某一方面的导游讲解方法。一处景点，要讲解的内容很多，导游人员必须根据不同的时空条件和对象区别对待，有的放矢地做到轻重搭配，重点突出，详略得当，疏密有致。导游讲解时一般要突出以下四个方面：

1.突出景点的独特之处

游客来到目的地旅游，要参观游览的景点很多，其中不乏一些与国内其他地方类似的景点。导游人员在讲解时必须讲清这些景点的特征及与众不同之处，尤其在同一次旅游活动中参观多处类似景观时，更要突出介绍其特征。例如：

（沈阳福陵努尔哈赤陵寝）：神道尽头是与两座“神桥”相连接的福陵“天蹬”，俗称“108蹬”。福陵“天蹬”巧妙地依山势而建，是所有明清皇陵中独一无二的建筑形式。据专家考证，“108蹬”的形式在全国仅有两处，另一处在山西五台山上的菩萨顶。可以说“108蹬”为福陵增色不少，不仅成为了福陵的象征，也成为了沈阳一个独特的景观。

2.突出具有代表性的景观

游览规模大的景点，导游人员必须事先确定好重点景观，这些景观既要有自己的特征，又要能概括全貌。在实地参观游览时，导游人员主要向游客讲解这些具有代表性的景观。例如：

沈阳故宫共有建筑300多间，组成20多个院落，依建筑时间和布局，可分为中路主体和东西两翼。东路建于努尔哈赤时期，我们主要讲解的建筑是大政殿、十王亭，因为这是沈阳故宫内出现最早且最具特色的建筑群，是满族军政体制在建筑中的体现；中路建于皇太极时期，是皇太极时期的大内宫殿。院落三进，独成一体。我们选择讲解的重点是大清门、崇政殿（金銮殿）、凤凰楼（当时盛京城内最高的建筑）、清宁宫（正宫）等；故宫西路是迁都北京后，乾隆皇帝下诏增建的。以文溯阁为主体，前有戏台、嘉荫堂、仰熙斋、九间殿等，是供皇帝看书、看戏、娱乐、消遣的地方。我们重点讲解的是文溯阁（存放《四库全书》的地方）。

3.突出游客感兴趣的内容

游客的兴趣爱好各不相同，但从事同一职业的人、文化层次相同的人往往有共同的爱好。导游人员在研究旅游团队资料时，要注意游客的职业和文化层次，以便在游览时重点讲解旅游团队内大多数成员感兴趣的内容。例如，游览湖北神农架，对华侨及港澳台胞应重点介绍神农祭坛，讲解炎帝遍尝百草、搭架采药的壮举；对青年学生则把重点放在神农架自然博物馆，向他们介绍珙桐、金丝猴等珍稀动植物；对喜欢逐新猎奇的游客，多给他们讲一讲神农架“野人”之谜、神奇的白化动物、冬水夏冰的岩洞、闻雷涌鱼的暗泉等。

4.突出“……之最”

面对某一景点，导游人员可以根据实际情况，介绍这是世界或中国最大（最长、最古老、最高，甚至可以说是最小）的……因为这也是在介绍景点的特征，很能引起游客的兴致。例如：

在大连老虎滩海洋公园，珊瑚馆是亚洲最大的、以展示珊瑚礁生物群落为主的大型海洋生物馆；极地馆是世界最大的、中国唯一的展示极地海洋动物及极地体验的场馆；鸟语林是全国最大的半自然状态的人工鸟笼；群虎雕塑是全国最大的花岗岩动物石雕；大型跨海空中索道是全国最长的。另外，公园内还有大连南部海域最大的旅游观光船。

如此介绍，可以突出景区的观赏价值，给游客留下清晰而深刻的印象。需要注意的是，在使用“……之最”进行导游讲解时，必须实事求是，言之有据，绝不能杜撰，也不要张冠李戴。另外，一定要关注社会类似景观景点的建设，及时调整讲解内容。

四、问答法

使用问答法不仅可以避免游客唱独角戏，有利于活跃气氛，融洽关系，还可以满足游客的求知欲，以加深游客对所游览景点的印象。

1.自问自答法

自问自答是指由导游人员自己提出问题，并且由自己来回答。自问自答法在掌握节奏和速度上，要比我问客答法来得快些，因为问的目的不是期待游客回答，而是为了吸引他们的注意力，促使他们思考，激起兴趣，如果有游客要回答或者想回答，那么导游人员也就顺水推舟，顺其自然了。例如：

承德避暑山庄文津阁前的水池边，导游人员这样讲解道：“请大家站在我身边，顺着我手指的方向看，瞧！池中一弯新月，在水中轻轻抖动。这是天上月亮的倒影吗？不是，天上正是丽日当空。是我们眼睛的错觉吗？不是，我们看得真真切切。这就是堪称承德一绝的‘日月同辉’奇观。究竟是怎么回事呢？请各位到前面的假山中自己去寻找答案。（此时导游人员给游客留出几分钟时间去寻找）大家请注意，这位先生（小姐）是最先找到答案的！原来这是利用光的反射原理，透过山洞南壁的月牙形缺口，在水中倒映出的影子。”

2.我问客答法

我问客答法是指导游人员提出问题，期待游客回答的一种导游讲解方法。提出问题后，一般要停顿数秒钟，如果游客实在回答不出，导游人员应立即给予答案，避免陷入尴尬的局面。我问客答法要照顾到游客的文化层次和兴趣倾向，并且经导游人员的简单诱导可以回答部分问题。防止单调乏味，激发游客的参与感和成就感，游客的回答不论对错，导游人员都不应打断，应给予鼓励。最后，由导游人员讲解，并引出更多、更广的话题。例如：

导游人员在带游客游览泰山时，可以提问：“各位游客，大家知道五岳是指哪五座山吗?”一般情况下，游客都能够回答出来，即使回答不完全或回答有误，游客的兴趣也因此被调动起来，导游人员可根据情况进行纠正或补充。“岳在古今汉语中均为高大的山的意思，五岳就绝对海拔高度和山体规模而言，并不是我国最高大的，但由于五岳之名是中国古代帝王封赐的，这些山地都曾是历代帝王登基后举行盛大封禅活动的场所，故闻名天下。一般是指东岳山东泰山，西岳陕西华山，南岳湖南衡山，北岳山西恒山，中岳河南嵩山。”随后，导游人员进一步提问“五岳各自的特点是什么?”提问后可稍作停顿，观察游客的反应，如游客踊跃回答，应待游客回答后做总结或补充；如游客回答不出，再予以讲解。“东岳泰山以雄伟著称，西岳华山以险峻著称，南岳衡山以秀丽著称，北岳恒山以幽静著称，中岳嵩山以峻闻名。”调动游客的情绪，满足游客的求知欲，我问客答是最能奏效的。

3.客问我答法

游客提出问题，证明他们对某一景物产生了兴趣，进入了审美角色。对他们提出的问题，导游人员必须认真对待，善于有选择地将回答和讲解有机地结合起来。不要让游客的提问冲击你的讲解，打乱你的安排。在长期的导游实践中，导游人员要学会认真倾听游客的提问，善于思考，掌握游客提问的一般规律，并总结出一套相应的“客问我答”的导游技巧，以求随时满足游客的好奇心理。

4.客问客答法

导游人员对游客提出的问题并不直截了当地回答，而是有意识地请其他游客来回答问题。这样可以诱导游客间产生良好的互动。这种导游讲解方法不宜多用，以免游客对导游人员的能力产生怀疑，产生不信任感。

该法是问答四法中难度最大的方法，导游人员如果使用得当，不仅能调动游客的积极性，而且能活跃旅游团队的气氛，加强导游人员与游客以及游客与游客之间的联系。运用客问客答法时，导游人员要把握好时间、地点和团队气氛，一般在旅游团队的游客玩得高兴时，或者对某些问题颇感兴趣时效果会更好。

五、虚实结合法

虚实结合法是指在导游讲解中将典故、传说与景物介绍有机结合，即编织故事情节的导游讲解方法。所谓“实”，是指景观的实体、实物、史实、艺术价值等；所谓“虚”，是指与景观有关的民间传说、神话故事、趣闻逸事等。“虚”与“实”必须有机结合，但以“实”为主，以“虚”为辅，“虚”为“实”服务，以“虚”烘托情节，以“虚”加深“实”的存在，努力将无情的景物变成有情的导游讲解。

在实地导游讲解中，导游人员一定要注意不能“为了讲故事而讲故事”，任何“虚”的内容都必须落到“实”处。导游人员在讲解时，还应注意选择“虚”的内容要“精”、要“活”。所谓“精”，就是所选传说故事是精华，与讲解的景观密切相关；所谓“活”，就是使用时要灵活，见景而用，即兴而发。例如：

赵州桥在河南省石家庄市赵县城南五里处。它横跨洨水南北两岸，建于隋朝大业年间，距今已有1 400多年的历史。这座桥是普陀山安济和尚出资修建的，所以也称之为安济桥。它的建造者是闻名世界的中国古代桥梁大师李春。李春是我国隋代著名的桥梁工匠，他建造了举世闻名的赵州桥，开创了我国桥梁建造的崭新局面，为我国桥梁技术的发展作出了巨大贡献。李春是隋代的一位普通工匠，但是在民间传说中，赵州桥却成了鲁班的杰作。

六、触景生情法

触景生情法是指在导游过程中见物生情、借题发挥的一种导游讲解方法。在导游讲解时，导游人员不能就事论事地介绍景物，而是要借题发挥，利用所见景物制造意境，引人入胜，使游客产生联想，从而领略其中之妙趣。例如，从张氏帅府步入武汉东湖风景区听涛区，游客可看到有“活化石”之称的珍贵植物——水杉。导游人员在介绍水杉的发现过程和科学价值后，向游客特别说明：“为纪念水杉这一古老树种在湖北的发现，并以其刚毅坚强、耿直不阿的精神象征英雄的武汉人民，水杉被定为武汉市的市树。”然后，进一步发挥：“那么，武汉市的市花又是什么呢？那便是不畏寒威、独步早春的梅花，它象征着武汉人民的刚强意志和高贵品质。”最后，还可以向游客讲解李白“黄鹤楼中吹玉笛，江城五月落梅花”的著名诗句。

触景生情法的第二个含义是导游讲解的内容要与所见景物和谐统一，使其情景交融，让游客感到景中有情，情中有景。例如，清朝末代皇帝溥仪1908年登基时，年仅3岁，由他父亲摄政王载沣把他抱扶到宝座上。当大典开始时，突然鼓乐齐鸣，吓得小皇帝哭闹不止，嚷着要回家去。载沣急得满头大汗，只好哄着小皇帝说：“别哭，别哭，快完了，快完了！”大臣们认为此话不吉祥，说来也巧，3年后，清朝果真就灭亡了，从而结束了我国2 000多年的封建统治。游客望着宏伟的太和殿，听着导游风趣的讲解，发出欢快的笑声。

触景生情贵在发挥，要自然、正确、切题地发挥。导游人员要通过生动形象的讲解、有趣而感人的语言，赋予景物以生命，注入情感，引导游客进入审美对象的特定意境，从而使他们获得更多的知识和美的享受。

七、制造悬念法

制造悬念法是指导游人员在导游讲解时，提出令人感兴趣的话题，但故意引而不发，激起游客急于知道答案的欲望，使其产生悬念的导游方法，俗称“吊胃口”“卖关子”。通常是导游人员先提起话题或提出问题，激起游客的兴趣，但不告知下文或暂不回答，让他们去思考、去琢磨、去判断，最后才讲出结果。这种“先藏后露、欲扬先抑、引而不发”的手法，一旦“发（讲）”出来，会给游客留下特别深刻的印象。制造悬念是导游讲解的重要手法，在活跃气氛、制造意境、激发游客游兴等方面，往往能起到重要的作用。但是，再好的导游方法都不能滥用，“悬念”不能乱造，以免起反作用。例如，导游人员在介绍承德避暑山庄时这样说：

我国园林专家们说，整个避暑山庄就是祖国锦绣河山的缩影。专家们为什么会这样说呢？这个问题我想还是请女士们、先生们游览了避暑山庄之后再来回答。不过，我这里先给大家提个醒，这原因与避暑山庄的地形有关。（导游人员采用悬念法，以激发游客游览的兴趣）

（回到车上）女士们、先生们，游览了避暑山庄以后，各位印象如何？现在我要请大家回答前面的问题：我国园林专家们为什么说避暑山庄就是祖国锦绣河山的缩影？在回答这个问题之前，请大家先说说避暑山庄的地形。（……）太好了！这位先生说对了！那位女士也说对了！今天大家游览时已经看到，避暑山庄的地形是东南部地势较低，景色秀丽，如同江南；东北部地势平坦，芳草如茵，一派草原风光；西北部则地势高敞，沟壑纵横。这一切虽然是“自然天成地就势”，却好像人工雕琢了一般，竟如此巧妙地和我们伟大祖国的地形相吻合，况且全国各地的许多胜景还被神奇般地集中在山庄，因此连园林专家们也都发出了由衷的赞叹：避暑山庄就是祖国锦绣河山的缩影。

八、类比法

类比法是指以熟喻生，达到类比旁通的导游讲解手法。导游人员用游客熟悉的事物与眼前的景物相比较，定会使游客感到亲切和便于理解，达到事半功倍的导游效果。运用类比法可有下面三种具体方法：

1.同类相似类比

同类相似类比是将相似的两物进行比较，便于游客理解并使其产生亲切感。例如，将北京的王府井比作美国纽约的第五大街、法国巴黎的香榭丽舍大街；参观苏州时，将其称作“东方威尼斯”；讲到梁山伯和祝英台或《白蛇传》中许仙与白娘子的故事时，将其称为中国的罗密欧和朱丽叶等。

2.同类相异类比

同类相异类比则是将两种同类但有明显差异的景物进行比较，比出规模、质量、风格、水平、价值等方面的不同，以加深游客的印象。例如，在规模上，将唐代长安城与东罗马帝国的首都君士坦丁堡相比；在价值上，将秦始皇陵地宫宝藏同古埃及第十八代法老图但卡蒙陵墓的藏宝相比；在宫殿建筑和皇家园林风格与艺术上，将北京故宫和巴黎凡尔赛宫相比，将颐和园与凡尔赛宫花园相比；在海滩热带风光上，可将三亚的亚龙湾与泰国的芭堤雅相比等。这样不仅使外国游客对中国悠久的历史文化有较深的了解，而且对东西方文化景观和传统的差异有进一步的认识。

3.相同时代类比

导游人员在导游讲解时，可进行时代之比。由于各国计年方式不同，在介绍历史年代时，应注重游客的理解程度，要用游客能理解的表述方式。例如，介绍故宫的建设年代时，第一种介绍说故宫建成于明永乐十八年，外国游客听了效果不会好，因为一般不会有几个外国游客知道这究竟是哪一年；第二种介绍说故宫建成于1420年，讲解的效果比第一种好一些，这样说起码给出一个通用的时间概念，给人历史久远的印象；第三种介绍说在哥伦布发现新大陆前72年，莎士比亚诞生前144年，中国人就建成了面前的宏伟建筑群，讲解效果最佳。第三种介绍不仅便于外国游客记住故宫的修建年代，留下深刻的印象，还会使外国游客产生中国人了不起、中华文明历史悠久的感觉。

九、妙用数字法

妙用数字法是指导游人员巧妙地运用数字来说明景观内容，以促使游客更好地理解的一种导游讲解方法。导游讲解中离不开数字，因为数字是帮助导游人员精确地说明景物的历史、年代、形状、大小、角度、功能、特性等方面内容的重要手段之一，但是使用数字必须恰当、得法。如果运用得当，就会使平淡的数字发出光彩，产生奇妙。运用数字忌讳平铺直叙，所以使用数字要讲究"妙用"。

1.精确说明

例如，少林寺塔林是历代少林寺高僧的坟茔，总面积达14 000余平方米，1996年国务院公布为国家级重点文物保护单位。塔林现存唐、宋、金、元、明、清各代砖石墓塔240余座，其中唐塔2座、宋塔2座、金塔10座、元塔46座、明塔148座，其余为清塔和宋代不详的塔。少林寺塔林是我国现存古塔群中规模最大、数量最多的古塔群，这里的塔高一般在15米以下，由一级到七级不等，明塔的高低、大小、层级、形制是根据和尚生前在佛教的地位、佛学造诣、佛徒数量、威望高低、经济状况及历史条件而定的。

2.数字换算

在实地导游中，导游人员常用数字换算来帮助游客了解景观内容。换算是指将抽象的数字换算成具体的事物，这样方便游客理解。例如，导游在介绍故宫的时候，假如直接说故宫的房间有九千九百九十九间半，这个数字太过于抽象，不太好理解，可以这样来做一个换算："假如让一个婴儿从出生的第一天开始天天晚上住一间房间，等他全部房间都住完，他已经27岁了。"这样，游客就会发出由衷的感叹。

3.揭示传统文化

导游人员还可以通过数字来暗喻中国传统文化。例如，祈年殿是一座三重檐攒尖顶圆形大殿，是按所谓“敬天礼神”的“天数”而建的。殿高九丈，取“九九”阳极数之意。殿顶周长三十丈，表示一个月有30天。大殿中部有四根通天柱，又称龙井柱（高18.5米，大头直径1.2米），古镜式柱础，海水宝相花柱身，沥粉堆金，美观壮丽，是一年有四季的象征。中层金柱十二根，象征一年12个月，外层有檐柱十二根，象征一日12个时辰。中、外层柱数相加为二十四柱，是一年中有24节令的象征。三层相加有柱二十八根，象征天上的28星宿。再加上顶部的八根童子柱（短柱），则为三十六柱，象征36天罡。大殿宝顶有一短柱，叫雷公柱，是皇帝“一统天下”的象征。

4.反映科学真理

导游人员运用数字分析可以更准确地说明景观内容。例如，科学家发现，各种比例关系中的最佳比值是0.618，并称其为“黄金分割率”。我国许多古建筑之所以给人布局得体、高矮适宜的感觉，就是其主要的比例关系接近黄金分割率的缘故。像北京故宫太和殿高35.03米，左右陪体（体仁阁、弘义阁）各高23.78米，比值为0.678；太和殿广场东西宽200米，南北进深130米，比值为0.65，均接近黄金分割率，所以产生良好的审美效果。

十、画龙点睛法

画龙点睛法是指导游人员用凝练的词句概括所游览景点的独特之处，给游客留下突出印象的导游讲解方法。游客听了导游讲解，观赏了景观，既看到了“林”，又欣赏了“树”，一般都会有一番议论。导游人员可趁机给予适当的总结，以简练的语言，甚至几个字，点出景物精华之所在，帮助游客进一步领略其奥妙，获得更多、更高的精神享受。例如，用“古、大、重、绿”四个字概括南京的风景特色：“古”，即南京悠久的历史，曾是六朝古都；“大”，即南京有中国最大的河、最长的桥、最大的城墙；“重”，即南京在历史和地理方面都举足轻重；“绿”，即南京树木繁多，平均每人占有10余棵树，绿色也是南京的突出特点之一。

除上述十种导游讲解方法外，我国导游人员还总结出了简述法、详述法、联想法、猜谜法、引而不发法、引人入胜法、专题讲解法、知识渗透法、点面结合法等多种技法，这里不再一一介绍。导游方法和技巧虽多，但在具体工作中，各种导游方法和技巧都不是孤立的，而是相互渗透、相互依存、互相联系的。导游人员在学习众家之长的同时，必须结合自己的特点融会贯通，在实践中形成自己的导游风格和导游方法，并视具体的时空条件和对象，灵活、熟练地运用，这样才能获得良好的导游效果。

任务实施与评价

实训任务：常用导游讲解方法的运用。

实训步骤：任选景点进行导游讲解，讲解过程中必须涉及两种以上常用导游讲解方法的运用。

实训要求：

1.学生以小组为单位选派一名导游。

2.小组其他成员扮演游客，与“导游”良性互动。

3.表演时间：3～5分钟。

考核评价：以学生互评为主，以教师评价为辅。

任务四 导游讲解具体要求

◎任务介绍

导游讲解在思想性、科学性、知识性、艺术性、趣味性等方面都有具体要求。

◎任务导入

导游是一份传播文明、引领欢乐的工作。既然是工作，在讲解过程中，就会有相应的要求，那么导游人员在讲解时，应符合哪些要求呢？

相关知识

导游人员在讲解时，应符合以下八项具体要求：

（1）言之有物。导游讲解要有具体的指向，不能空洞无物。讲解资料应突出景观特点，简洁而充分。导游人员应把讲解内容最大限度地“物化”，使所要传递的知识深深地烙在游客的脑海中，实现旅游的最大价值。

（2）言之有理。导游讲解要入情入理，以理服人，要符合一定的生活和风俗习惯，符合人们的欣赏习惯，符合法律法规。

（3）言之有趣。导游人员在讲解时要生动形象、幽默风趣，既可以活跃气氛，提高游兴，又可以融洽感情，化解矛盾。

（4）言之有神。导游人员在讲解时要精神饱满，多用形象化的语言，言之有神，言必传神，引人入胜；导游讲解应尽量突出景观的文化内涵，使游客领略其内在的神采。

（5）言之有据。导游讲解必须有根有据，知识和信息来源一定要可靠，具有权威性和可信度；导游语言要诚实，不尚虚文，不能胡编乱造或张冠李戴。

（6）言之有情。导游人员要善于通过自己的语言、表情、神态等传情达意。导游人员在讲解时，应充满激情和热情，充满温情和友情，富含感情和人情的讲解更容易被游客接受。

（7）言之有喻。导游人员恰当地运用比喻手法，以熟喻生，通俗易懂，增加旅游审美中的形象和兴趣。

（8）言之有礼。导游人员的讲解用语和动作、行为要文雅、谦恭，让游客获得美的享受。

“八有”原则中，言之有理体现了导游语言的思想性（也称哲理性）；言之有物、言之有据体现了导游语言的科学性和知识性；言之有神、言之有趣、言之有喻体现了导游语言的艺术性和趣味性；言之有礼、言之有情则是导游人员的道德修养在导游讲解中的具体体现。

任务实施与评价

实训任务：导游讲解的具体要求

实训步骤：针对任选景点进行导游讲解，讲解过程中必须涉及两种以上导游讲解的要求。

实训要求：

1.学生以小组为单位选派一名导游。

2.选择一个景区运用以上导游讲解方法，做国家文化的宣传者，能说出中国故事，讲好华夏风情，展现大国风采；能激发游客对祖国大好山河的热爱。

3.表演时间：3～5分钟。

考核评价：以学生互评为主，以教师评价为辅。

任务五　自然景观讲解技巧

◎ 任务介绍

导游人员要根据各自所在的不同景点，熟练且全面掌握景点的文化内涵、类型、特征等基本属性，以及与本景点有关的传说、故事、风俗等人文知识。

◎ 任务导入

自然景观包罗万象，在祖国富饶的土地上，山河壮丽，气象万千，奇珍异兽，都颇具旅游价值。那么，导游人员应如何做好自然景观的讲解工作呢？

相关知识

一、山岳景观基础知识及讲解技巧

（一）山岳景观基础知识

我国是多山的国家，习惯上将陆地海拔高度在500米以上，相对高度200米以上，具有明显由山顶、山坡和山麓组成的隆起高地通称为山。

我国广阔的山地面积和绚烂多姿的山地景观，呈现出数量多、类型全、分布广的特点，成为我国发展旅游业的自然基础。

（二）山岳景观讲解技巧

山岳景观的讲解内容应该以山岳的外观体征给游客带来的美感、山岳的成因以及山岳所包含的文化底蕴等作为重点。具体来说，山岳景观的讲解思路应该是：采取移步换景的方式结合不同的季节、不同的气候条件以及一天中的不同时段，分别讲解山岳名称的由来—所处的地理位置—高度—所占面积—同类景观中的排名—成因—与其相关的内涵文化，给游客带来审美的兴趣。

1.抓住山岳景观外部形态特征，讲解景观的美感

山是地壳千百万年变化的产物，姿态万千，在山岳景观的讲解服务过程中，首先要根据不同的山体外形引导游客领略大自然的鬼斧神工。

（1）姿态美。山岳是自然界地壳变迁和水流冲刷的结果，大自然的鬼斧神工造就了其千姿百态的形态，这些不同的姿态给人们带来了不同的美，再加上气候等原因的综合作用，山岳的姿态美的内容就更加丰富了，这是山岳景观的主要魅力。

知识链接
4-1
五岳

（2）色彩美。山岳景观的色彩主要来源于两个方面：一是山石本身呈现不同的颜色，如丹霞地貌就是由红色砂砾岩构成“赤壁丹崖”的奇观；二是因山岳附着物不同而形成的不同色彩，如苍翠的森林、如茵的绿草、灿烂的山花、银白的冰雪，均可与山岳合成一幅幅色彩鲜明的画卷。河北围场坝上五彩山讲解示例如下：

金秋时节，山上的植被呈现出一幅多姿多彩的画面：红的似火，黄的赛金，绿的如翠，粉的娇嫩，褐的厚重，白的晶莹……在蓝天、白云的映衬之下，五彩斑斓、纯净透彻、飞彩流丹。这座山五彩交错、斑斑驳驳，那座山色带清晰，层次分明，美景入目，令人不得不感叹大自然的丹青妙手。

（3）动态美。山不转水转。山岳景观本身是处于一种静止状态的，但如果换个角度来欣赏，却会让人感受到山的另一种姿态美——动态美。舟中观山讲解示例如下：

船在江面之上顺流而下，速度渐渐在加快，此时长江两岸的山就会如同电影的画面切换一样急速地变换着：忽而峭壁直立，忽而群峰比肩；忽而森林密布，忽而灌木丛生；忽而山谷悠远，忽而山石扑面……旧的景物依次退去，新的景色扑面而来，姿态万千的山势景观就这样在我们的眼前变换着。

（4）听觉美。山岳景观中的茂密林海在山风的吹动下，往往能够让人领略到阵阵的涛声；山中的飞流瀑布可以让人领略磅礴的气势；山间小溪的缓缓流动，能够让人聆听到潺潺的涓流；山间林中的飞禽走兽，能够让人感受到虎啸猿啼百鸟鸣。这些大山的附着物，常常能给人们的听觉带来意想不到的感受，从而领略一种别样的美。黄果树瀑布讲解示例如下：

黄果树瀑布高68米，加上瀑上瀑6米，总高74米，宽81米，夏秋洪水暴涨，瀑布如黄河倒倾，峭壁震颤，谷底轰雷，十里开外，也能听到它的咆哮；由于水流的强大冲击力，溅起的水雾可弥漫数百米以上，使坐落在瀑布左侧崖顶上的寨子和街市常常被溅起的水雾所笼罩。

2.从地质构造讲解其成因

（1）花岗岩山体。九华山讲解示例如下：

佛门圣境九华山，山体由花岗岩构成。由于受构造、岩性及外力等影响，形成了以峰为主、盆地峡谷、溪涧流泉交织其中的雄奇秀丽的地貌景观。九华山有名峰70余座，千米以上高峰30余座，最高十王峰海拔1 342米。境内奇峰峭拔，怪石嵯峨，幽谷深潭，涌泉飞瀑，风光旖旎，四季宜人。清代概括为“九华十景”，现已开辟八大景区、百余处景点，可谓“处处风光，移步换景”，使旅游者流连，令朝圣者忘

返。九华山自然风光以秀著称，以奇取胜。唐代诗人杜牧诗云："凌空瘦骨寒如削，照水清光翠且重。却忆谪仙诗格俊，解吟秀出九芙蓉。"

（2）岩溶山水。桂林芦笛岩讲解示例如下：

芦笛岩是一个囊状的岩洞，进口与出口相邻，进洞处为原来的天然洞口，出洞处是开凿的人工洞口。洞深240米，游程约500米。岩洞是70余万年前地下水沿着岩石的破碎带流动溶蚀而形成的。洞中大量的石钟乳、石笋、石柱、石幔、石花，是在岩洞形成以后，含有碳酸盐类的地下水顺着岩石裂隙流出，水分蒸发，碳酸盐类沉淀结晶，逐渐堆积而成，千态万状，琳琅满目。

（3）丹霞风光。广东丹霞山讲解示例如下：

全山均为红色砂砾岩，远眺全山，"色如渥丹，灿若明霞"，因而又有人称之为"红石花园"。它的地质岩层是由碎屑红岩、砾石岩和粉状砂岩组成，含有钙质、氧化铁和少量石膏，呈丹红色，是砂岩地势的代表。这种地形和福建的武夷山、韶关的金鸡岭等同属丹霞地貌。

（4）砂岩峰林峡谷景观。张家界黄龙洞讲解示例如下：

黄龙洞发育在三叠系碳酸盐岩地层中，洞穴系统为远岸大三层和近岸小六层的立体空间结构，主要通道沿岸层走向延伸。约3亿8千万年前，黄龙洞地区是一片汪洋大海，沉积了可溶性强的石灰岩和白云岩地层。经过漫长年代开始孕育成喀斯特地貌，直到6 500万年前地壳抬升，出现了干溶洞，然后经岩溶和水流作用才形成了今日的地下奇观。

3.从人文因素讲解其内涵

（1）历史文化丰富自然景物的美的意蕴。泰山讲解示例如下：

泰山得天独厚的自然环境和悠久的历史文化，孕育、造就了千姿百态的丽山秀水和人文名胜，生动地记录了我们中华民族发展历史的文明篇章。在5万年前的旧石器时期，泰山周围已经有了人类活动的踪迹。大量史料也都记载了泰山地区早在母系氏族社会阶段已经显露出文明的曙光。在5 000年前的新石器时代，泰山南麓的大汶口文化、北麓的龙山文化，不仅影响了山东，而且影响了黄河中下游的广大地区。春秋战国时期形成的"齐鲁之邦"是中国历史上政治、经济、文化高度发达的地区之一，产生了孔子、孟子等历史文化名人。历史告诉我们，泰山早在远古时代就已经成为东方文化的重要发祥地，而泰山在先秦时代就已经成为中国最早的名山，成为五岳之首。

（2）宗教文化升华审美品位。锦州北普陀山讲解示例如下：

北普陀山开山历史源远流长，文化底蕴深邃丰厚。到唐武德元年就已经修建了许多寺刹，晨钟暮鼓梵音法号经年袅渺，祥云喜雨龙光清岚百代，所以世人皆用南印度普陀珞珈山北院来称呼它。辽代"让国皇帝"耶律倍长期居住在这座山上，大德高僧德韶奏请辽太后，正式定名北普陀山。著名景观有"石堂松雪、枫林旭日、苍山观海、红石卧龙、滴水观音、泓池澄晖、丰台夕照"等。明清两代，以辽西"第一洞天"驰名海内，为佛、道两教高僧、宗师及信众朝拜的圣地。

讲解范例
4-1
黄山

北普陀山拥有奇特壮观的山峦、千姿百态的峰石、翠柏菩提掩映的山泉、古树悬挂的峭壁。名峰、古刹、摩崖移步即景，佳景天成。春可听莺啼鸟语，夏可闻蝉鸣桑林，秋可睹泸红霜染，冬可观石堂松雪。四时景致，异彩缤纷，胜如巧笑顾盼焉。九大景区共有50多处景观，云、石、水、洞、林、花、鱼、鸟浑然一体，雄、险、奇、幽、动、静、美、妙交相生辉，实为洞天福地，人间胜境。

二、水体景观基础知识及讲解技巧

（一）水体景观基础知识

水体是指以相对稳定的陆地为边界的水域，是河流、湖泊、沼泽、水库、地下水和海洋的总称。水体可分为海洋水体和陆地水体两大类。陆地水体又可分为地表水体和地下水体，地表水体有河流、湖泊、沼泽、水库等。从水体存在的区域来看，可将其划分为水域和水系。水域是指某一具体被水覆盖的地段，如洞庭湖、鄱阳湖；水系是指流域内大大小小的水体，构成脉络相通的系统，由干流及若干支流及流域内的湖泊、沼泽等组成，如长江水系、黄河水系、滦河水系等。

（二）水体景观讲解技巧

1.水体景观讲解服务的基本要求

（1）分析游客旅游动机，灵活运用讲解方法。不同游客文化层次不同，旅游动机也不同。水体的外部形态和文化内涵不同，因而在水体景观游览中，游客获得的美感和感悟也存在很大差别。这就要求导游人员要抓住旅游地水体景观的特色，制定合理的旅游线路，选择不同的讲解方法，灵活运用。

（2）全面了解水体的风格与差异。同为水景，但因为水的类型不同，如海水、江水、河水、湖水、泉水、溪水等，带给人们的景致不同。

①水体类型不同，美的风格不同。直观地看，海洋浩瀚无际、碧波万顷、怒潮澎湃、深邃奥妙，唐代诗人白居易的“海漫漫，直下无底旁无边”的诗句，就是这种望洋兴叹的写照；流泉、溪涧、小湖，则多给人以秀丽、幽美之感；江河大湖常介于二者之间，江河虽有“孤帆远影碧空尽”的意境，但终不及海洋带给人们的意境真切与强烈。虽然某些海岸也具有秀丽优美的景色，但终不如泉、溪、小湖带给人的恬静与浓厚。

②同一水体类型，但因各自组合条件不同，其美的意境也不同。以河流为例，虽然黄河、长江、珠江等江河都有源头和入海口，但由于受各自地貌、气候、植被等自然地理环境条件的影响，其各自的水文特点也不同。因此，各条江河，各有其特色。例如，宋代范成大在《初入峡谷》中写道：“束江崖欲合，漱石水多漩。卓午三竿日，中间一罅天。”长江在这里显得很险峻；唐朝诗人王之涣在《登鹤雀楼》中描述：“白日依山尽，黄河入海流。欲穷千里目，更上一层楼。”此诗成为描写黄河壮阔场面的千古绝唱。同一条江河，因地段不同，所造景致也不同。例如，长江三峡中瞿塘雄、巫峡秀、西陵险，美的具体内容是有差异的。

③从景观类型讲解其特征、从景观配合讲解其特色。不同的水体由于其存在的状态不同，表现出来的景观特征不同，即使是同一水体类型，由于所处地域环境的差异，各自然地理因素的组合不同，表现出来的特征也存在差异。在导游讲解中，导游人员要根据具体水体景观的特点来把握它们的特征，突出景观的个性。

对于不同的水体景观，讲解过程中要突出不同的特点：海洋景观，要突出海滨的伟岸、辽阔；江河景观，要体现其景色多姿，类型丰富；湖泊景观，要突出湖形、湖影、湖色；泉水景观，要突出其奇特的功能；瀑布景观，则要体现形、声、态。

④引导游客“亲近”水。直接亲近，如游泳、漂流、垂钓等活动；康体疗养，如洗温泉浴；品茗，如西湖双绝——虎跑泉水泡龙井茶。

2.不同水体景观的导游讲解

（1）河流导游讲解。由于河流分布极为广泛，在地球上不同温度带的江河其景色不同，同一江河的不同地段的景色也不同，因此在实际游览导游中，导游人员的游览与讲解要根据不同的景观特点、具体的景点分布和景色构成及多种导游讲解方法，进行游览引导和导游讲解。

① 不同温度带河流的景观特色。位于北回归线以南热带季风区的河流，河流虽短，却有热带季雨林景观，所谓椰林风光和雨林奇观便是其代表景观。亚热带季风区江河具有亚热带常绿阔叶林景观，如长江因其流量大、汛期长、植被丰、湖泊多、农业富，成为一条“黄金旅游路线”。暖温带河流，如黄河主要地处落叶阔叶林地带，虽然流量小、泥沙多、植被稀，但它是中华民族主要的文明发祥地之一。所以，黄河旅游路线是展示我国古老灿烂文化的一条最佳旅游线路。中温带以松花江、鸭绿江为代表，它流量大、植被丰，具有山清水秀的风景特色。寒温带以黑龙江北段为代表，暖季水漫漫，冬季成冰带，具有典型的林海雪原的北国风光特色。

② 同一河流不同流段的景观特色。一条巨川，其上、中、下游各段因地貌地势差异而景色不同。以长江为例，其上游的江源处，终年白雪皑皑，冰峰雪岭，具有原始、幽静、清新、神秘诱人的特色；上游的峡谷处是典型的河川峡谷景观，它由雄伟险峻的瞿塘峡、曲折幽深的巫峡、滩多水急的西陵峡组合成壮丽的长江三峡而闻名中外；长江的中游，江涛滚滚、银光闪闪，组成平原巨川风光；长江的下游，更是河渠纵横交错、湖泊星罗棋布，形成“水乡泽国”的景色；河口地带，口宽岛多、波涛万顷、江海相连、水天一色，造就出河口三角洲风光。所以，整条长江的各段，都是优美的旅游走廊。其他江河上、中、下游各段的风光，也都各有其特色。

由于河流的线状特点，具体讲解程序及讲解方法建议如下：

第一步：河流概况介绍。概况的讲解重在突出综合性，讲出要点即可。因此，建议采用概述法或突出重点法。具体要求明确讲解中心主题思想，确定分布区及目的地所处的地理位置。

第二步：具体游览河段的讲解。首先讲源头，一般源头多在构造上升区，河段多出现峡谷、陡崖、激流、跌水、怪石等险峻景色和幽深美妙的意境。然后分上、中、下游讲河段，主要突出讲解游客所游览的河段。

讲解范例
4-2
长江

（2）湖泊导游讲解。

①概述性导游。进行湖泊概述性导游讲解时，要注重概念的导入、分布地区的介绍及旅游价值等方面的内容。

讲解范例
4-3
西湖

②科普性导游。进行科普性导游讲解时，要从湖泊的成因开始讲解。

③景观导游。人们常用湖光山色来形容自然风光的优美妩媚。一个风景区有了湖光，山色自然就会增辉；有了山清水秀，绿水环绕，湖光波影，岸边垂柳，自然风光

才能更加绚丽多彩。

④文化承载的讲解。讲解要与周围人文景物相配合，尽可能采用名人效应和诗词歌赋借用法，积极导入民间故事和传说烘托讲解效应。例如，讲解杭州西湖十景，每一景都要引出一段故事、一些名人，如白居易、苏轼等。

（3）瀑布导游讲解。

① 科普讲解。科普讲解要注意两个方面：一是要讲清瀑布的形成原因；二是要讲解瀑布的主要特征。

② 景观讲解。进行景观讲解时，导游必须交代三个数据，即落差、宽度、水量，同时要注意游览与讲解的程序。一是造瀑层，如黄果树瀑布的造瀑层是石灰岩，壶口瀑布的造瀑层是砂岩，吊水楼瀑布的造瀑层是玄武岩；二是瀑布；三是瀑下深潭；四是瀑前峡谷。

③ 观景与审美引导。瀑布是山水结合、别具风格的旅游资源，它的最大特点是山水完美结合、融为一体。他常常形成千岩竞秀、万壑争流、飞泻千仞、银花四溅、蔚为壮观的旅游胜地。瀑布与青山、白云、蓝天、文物、古迹相结合，组成一幅幅动态的图画。

讲解范例
4-4
黄山温泉

④ 瀑布旅游功能及人文精神的引申讲解。瀑布以宏大的造型、磅礴的气势、咆哮的巨响、洁白的色态，吸引着无数勇敢者去进取，促进体弱者去锻炼，开拓沉思者的胸怀，给人以勇敢、坚定、果断、健美等品质的陶冶。

（4）泉的导游讲解。

讲解范例
4-5
济南泉景

①科普导游。进行科普导游讲解时，要从泉的成因和成分开始。

②景观导游。进行景观导游讲解时，要注意描述泉的风光特色及相关数据等。

③引申文化导游。例如，从泉与文化，温泉与康体，泉与酒等方面进行讲解。

（5）海岸景观的导游讲解。进行海岸景观的导游讲解时，既要从依托的角度进行导游，还要注意以海滨旅游为主。游客观水六要素包括水面、看水色、听水声、识水态、赏水光、嗅水味。玩水前要先问清价格，后参与活动；游泳、漂流要注意安全警戒提示。

讲解范例
4-6
赤城温泉

三、动植物景观基础知识及讲解技巧

（一）动植物景观基础知识

（1）动植物景观概念。凡是具有旅游观赏价值的植物或动物资源及其相关内容，统称为动植物景观，包括植物景观和动物景观两大类。

讲解范例
4-7
台湾日月潭

（2）动植物景观分类。①按照茎的形态分类，植物可分为乔木、灌木、亚灌木、草本植物和藤本植物；②按照生态习性分类，植物可分为陆生植物、水生植物、附生植物、寄生植物和腐生植物；③按照生活周期分类，植物可分为一年生植物、二年生植物和多年生植物；④动物可分为无脊椎动物和脊椎动物两类。

（二）动植物景观讲解技巧

1.景物景观导游要求

植物景观具有极高的观赏价值，其中蕴含了形态美、声音美和寓意美等多种审美要素。导游讲解时要注意引导审美和讲解相结合。具体讲解时应注意：①了解和掌握不同植物的习性，选择最佳观赏时间和角度；②掌握观赏不同植物的方法；③进行科普导游讲解时，引导并教会游客认识植物；④讲解不同植物的作用和功能，如装饰功能、造景功能和修身保健功能等；⑤进行文化寓意的引申讲解时，对比不同文化环境下，不同植物的人文精神；⑥教会游客识“花语”。

2.植物景观与导游讲解

（1）突出形态。例如，银杏、水杉高大，而有的草木只有几厘米；霸王莲的叶子可坐小孩，青莲的叶子不足1厘米；白杨树直插蓝天，荔枝树形团团如帷盖，水杉如宝塔，雪杉如巨伞；凌霄花似一口倒挂着的金钟，牵牛花像喇叭，珙桐花像白鸽。中国特有第三纪古代植物区系孑遗种，分布于西南地区和湖北、湖南、陕西。生于海拔1 250～2 200米处的常绿阔叶林带和常绿落叶阔叶混交林中，偶有小片纯林。在研究古代植物区系方面有重要的科学价值。

（2）突出色彩。花有不同色彩，不同色彩对不同的地区的游客有不同的含义。导游人员要针对游客的心理和习俗对比讲解介绍。

（3）突出香味。例如，荷花香远益清，桂花浓郁香鼻，兰花幽香清雅，梅花暗香浮动。

（4）突出性能。例如，植物的药用价值、实用价值和经济价值。

（5）突出寓意。例如，松柏刚强长寿，竹子刚直、清高、虚心，梅花坚骨孤高，荷花洁身自好等。

3.动物景观与导游讲解

（1）动物景观的特点和导游要领。①动物景观的特点包括：奇特性，如扬子鳄、娃娃鱼、麋鹿、金丝猴；珍稀性，如武夷角怪、峨眉弹琴蛙、褐马鸡、丹顶鹤、大熊猫、东北虎；药用性，如虎骨、麝香；表演性，如大象表演、猴子耍杂、赛马、驯熊、斗鸡等；宗教与寓意，在不同国家和不同民族的宗教文化中，把某些动物奉为神灵；观赏有特定距离要求，特别是野生动物园，游客不能进行零距离接触。②导游要领包括：安全与保护第一；科普讲解与动物保护教育结合；突出珍稀性，寓意与内涵相结合。

（2）动物景观导游讲解。①观形讲态。动物千奇百怪，各具特色。例如，东北虎给人以王者气质，长颈鹿体态典雅华贵，大象为长鼻动物，麋鹿俗称“四不像”。②赏色讲意。世界动物色彩斑斓，如金丝猴毛色金黄，非洲的斑马黑白相间，北极熊通身雪白等。③表演与娱乐。例如，大象按摩、猴子听戏、孔雀开屏、大熊猫表演等。④听声动物。动物中有许多“歌唱家”，如学舌的八哥、峨眉山的弹琴蛙等。⑤动物科学观赏，包括教学观赏和科普观赏。

4.自然保护区与导游讲解

（1）自然保护区的内涵。自然保护区是将一些能揭示自然界内在规律的具有典型意义和价值的森林、草原、水域、湿地、荒漠等各种生态系统类型，以及自然历史遗迹等划出特定的面积，设定机构管理和建设起来，作为保护自然资源和开展科研工作的基地。自然保护区包括自然环境和自然资源两个部分，保护区能保护人类生存的大环境和这个环境中的一切资源。我国于1956年在广东肇庆建立了的第一个自然保护区——鼎湖山自然保护区，此后国家和地区都在积极开展这项工作。

（2）自然保护区类型。①综合型自然保护区，以保护完整的自然生态环境为主，如长白山、阿尔金山、西双版纳等自然保护区；②珍稀植物型自然保护区，如小兴安岭自然保护区；③珍稀动物型自然保护区，重点保护珍稀动物，如卧龙大熊猫保护区；④自然遗迹型自然保护区，保护各类有价值的自然或历史遗迹，如五大连池火山地貌。

讲解范例 4-8

北京动物园

（3）自然保护区导游讲解。首先，要突出“保护”二字；其次，要遵守保护区的规定，如限人数、限线路；最后，要以科普讲解为主。

任务实施与评价

实训任务：自然景观讲解服务

实训步骤：以自己家乡附近的一座名山、水体景观或动植物景观为例，撰写一篇导游词。运用类比法、制造悬念法、知识渗透法、突出重点法等景点常用讲解方法进行模拟演练。

实训要求：要求导游词内容新颖、全面、细致、准确，符合实际情况，能根据讲解内容灵活运用讲解方法，且语言生动、形象、幽默、风趣。

考核评价：学生先自评，教师点评总结。

任务六 人文景观讲解技巧

◎ 任务介绍

导游人员熟练掌握人文景观的知识，并把这些知识加以阐述，介绍给旅游者，从而使旅游者欣赏美并享受美的乐趣。

◎ 任务导入

文物古迹、民俗风情、宗教文化、文学艺术等人文景观是历史、现实与文化的结晶，其讲解难度也略大，那么我们要从哪些方面做好人文景观的讲解工作呢？

相关知识

一、中国古典园林景观基础知识及讲解技巧

（一）中国古典园林景观基础知识

在一定的地域范围内，利用并改造天然山水地貌或者人为开辟山水地貌，结合植物的栽植和建筑的布置，而构成的一个供人们观赏、游憩、居住的环境，就称为园林。

中国古典园林是指以江南私家园林、北方皇家园林和岭南园林为代表的中国山水园林的形式。

（二）中国古典园林景观讲解技巧

中国古典园林景观凝聚了古代社会人们对生存空间的一种向往，是人们的审美观念、社会的科学技术的综合反映。游览此种景观可以丰富视野，为生活创造美丽。导游人员讲解时应注意结合实地情况，尊重自然。一般来说，要从以下三个方面入手：

1.讲清历史背景，解读园林名称

知识链接 4-2
网师园

悠久的历史、特定的文化背景决定着中国园林的风格特点。导游人员要相对深入了解与之有关的史料背景，包括政治、经济、社会等条件，熟悉其历史发展沿革。特别要重视对园林名称的理解，不少园林的名称往往是造园者的理念、情趣、爱好和思想的集中体现，应细心领会，重点介绍。

2.讲清艺术特点，品出园林意境

知识链接 4-3
避暑山庄烟雨楼

中国园林在不断发展中逐渐形成了独特的艺术风格，即布局匀称、错落有致、交相辉映、山水交融，富有浓郁的诗情画意，体现了人与自然的和谐相处。导游人员带领游客参观的过程中要让游客感受到中国园林的艺术特点和独特魅力，品味园林深层次的意境。

3.讲清景点内涵，领会构景匠心

园林景观凝聚着造园者的思想，每个景点都体现了设计者智慧的火花，并镌刻着时代的烙印，导游人员要学会透过各种构园手法和构景方式，解读造园者的艺术匠心及抒情意境，把景点的内涵讲给游客，通过一个景点让游客去认识园林内在的思想感情，领略园林景观文化的博大精深。

二、中国古代建筑景观基础知识及讲解技巧

（一）中国古代建筑景观基础知识

中国古代建筑景观是指一定区域内的民族在某历史时期所创造的建筑物，它具有鲜明的地域性、时代性、科学性和艺术性。它综合地反映了该民族在某一历史阶段所达到的科学技术和文化艺术水平，是当时物质文明和精神文明的标志。

（二）中国古代建筑景观讲解技巧

中国古代建筑具有悠久的历史和光辉的成就。我国古代建筑的赏析是导游人员引导游客游览古建筑类景区必备的技能之一。我国古代建筑类别繁多，特征丰富，因此要做好古建筑景区的讲解，除了要具备一定的常识外，还要注重讲解的思路。一般来说，中国古代建筑景观讲解主要从以下四个方面入手：

知识链接 4-4
天坛

（1）讲清历史背景，注意时代特征。建筑艺术是时代的产物，是典型的“历史载体”，它与一定的社会条件是分不开的。作为一名导游人员，要具备中国历史文化知识，掌握其历史背景，才能生动形象地向旅游者讲解其文化内涵。建筑是“凝固的音乐”，是当时社会形态的缩影，也是当时社会文化的真实反映。

知识链接 4-5
故宫太和殿大吻

（2）讲清建筑特点，注意建筑内涵。中国古代建筑都有一定的特点，体现出一种境界，给游客一定的美感。一个优秀的古代建筑导游员应能够将建筑的内涵向游客作出解释，从而让游客从文化的角度更深层次地了解中国古建筑。

（3）讲清景观细节，注意建筑功能。中国古代建筑景观形式多样、内涵深厚，无论是主体建筑还是配套建筑，无论是建筑小品还是建筑构件，都具有一定的意义和相当强的使用功能，在导游过程中要讲解清楚、分析到位，这“凝固的音乐”才会优美动听。

（4）从审美角度看古建筑。导游讲解需要审美，古建筑审美主要把握等级观念制度、建筑特色、细节特色、民俗文化等方面的问题。

三、主题公园基础知识及讲解技巧

（一）主题公园基础知识

随着时代的发展与现代科技的进步，主题公园成了现代旅游中一个颇为重要的目的地，也是导游人员必须熟悉的现代旅游景观。一般认为，主题公园（theme park）是根据某个特定的主题，采用现代科学技术和多层次活动设置方式，集诸多娱乐活动、休闲要素和服务接待设施于一身的新的旅游吸引物。虽然主题公园更依赖科技要素及设施设备，更注重游客的参与性和体验感，但同样需要好的导游词进行介绍、引导和描述，从而凸显主题，强化体验，寓教于乐。

（二）主题公园讲解技巧

1.谋篇布局

“主题公园”是现代旅游业在旅游资源开发过程中的新型旅游吸引力。作为一种或几种特殊的自然资源和人文资源，采用现代科技和建立多层次空间活动的方法，一个集多种娱乐内容、休闲要素、服务接待设施于一体的现代旅游目的地。

（1）开头部分。欢迎词要尽量热烈，然后引出主题公园的主题，这个主题往往也是吸引游客进行旅游活动的最重要因素。

（2）正文部分。首先对景区的概况做简单介绍，也可介绍景区的发展情况，然后重点介绍参与性和体验性的活动，带动气氛，使游客快速进入主题。

（3）结尾部分。只强调好集合的时间和地点即可。

2.写作素材

主题公园是根据某一特定主题，运用现代科技及多层次的活动设置方式，将众多的娱乐、休闲要素及基础服务设施融合为一体的游玩场地。它的主要类型是根据不同的功能来划分的。

（1）游乐型：为游客提供刺激的娱乐设备和机动游戏，如迪士尼、蒂沃利公园、发现王国等。

（2）情景模拟型：以各类影视城为核心的主题公园，通过情景再现影视剧，让游客身临其境，如三国水浒城、浙江横店影视基地、上海科技馆等。

（3）观光型：是著名景观或特色景观的浓缩，将某个地方独特的特色聚集在一起，提高游客观赏兴趣，让游客在短短的时间内领略到最具特色的景观，如锦绣中华、世界之窗等。

讲解范例
4-9
长隆旅游度假区

（4）主题型：主要有各种水族馆和野生动物公园，如大连老虎滩海洋公园、香港海洋公园等。

（5）风情体验型：以体验风情为核心的主题公园，将不同的民族习俗和民族色彩展现在游客眼前，让游客体验到不同的民族特色。

德技兼修 4-1　　亮相吧！红色讲解员们！

为了以实际行动深刻践行党的二十大报告中关于“弘扬以伟大建党精神为源头的中国共产党人精神谱系，用好红色资源，深入开展社会主义核心价值观宣传教育，深化爱国主义、集体主义、社会主义教育，着力培养担当民族复兴大任的时代新人”重要精神指示，文化和旅游部联合教育部、共青团中央，在全国积极开展“赓续红色血脉 培育时代新人”红色讲解员进校园活动。

各地讲解员纷纷带领青少年走进爱国主义教育基地、革命旧址、博物馆、纪念馆、陈列馆，结合本地红色资源挖掘百年党史中鲜活感人的故事，并通过生动的讲解引领青少年厚植家国情怀、涵养进取品格，激扬青春岁月。

在江西，南昌市博物馆的红色讲解员，带领学生们走进方志敏烈士纪念园，沉浸式感悟革命先烈至死不渝的理想信念，通过红色故事的讲述激发青少年传承红色基因、争做时代新人的内生动力。

在江苏，一堂静水流深、启迪心灵的音乐思政课正在南京市小行小学进行着。课堂上，雨花台烈士纪念馆的讲解员冯丽桦带领学生们齐声高唱：“假如我为了真理而牺牲，我燃烧不灭的心，会不朽地欢欣。”这是革命先烈赵良璋用生命谱写的乐章《假如我为了真理而牺牲》。在激昂的音乐声中，不朽的红色精神也随之融入青少年的血脉。

让党的历史可触可感，让革命的精神可追可及，是这次红色讲解员进校园活动呈现出的一大特色。安徽金寨县革命博物馆讲解员杨晓璐，以组织小学生参演红色儿童短剧的形式，让孩子们在演绎体验中贴近革命初心。浙江嘉兴南湖畔，小讲解员们在老师的带领下瞻仰复原红船，缅怀光荣岁月，展望新征程。来自红船启航地的他们，用实际行动践行着新一辈红色精神传承人的责任与担当。

每一段精彩的讲解，都是一堂别开生面的“网络课程”。每一次用心的聆听，都能汲取到砥砺奋进的不竭动力。

资料来源：陈妍妮．亮相吧！红色讲解员们！[EB/OL]．[2023-01-10]．http：//xhpfmapi.xinhuaxmt.com/vh512/share/11307799.

思政元素：文化传承　责任担当　红色精神传播者

学有所悟：党的二十大报告指出：“讲好中国故事、传播好中国声音，展现可信、可爱、可敬的中国形象。”红色景观讲解员是旅游业发展的实践者和推动者，肩负着讲好中国故事，传播红色精神的重要责任。以习近平新时代中国特色社会主义思想为指导，加强讲解员队伍建设、适应新时代旅游业新发展的重要抓手，是提升专业素养、养成行业自尊和自律的重要举措。红色景观讲解员要做到学有所思、学有所得、学有所用；要提供有温度的服务，增强导游的核心竞争力；要讲好中国故事，传播好中国声音，注重弘扬中华优秀文化。

任务实施与评价

实训任务：人文景观讲解服务

实训步骤：以自己家乡附近的一处人文为例，撰写一篇导游词。运用类比法、制造悬念法、知识渗透法、突出重点法等景点常用讲解方法进行模拟演练。

实训要求：要求导游词内容新颖、全面、细致、准确，符合实际情况，能根据讲解内容灵活运用讲解方法，且语言生动、形象、幽默、风趣。

考核评价：学生先自评，教师点评总结。

项目自测

一、判断题

1.在导游讲解中，概述法通常适合于一些小景点的讲解。（　　）

2.计划性原则的另一个具体体现是每个参观游览点的导游词。（　　）

3.言之有物是指对游客讲话、谈问题，对参观游览点的讲解，对外宣传都要从实际出发，要有根据。（　　）

二、单选题

1.运用触景生情法进行讲解，导游人员必须使（　　）与所观景物保持一致。

A.讲解的层次　　B.讲解的内容　　C.游客的心情　　D.游客的智力

2.制造悬念的讲解方法实际上运用的是一种（　　）的艺术手法。

A.欲扬先抑　　B.先扬后抑　　C.欲抑先扬　　D.又抑又扬

3.“有朋自远方来，不亦乐乎”“能认识大家是我的荣幸”“很高兴与大家有缘在这里相识”等语言，体现了导游讲解中的（　　）。

A.言之有情　　B.言之有理　　C.言之有礼　　D.言之有喻

三、多选题

1.导游讲解应遵循的原则有（　　）。

A.客观性原则　　B.针对性原则　　C.计划性原则

D.持续性原则　　E.灵活性原则

2.导游运用虚实结合法进行导游讲解时应以“实”为主，以“虚”为辅，做到（　　）。

A.“虚”为“实”服务　　B.“虚”为“实”垫底

C.以“虚”来提高身价　　D.以“虚”来烘托情节

E.以“虚”来强化“实”的意义

3.类比法是一种以熟喻生、达到触类旁通的讲解方法，分为（　　）。

A.同类相异类比　　B.异类相异比较　　C.异类相似比较

D.同类相似类比　　E.同类反向比较

项目自测
4-1

扫码答题

5 项目五 导游人员协作技能

项目概述

本项目主要介绍了导游人员与游客交往的技能、导游人员的协作技能、特殊旅游团队的接待服务技能以及导游人员带团常用技巧。导游服务是一项集体的协作共事，导游服务集体由全陪、地陪、景区景点导游员、领队等组成。他们必须互相协作，彼此补充。因为他们的服务对象是一致的，即同一旅游团队的旅游者；他们有共同的工作任务，即执行共同的旅游计划，为旅游者安排落实各项旅游服务；他们有共同的努力目标，即组织好旅游者的旅游活动，使旅游者获得满意的服务。

学习目标

知识目标

1.掌握导游人员与海外领队间的协作技能。
2.掌握地陪与全陪间的协作技能。
3.掌握导游人员与司机间的协作技能。
4.掌握导游人员与相关旅游接待单位间的协作技能。

能力目标

1.能够熟练运用与海外领队和全陪交往的技能。
2.能够熟练运用与司机和旅游合作单位协作的技能。

素养目标

1.培养学生树立导游人员良好职业形象。
2.培养学生顾全大局、团结协作的精神。

任务一　导游人员与领队的协作

◎ 任务介绍

导游工作是联系各项旅游服务的纽带和桥梁。导游人员在执行旅游接待计划时，务必与海外领队搞好关系，保证顺利完成接待任务。导游工作与其他旅游服务工作的相辅相成关系决定了导游人员必须掌握一定的协作技能。

◎ 任务导入

导游人员和领队都是旅游行业的一线工作人员，一个是接待社的代表，一个是组团社的代表，服务的对象都是旅游者。那么，二者应该怎样做好协调工作，才能更好地为旅游者服务呢？

相关知识

领队是受海外旅行社委派，全权代表该旅行社带领旅游团队从事旅游活动的人员。在旅游团队中，领队既是海外旅行社的代表，又是旅游者的代言人，还是导游服务集体中的一员，在海外社、组团社、接待社和旅游者之间导游人员起着桥梁作用。导游人员能否圆满完成任务，在很大程度上要靠领队的合作和支持，因此搞好与领队的关系就成为导游人员不能忽视的重要内容。

导游人员的带团技能中很重要的一项就是要搞好与领队的关系。如果要搞好与领队的关系，那么导游人员需注意做好以下五个方面的工作。

一、尊重领队，遇事与领队多磋商

带团到中国来旅游的领队，多数是职业领队，在海外旅行社任职多年并受过专业训练，对我国的情况尤其是我国旅游业的业内情况相当熟悉。他们服务周到细致，十分注意维护组团社的信誉和旅游者的权益，深受旅游者的信赖。此类领队是中方旅行社长期合作的海外客户代表，也是旅游团队中的“重点游客”，对他们一定要尊重，遇事要与他们多磋商。旅游团队抵达后，地陪要尽快与领队商定日程，如无原则问题，则应尽量考虑采纳领队的建议和要求。在遇到问题或处理矛盾时，全陪、地陪更要与领队磋商，争取领队的理解和支持。

“尊重人”是人际关系的基本原则之一，要想搞好与领队的关系，首要的是导游人员要尊重领队。尊重领队的最重要方面是遇事与领队多磋商。在旅游日程、旅行生活的安排上，或在出境问题上多与领队商量。一方面，领队有权审核旅游活动的落实情况；另一方面，导游人员可通过领队更清楚地了解游客的兴趣爱好以及他们在生活、游览方面的具体要求，从而向他们提供更具针对性的服务，掌握工作的主动权。在游览项目被迫变更，或旅游计划发生变化，或增加新的游览项目，或游客与接待方导游人员之间出现矛盾时，导游人员要多与领队商量，实事求是地说明情况，争取领队的理解和合作。

二、关心领队，支持领队的工作

职业领队常年在异国他乡履行自己的使命，进行着重复性的工作，十分辛苦。由于他的“特殊的身份”，旅游者一般只要求他如何关心自己而很少去主动关心领队。因此，导游人员如果在生活上对领队表示关心、在工作上给予领队支持，他会很感动的。当领队的工作不顺利或旅游者不理解时，导游人员应主动助其一臂之力，能办到的事情尽量给予帮助，办不到的事情多向旅游者进行解释，为领队解围，如说明原因不在领队，而是本方条件所限或是不可抗拒的原因造成的等。但是要注意，支持领队的工作并不是取代领队，导游人员应把握好尺度。此外，作为旅游团队中的“重点人物”，导游人员要适当给领队以照顾或提供方便，但应掌握分寸，不要引起旅游者的误会和心理上的不平衡。

尊重领队权限，主动争取配合领队。支持组团社工作、维护旅游团队的团结、与接待社的导游人员联络，都是领队的主要工作。领队提出意见和建议时，接待社导游人员要给予足够的重视；领队在工作中或生活上遇到麻烦时，接待社导游人员要给予领队必要的支持和帮助；旅游团队内部出现纠纷、领队与游客之间产生矛盾时，接待社导游人员一般不要介入，以尊重领队的工作权限，但必要时可助其一臂之力。这样做有助于相互产生信任感，加强双方的合作。尊重领队，主要表现在遇事要多与领队磋商；对该团的旅游活动日程和旅行活动安排，一定要征求领队的意见，如果没有原则问题应尽量考虑和采纳他的意见和要求；在旅行计划被迫改变，或游览项目发生变更时，应取得领队的理解和支持。

三、多给领队荣誉，调动领队的积极性

要想搞好与领队的关系，导游人员还要随时注意给领队面子，遇到一些显示权威的场合，应多让领队尤其是职业领队出头露面，使其博得旅游者的好评，如游览日程商定后，地陪应请领队向全团旅游者宣布。只要导游人员真诚地对待领队，多给领队荣誉，领队一般也会领悟到导游人员的良苦用心，从而采取合作的态度。

多给领队荣誉，调动其积极性。要想搞好与领队的关系，首先要尊重领队。导游人员要尊重领队的人格，尊重他的工作，尊重他的意见和建议，适当发挥他的特长，还要随时注意给他面子，如遇到一些可显示权威的场合，应多让领队尤其是职业领队出头露面，使其博得旅游者的好评。其次，要适当发挥领队的特长，使其在旅游者面前有表现的机会，维护其形象，满足其表现欲望，使领队的心态保持平衡。只要导游人员诚心诚意地对待领队，多给他尊重与荣誉，一般情况下领队会领悟到导游人员的用心和诚意，从而采取合作的态度。

四、灵活应变，掌握工作主动权

由于旅游团队成员对领队工作的评价会直接影响领队的得失进退，因此有的领队为讨好旅游者而对导游工作指手画脚，当着全团游客的面“抢话筒”，一再提出“新主意”，给导游人员出难题，使导游工作比较被动。遇到类似情况地陪应采取措施变被动为主动，对于“抢话筒”的领队，地陪既不能马上反抢话筒，也不能听之任之，而应灵活应变，选择适当的时机给予纠正，让游客感到“还是地陪讲得好”。这样地陪既表明了自己的态度又不失风范，工作上也更为主动了。

多同领队协商，主动争取领队来配合导游人员。遇事要与领队多磋商，调动领队积极性，在一些可以显示权威的场合，应多让领队出面。在旅游日程、旅行生活的安排上多与领队商量。

五、坚持原则，避免与领队正面冲突

在导游服务中，接待社导游人员与领队在某些问题上有分歧是正常现象。一旦出现此类情况，接待社导游人员要主动与领队沟通，力求及早消除误解，避免分歧扩大。一般情况下，接待社导游人员要尽量避免与领队发生正面冲突。在入境旅游团队中也不乏工作不熟练、个性突出且难以合作的领队。对此，导游人员要沉着冷静，坚持原则，分清是非，对违反合同内容、不合理的要求不能迁就；对于某些带侮辱性的或“过火”的言行不能置之不理，要根据“有理、有利、有节”的原则讲清道理，使其主动道歉，但要注意避免与领队发生正面冲突。

有时领队提出的做法行不通，导游人员无论怎样解释说明，领队仍固执地坚持己见。这时导游人员就要向全体讲明情况，争取大多数旅游者的理解和支持。但要注意，即使领队的意见被证明不对也不能把领队“逼到绝路”，要设法给领队台阶下，以维护领队的自尊和威信，争取他以后的合作。同时，导游人员要提高导游服务技能，掌握工作主动权。对于喜欢抢话的领队，最好的办法是先让领队亮相一番，可记住他在讲话中的错误和不足，在适当的时候予以纠正。

导游人员应该关心领队，支持领队工作，尽最大努力帮助领队解决所遇到的实际问题和困难；协助与支持领队的工作并不是取代领队，导游人员要把握好尺度；旅游团队领队与旅游者发生矛盾时、旅游者之间出现争执时，应由领队自行调解，导游人员不应介入其中；当矛盾影响旅游活动时，导游人员应出面协助领队做好调节工作。

知识链接
5-1
导游带团的
不同风格

任务实施与评价

实训任务：导游人员和海外领队之间的协作技能

实训步骤：

1.以小组为单位进行实训。

2.通过网络、图书等途径收集有关导游协作技能的案例，并进行分析总结。

3.通过案例分析及所学知识，总结提高导游人员协作技能的方法与经验。

4.上交小组成果。

实训要求：以小组汇报形式完成。

考核评价：小组间进行成果分享，教师进行点评及评分。

任务二 全陪与地陪的协作

◎ 任务介绍

导游工作是联系各项旅游服务的纽带和桥梁。导游人员在执行旅游接待计划时，全陪和地陪务必要搞好关系，保证顺利完成接待任务。导游工作间的相辅相成关系决定了导游人员必须掌握一定的协作技能。

◎ 任务导入

全陪和地陪的关系是平等的，二者的工作目标都是全心全意地为旅游者服务，且都在执行同一个协议。那么，他们彼此之间应如何共事呢？

相关知识

组团社的导游人员所代表的是地接社的客户，组团社所委派的导游人员，即全陪兼有两种角色，他不仅是组团社派出的为游客提供服务的导游员、地接社导游员的同行，还是地接社团队服务质量的监督员。全陪和地陪有着共同的利益，即发展旅游目的地旅游业的共同目标，有统一的政策、法规和协议作为处理问题的准绳，为他们之间的合作共事创造了前提。无论是全陪还是地陪，都有一个与另一个地陪或全陪配合的问题。协作成功的关键便是各自应把握好自身的角色或位置，要有准确的个人定位。要认识到虽受不同的旅行社委派，但都是旅游服务的提供者，都在执行同一个协议。全陪与地陪的关系是平等的关系。

一、与全陪的协作

就地陪而言，与组团社的协作主要体现在与全陪的协作上。根据全陪的职能特点，地陪与全陪的良好协作不仅有利于团队在本地游览的顺利进行，还能进一步加强组团社对地接社的信心和感情，有利于地接社的业务发展。

与组团社全陪协作主要体现在两个方面：第一，主动沟通，友好配合；第二，尊重全陪，相互照顾。全陪是组团社派出的人员，专门负责监督接待质量，协调团队与当地旅行社、当地导游的各种关系，以确保团队参观游览活动顺利进行。而对地陪来说，一个旅游团队来到当地，如何把旅游团队带好让游客高兴而来，满意而去，也应该是他首先要考虑的问题。因此，地陪与全陪有一个共同的目的，即确保团队旅游的顺利进行，在这个前提下，地陪一定要掌握一些协作技巧，如敬、捧、让、抗、晾。

（一）“敬”与“捧”

在正常工作状态下，作为主人，地陪应主动与全陪协商工作，以示尊敬。比如，地陪主动与全陪讨论行程，有变化时主动征求全陪意见以调整行程等；在平时，当游客面说一些全陪的好话（捧）这让全陪感受到地陪的一颗诚心并给予善意回报，这种协作便是愉悦的。

（二）“让”“抗”“晾”

当全陪置团队利益于不顾时，地陪应采取以下工作方式：

“让”——地陪自觉能力有限，“爱莫能助”那就做好分内工作，将游客的损失减少到最低限度；

“抗”——争取大多数游客的支持，在绝对做好分内工作的同时，与全陪“叫板”；

“晾”——在抗争之后，地陪应采取“晾”的策略，像没事似的照样与游客谈笑风生，不再提已发生的冲突，把全陪“晾”在一边，直到把旅游团队送走。这是一种“边缘”方式，不到迫不得已时不可采用，而宁可采取第一选择——“让”。

全陪和地陪之间的合作，首先要尊重全陪或地陪，努力与合作者建立良好的人际关系；其次，要善于向全陪或地陪学习，有事多请教。此外，要坚持原则，平等协商。如果全陪或地陪“打个人小算盘”，提出改变活动日程、减少参观游览时间、增加购物等不正确的做法，地培或全陪应向其讲清道理，尽量说服并按计划执行，如对方仍坚持己见、一意孤行，应采取必要的措施并及时向接待社或组团社反映。

案例分析5-1

导游员小颜是一个从事导游工作时间不长的小伙子，一次旅游旺季的时候，他出任全陪带一个26人的旅游团队去黄山。依照计划，该团在黄山住××饭店，客房由黄山地方接待社代订。下了车，进了饭店，小颜把游客安顿在大厅，就随地陪、领队来到总台办理客房登记。地陪刚报完团号，总台小姐就不好意思地跟地陪、小颜及领队说：“对不起，今晚饭店客房非常紧张，原定13间客房只能给11间客房，有4个游客要睡加床，但明天就可以给13间客房。”山上饭店少，附近没有其他饭店，而此时天色已晚，若下山找饭店，因索道已停开，也无可能。小颜是个急性子，这种情况又是第一次碰到，当确认饭店已不可能提供客房后，他转过身对着站在自己后边的地陪，脱口说道：“你们是怎么搞的，拿（订）客房能力那么差！”地陪听了这话，起先还一愣，但马上针尖对麦芒地回了一句：“有本事，你们可以自己预订，何必委托我们订房呢？”说完，就离开了总台，赌气地在大厅沙发上坐了下来。

领队看到小颜、地陪闹意见，也没多说什么，拿了11间客房的钥匙，把游客召集到一起，把情况和大家摊了牌，然后态度诚恳地说：“各位，情况就是这样，希望大家能相互体谅，也能帮我的忙。有愿睡加床的游客请举手。”说完，领队自己先举起了手，跟着好几位游客都举起了手。就这样，领队轻而易举地解决了一个让小颜恼火、为难，又让地陪赌气的问题。

思考：导游工作集体之间的关系应该是怎样的？

案例分析
5-1

答案提示

任务实施与评价

实训任务：导游人员中全陪和地陪之间协作技能

实训步骤：

1.以小组为单位进行实训。

2.通过网络、图书等途径收集有关导游协作技能的案例，并进行分析总结。

3.通过案例分析及所学知识，总结提高导游人员协作技能的方法与经验。

4.上交小组成果。

实训要求：以小组汇报形式完成。

考核评价：小组间进行成果分享，教师进行点评及评分。

任务三 导游人员与司机的协作

◎ 任务介绍

导游工作是联系各项旅游服务的纽带和桥梁。导游人员在执行旅游接待计划时，务必与司机搞好关系，保证顺利完成旅游接待任务。导游和司机工作之间的合作和相辅相成关系决定了导游人员必须掌握一定的协作技能。

◎ 任务导入

异地性是旅游的重要特点，旅游者在异地进行旅游活动，除了需要导游人员的带动外，还需要依靠司机的配合。那么，导游人员和司机应如何配合呢？

相关知识

地陪出团在外，司机是一路行程中的本地战友。在旅游景区范围不断扩大、新线路不断开发推广的背景下，各地旅游对车辆的依赖程度增大。对游客来说，旅游车服务是当地旅行社提供的整体服务的一部分，如果车辆行驶不顺利，游客会认为是旅行社的服务出了问题。所以，导游人员和司机的配合十分重要，不仅是在共同提供旅游服务的质量上，还是为了将来所在社和车队双方进一步合作。

一、导游人员和司机的协作

旅游车司机在旅游活动中扮演着非常重要的角色，司机一般熟悉旅游线路和路况，经验丰富。导游人员与司机配合得好坏，是导游服务工作能否顺利进行的重要因素之一。

（一）及时通报信息

旅游线路有变化时，导游人员应提前告知司机。如果接待的是外国游客，在旅游车到达景点时，导游人员用外语向游客宣布集合时间、地点后，要记住用中文告诉司机。

（二）协助司机做好安全行车工作

大部分旅游车的司机具有丰富的驾驶经验，可以胜任旅游团队的安全驾驶任务。但有些时候，导游人员适当给予协助能够减轻司机的工作压力，便于工作的更好开展。可经常性地为司机做一些小的事情。例如，帮助司机更换轮胎，安装或卸下防滑链，或帮助司机进行小修理；保持旅游车挡风玻璃、后视镜和车窗的清洁；不要与司机在行车途中闲聊，以免影响驾驶安全；遇到险情，由司机保护车辆和游客，导游人员去求援；不要过多干涉司机的驾驶工作，尤其不应对其指手画脚，以免司机感到被轻视。

（三）与司机研究日程安排，征求司机对日程的意见

导游人员应注意倾听司机的意见，从而使司机产生团队观和被信任感，积极参与导游服务工作，帮助导游人员顺利完成带团的工作任务。

二、导游人员和司机的合作技巧

导游人员和司机的合作在旅游接待工作中尤为重要。在与司机的协作中，导游人员应注意以下五点：

（一）充分做好接团准备

无论是不是自己旅行社（或旅游公司）的车辆，导游人员均应事先联系司机，确认司机的联系方式，了解出团车辆的车况和使用须知，准备好必要的辅助导游工作的设备，如麦克风、景区宣传VCD、音乐带等以及车座垃圾袋、旅行社标志和标签等。导游人员应及时将团队的情况及特殊的交通要求告诉司机。为了保证旅游环节通畅或出现问题有足够的应对时间，必须强化导游人员的预先信息沟通意识。

（二）尊重司机，礼貌对待

接团后进行欢迎介绍时，导游人员应把司机介绍给游客，送团时勿忘对司机一路的安全行驶服务表示感谢。游客提出的关于行车的意见和建议，导游人员应及时反馈给司机，注意说话方式，多用平等协商的语气。如果接待外国游客，在车到景点时，用外语宣布的集合时间、地点等要素，要记住用中文告诉司机。

（三）注意倾听，征询意见

游览进程中，如果日程安排或线路发生变化，导游人员应注意听取司机的意见。一方面，可使司机了解行程变化，提前做好准备；另一方面，可使司机积极参与导游服务工作，以其丰富的行车接团经验，提出合理化建议，有利于导游人员合理调整和统筹安排。

（四）主动帮助，确保安全

导游人员应熟知安全行车要求，主动协助司机做好安全行车工作。例如，帮助司机更换轮胎，装卸防滑链或其他小修理等；保持旅游车挡风玻璃和车窗的清洁，提醒游客车内活动和饮食的安全及车内保洁的注意事项；提醒司机不喝酒，不开超速车、斗气车等；遇有险情，由司机保护游客和车辆，导游人员去寻求救援等。

（五）耐心说服，争取主动

有时候，司机因为种种原因在服务上不配合或不恰当地对游客鼓动一些不适宜的活动，导游人员应坚持原则，耐心说服，必要时可与所在社联系。要记住：在出团过程中，导游人员是旅游团队在当地的方向和灵魂，在导游人员和司机的服务协作关系中，导游人员应争取主动。

任务实施与评价

实训任务：导游人员和司机之间的协作技能

实训步骤：

1.以小组为单位进行实训。

2.通过网络、图书等途径收集有关导游协作技能的案例，并进行分析总结。

3.通过案例分析及所学知识，总结提高导游人员协作技能的方法与经验。

4.上交小组成果。

实训要求：以小组汇报形式完成。

考核评价：小组间进行成果分享，教师进行点评及评分。

任务四 导游人员与旅游接待单位的协作

◎ 任务介绍

导游工作是联系各项旅游服务的纽带和桥梁。导游人员在执行旅游接待计划时，务必与旅游接待单位搞好关系，保证顺利完成旅游接待任务。导游和旅游接待单位工作之间的合作和相辅相成关系决定了导游人员必须掌握一定的协作技能。

◎ 任务导人

旅游接待单位是旅游者的主要活动场所，也是导游服务工作的主要地点，导游人员与旅游接待单位共同协作才能顺利完成旅游接待任务。那么，要如何做好协作工作呢？

相关知识

旅游产品是一种组合性的整体产品，不仅包括沿线的旅游景点，还包括沿线提供的交通、食宿、购物、娱乐等各种旅游设施和服务，需要旅行社、饭店、景点和交通、购物、娱乐部门等旅游接待单位的高度协作。作为旅行社的代表，导游人员应搞好与旅游接待单位的协作。所谓旅游接待单位，是指宾馆、饭店、旅游车出租单位、娱乐场所、购物商店和旅游景点等。在执行旅游接待计划时，导游人员必然要与旅游接待单位打交道，因此搞好与这些单位的关系，是保证旅游团队活动顺利健康进行的重要因素。

导游人员必须清醒地认识到，这些旅游接待单位提供的服务在某种意义上来说就是游客购买的“旅游产品”，导游人员要按照旅游接待计划书上的要求，监督旅游接待单位按标准向游客提供服务。同时，导游人员要尊重这些接待单位的工作人员，既不因带着“财神爷”前来而显得盛气凌人，也不因工作上出现一些矛盾和问题而变得低声下气，始终要保持一种热情上进的姿态。其次，要及时同他们互通信息和情况，遇到工作上的困难和问题时要事先打招呼，并取得他们的支持和谅解，共同搞好旅游接待工作。导游人员在接待过程中，不可避免地要同许多部门、单位、企业和个人进行合作，在合作的过程中，有时会因各种原因同这些部门、单位、企业和个人发生误会甚至冲突。当这种情况发生时，导游人员应以大局为重，在一些非原则的问题上委曲求全，尽量向对方解释，设法取得谅解，以消除误会，加强合作。另外，在各自单位经济利益都将受损时，导游人员要在请示旅行社领导的基础上妥善协调好双方之间的关系和利益，切忌一时感情冲动或考虑欠妥而影响与旅游接待单位的关系。导游人员要熟悉旅游接待单位之间的协作内容，了解各个环节可能出现的差错和失误，一旦发生，应采取措施及时协调，做好衔接工作，使各单位的服务供给正常有序，保证旅游活动顺利进行。

为了确保旅游接待任务顺利完成，导游人员与旅游接待单位的协作就显得非常重要，在双方合作时需注意以下三点：

1.预先的信息沟通

导游人员在服务过程中，要与饭店、车队、机场（车站、码头）、景点、商店等许多部门和单位打交道，其中任何一个接待单位或服务工作中的某一环节出现失误和差错，都可能导致“一招不慎，满盘皆输”的不良后果。导游人员在服务工作中要善于发现或预见各项旅游服务中可能出现的差错和失误，通过各种手段及时予以协调，使各个接待单位的供给正常有序。譬如，旅游团队活动日程变更涉及用餐、用房、用车时，地陪要及时通知相关的旅游接待单位并进行协调，以保证旅游团队的食、住、行能有序地衔接。

为了保证旅游环节通畅或出现问题有足够的应对时间，必须强化导游人员的预先信息沟通意识。例如，餐馆用餐，除了提前对餐位确认外，在团队抵达用餐前的15分钟应再次确认餐桌号，以确保游客抵达时直接就座，不至于等待抱怨。再如，在天气异常或媒体报道有重大接待活动时，应事先了解专项活动是否能正常进行，以便做好安排和解释等。

2.平等合作中的人际关系协调

导游人员在工作中应注意积累与协作单位的责任人员人际关系的协调经验，建立与定点合作单位的良好关系，有效促进团队行程的顺利进行。例如，入住酒店时，导游人员应注意事先根据团队游客的性别、家庭、旅伴、爱好等排好住宿名单，这样在总台取钥匙卡时不会耽误时间，也便于总台人员迅速登记姓名。再如，与景区（点）的接触，导游人员带游客游览时，应注意景区（点）有关停车、卫生、门票、开放时间等的相关规定，服从景区（点）管理员的管理。

导游服务工作的特点之一是独立性强，导游人员一人在外独立带团，常常会有意外、紧急情况发生，仅靠导游人员一己之力，往往问题难以解决，因此导游人员要善于利用与各旅游接待单位的协作关系，主动与协作单位有关人员配合，争取得到他们的帮助。比如，在游览过程中发现旅游者走失，经寻找仍然找不到走失者，导游人员应向景点管理部门求助，用广播的方式帮助寻找，请管理部门的工作人员在各进出口协助寻找等。又如，旅游团队离站时，个别旅游者到达机场后发现自己的贵重物品遗落在饭店客房内，导游人员可请求饭店协助查找，找到后将物品立即送到机场。

3.尊重相关旅游接待工作人员

所有旅游接待单位都是旅游服务体系中的重要环节，没有其支持与配合，导游服务工作就不可能尽善尽美。因此，导游人员要尊重其他接待单位工作人员，对其付出的辛勤劳动要表示感谢。当他们为旅游者提供服务时，导游人员应起到辅助和补充的作用，配合该单位工作人员所提供的服务。

德技兼修5-1 暴雨中，首都旅游人的专业与温情

“7·31”暴雨对北京旅游业的影响巨大，直到现在，涉及行程及产品的退改仍在进行中。暴雨之中，旅行社业者将保障游客安全放在首要位置，让游客感受到安全和温暖。游程暂停受阻期间，旅行社业者应对有序，退费不降低服务标准，更成为游客难忘的京城记忆。正如有的专家所说，北京旅游企业专业而有温度的做法，无疑树立了一块招牌，增强了游客对北京的认同感。但因为涉及大量退改，企业经营成本普遍增加，专家也建议，企业可以通过保险等规避因不可抗力而出现的经营风险。

有温度的服务

7月29日到31日，对很多北京的旅行社业者来说是高强度紧张忙碌的3天。7月29日17时30分，北京市发布暴雨红色预警信号，19时，北京市防汛指挥部启动全市防汛红色（一级）预警响应，并要求停止涉山涉水户外旅游，关闭所有景区、公园、林场，疏导劝返游客。7月30日凌晨，北京市文化和旅游局发布安全提示，要求旅行社暂停旅游活动，并尽到安全告知提示义务。

镜头一：“7月29日当天我们在北京有1 600多名游客。”北京某旅游公司负责人史坤告诉记者，“旅游活动暂停的通知发布之后，我们迅速确定了几套退改方案供游客选择，并协调导游与游客沟通、安抚游客情绪，安排导游30日、31日两天在酒店现场待命，为游客提供力所能及的帮助。”

7月30日早上7时，北京导游王艳冒雨出了门。“很多游客都是第一次来北京，对北京不熟悉，虽然很多人选择退团，但为了游客安全，旅行社仍然安排导游到岗，在酒店为游客提供一些力所能及的服务。”王艳告诉记者，“刚开始很多游客不理解，我们只能解释和安抚，第二天游客的状态和情绪好了很多，还会咨询北京有什么好玩的地方，打算雨小点的时候去游览。”

镜头二：7月30日、31日，对北京某旅行社接待中心主管赵莹来说，是跌宕起伏的两天。在经历了火车取消、连夜找酒店找车、安排接送住宿、协助组团社抢票、再次送站之后，她接待的来自江西宜春将近200人的研学团队顺利返程。

“我们的研学团队是7月30日16时的火车，因为担心火车延误，送站的时候我们安排所有导游跟游客一起等待，确保游客顺利上车之后再离开。”赵莹回忆道，“但火车一直是延误状态，直到23时才通知该车次取消，我和组团社的负责人赶紧跑到售票处，尝试改签当晚的其他车次，却被告知都没票了。”赵莹开始打电话协调酒店和大巴车，安排团队当晚的住宿。“那个点儿很多司机都休息了。因为团队人数比较多，酒店协调起来也很困难。”赵莹说。将近一个小时的时间，在打了无数个电话之后，酒店和大巴车终于安排妥当。

把研学团队送到酒店安排妥当后，已经是31日凌晨4时了。此时，雨仍然没有停止的迹象，组团社和家长协商后决定抢当天下午的动车票返程，稍作休息之后，开始协助抢票。然后，再次送站，等孩子们登上返程列车，赵莹和导游们终于松了口气。

更专业的应对

“在应对过程中，我们的工作是有序的。”北京北青创新文化产业发展有限公司副总经理乔梁举例道。比如，在接到景区关停、旅游活动暂停的通知后，第一步是全面了解情况，包括哪些景区关闭，具体暂停时长等，方便后续安排；第二步是安抚游客情绪，启动了多套预案供游客选择；第三步是落地实施，跟相关的专家学者确定讲座时间，商定各种细节。“虽然只是三个步骤，但过程非常烦琐，经常忙到凌晨一两点。”乔梁告诉记者，他所在的集团要求相关部门配备应急小组、应急电话24小时畅通，针对不同情况准备不同的应急预案。“暑假之前，针对南方台风天气，我们对应急预案进行了调整，这一次正好派上用场。接下来，我们会对公司在此次暴雨中的应对进行总结复盘，把积累下来的经验系统化、章程化。”

“我们有安全生产部门，一旦出现因不可抗力因素导致的行程受阻或突发事件时，会由该部门牵头执行。”北京某旅行社负责人倪爱东告诉记者，北京暴雨期间，该旅行社在北京有2 000余名游客。“从7月29日下雨开始，我们将很多室外行程调到了室内景区景点。所有旅游活动暂停之后，我们再次将课程活动搬到了孩子们的驻地，并迅速将支援人员及研学导师调配到位。”

“我们首先要做的就是保障游客安全，其次是做好退改工作。”史坤说，“公司主要是做散拼地接业务的，针对这次暴雨，对于行程未开始的游客我们无损全退，已经预付了酒店及旅游大巴费用的，我们去跟合作方协商。行程已经开始的，未发生的费用也全退，人工成本及其他费用，我们自己承担。”

“这次暴雨，北京的旅行社企业有很多有温度的做法。”北京第二外国语学院中国文化和旅游产业研究院副教授吴丽云说，“3年疫情，旅行社企业可以说颗粒无收，但遇到不可抗力时，旅行社企业仍然选择做好服务、担起责任，这体现出业界对旅游行业的信心。”在南开大学教授马晓龙看来，一场暴雨给企业带来了怎样更好服务游客、树立企业品牌的精准示范，为行业面对危急情境做好客户管理总结了经验，展示了首都旅游业的风采。

资料来源：赵垒. 暴雨中，首都旅游人的专业与温情［N］. 中国旅游报，2023-08-15.

思政元素：行业信心　游客至上　安全至上　岗位责任

学有所悟：党的二十大报告指出：“坚持为人民服务、为社会主义服务”“以社会主义核心价值观为引领，发展社会主义先进文化，弘扬革命文化，传承中华优秀传统文化，满足人民日益增长的精神文化需求”。旅游是看重服务感受和口碑的行业，旅游业是以人为主体的服务行业，无论科技如何变革，其服务的本质不会改变，专业和真诚永不过时，能换来人心和口碑，专业素养和真诚服务能得到高度认可。

任务实施与评价

实训任务：导游人员和旅游接待单位之间的协作技能

实训步骤：

1.以小组为单位进行实训。

2.通过网络、图书等途径收集有关导游协作技能的案例，并进行分析总结。

3.通过案例分析及所学知识，总结提高导游人员协作技能的方法与经验。

4.上交小组成果。

实训要求：以小组汇报形式完成。

考核评价：小组间进行成果分享，教师进行点评及评分。

项目自测

一、判断题

1.由于导游人员与领队在为旅游团队服务上是共同的，因此他们之间在对客服务上应该是互相依赖的关系。（　　）

2.由于导游人员在旅游团队中处于主导地位，因此可对游客与领队的矛盾进行干预。（　　）

3.在初到阶段，根据游客复杂的心理特征，导游人员要对他们做好安抚工作。（　　）

二、单选题

1.下列原则中，不属于导游人员带团原则的是（　　）。

A.有的放矢原则　B.服务至上原则　C.公平对待原则　D.履行合同原则

2.导游人员给游客留下"第一印象"的时间是在（　　）。

A.迎接旅游团队时　B.沿途导游时　C.入住饭店时　D.协商日程时

3.下列关于导游与司机合作的说法，错误的是（　　）。

A.线路变化了应及时告知司机　B.与司机共同研究日程安排

C.告诉司机不要干预旅游活动　D.协助司机做好安全行车工作

三、多选题

1.导游人员用来调节游客情绪的方法主要有（　　）。

A.补偿法　B.分析法　C.评判法

D.转移法　E.暗示法

2.根据个性特征的不同，可将游客分为（　　）。

A.稳重型　B.忧郁型　C.急躁型

D.活泼型　E.开放型

项目自测
5-1

扫码答题

3.导游人员对儿童的接待工作应注意（　　）。

A.不宜给儿童买食物　B.不宜给儿童买玩具

C.不宜突出了儿童，冷落了其他游客　D.如果家长同意，可把儿童带出去活动

E.不建议给生病的孩子自行服药

6 项目六 导游服务中突发问题和事故的预防与处理

项目概述

旅游活动无论计划多么周密，都会存在一些不可控的因素。对游客而言，发生任何问题和事故都是不愉快的。因此，问题、事故一旦发生，导游人员必须当机立断、沉着冷静，在领导的指示下合情合理地处理一系列问题，力争将事故的损失和影响减少到最低限度。

学习目标

知识目标

1.了解导游人员在带团过程中常见的各种事故。

2.熟悉带团过程中常见的各种事故发生的原因。

3.掌握事故处理的方法程序以及如何做好事故发生的预防工作。

能力目标

1.能够避免带团过程中各种常见事故的发生。

2.能够正确处理带团过程中常见的各种事故。

素养目标

1.培养学生的诚信和敬业精神。

2.培养学生树立“人民安全至上”的理念。

任务一　漏接、空接和错接的预防和处理

◎任务介绍

有的时候，问题、事故的发生并不是导游人员的责任，但导游人员是在旅游接待第一线的工作人员，有帮助解决问题和协助处理事故的责任。同时，在导游服务过程中对问题和事故的处理，也是对导游人员工作能力和独立处理问题能力的重大考验。处理得好，游客满意了，导游人员的威信就会因此提高；反之，不仅游客会不满，还可能留下隐患，使旅游活动不能顺利进行，更严重的可能会演变为涉外事件。

◎任务导人

在旅游活动过程中，出现问题、发生事故，不管责任在哪一方，导游人员都必须全力以赴，认真对待，及时、果断、合情合理地进行处理。导游人员在带团过程中，要尽力做好服务工作，与各方密切合作、时刻警惕，采取各种必要措施，预防问题和事故的发生。

相关知识

一、漏接的预防与处理

漏接是指旅游团队抵达机场、车站，没有导游人员迎接的现象。这会造成旅游团队原地滞留、活动受阻、影响行程等一系列的麻烦。

（一）漏接的原因

1.主观原因造成的漏接

由导游人员自身的原因造成漏接的情况主要有：

（1）导游人员未按预定的时间抵达接站地。

（2）导游人员工作疏忽，将接站地点搞错。

（3）由于某种原因班次变更，旅游团队提前到达，接待社有关部门在接到上一站旅行社通知后，已在接待计划（或电话记录、传真）上注明，但导游人员没有认真阅读，仍按原计划接团。

（4）新旧交通时刻表交替，导游人员没有查对新的时刻表，仍按照旧时刻表时间接团等。

（5）导游人员举牌接站的地方选择不当。

2.客观原因造成的漏接

（1）由于交通部门的原因，原定班次或车次变更，旅游团队提前到达。

（2）因接待社有关部门没有接到上一站通知，或接到上一站通知但没有及时通知该团的导游人员。

（3）司机迟到，未能按时到达接站地点。

（4）由于交通堵塞或其他预料不到的情况发生，导游人员未能及时抵达机场（车

站、码头)。

(5) 国际航班提前抵达或旅游者在境外转站换乘其他航班。

(二) 漏接的预防

每一名导游人员都应该深知旅游服务中“第一印象”的重要性。无论何种原因造成漏接，都会给以后的工作带来不利。因此，有效的预防措施非常重要。

(1) 认真阅读接待计划，仔细查阅变更通知。地陪接到任务后，不仅要认真阅读接待计划，还要详细阅读原始计划和变更通知，尤其变更通知更为重要。

(2) 仔细核对一切相关事宜。对旅游者的名单、抵达日期、地点、饭店等，导游人员必须亲自核对，同时核对交通工具到达的准确时间。

(3) 与司机联系。与司机核对团名、出发时间、集合地点。

(4) 再次核实确切的抵达时间。旅游者抵达当天，地陪应与接待社有关部门再次联系，核实该团是否有新的变更通知，并及时与机场、车站联系，核对确切的时间。

(5) 按规定应提前半小时到达接站地点。

(6) 站在醒目位置，举接站牌迎接旅游团队。

(三) 漏接的处理

1.主观原因造成漏接的处理方法

(1) 导游人员应实事求是地向旅游者说明情况，诚恳地赔礼道歉，求得谅解。

(2) 导游人员还可采取适当的弥补措施，如果有费用问题 (如旅游者乘出租车到饭店的车费)，应主动将费用赔付旅游者。

(3) 导游人员应提供更加热情周到的服务，高质量地完成计划内的全部活动内容，以求尽快消除因漏接而给旅游者造成的不愉快情绪。

2.客观原因造成漏接的处理方法

(1) 导游人员不要认为与自己无关而草率行事，应立即与接待社联系，告知现状，查明原因。

(2) 导游人员应向旅游者进行耐心细致的解释，消除误解。

(3) 导游人员应尽量采取弥补措施，努力完成接待计划，使旅游者的损失减少到最低限度。

(4) 必要时请接待社领导出面赔礼道歉，或酌情给旅游者一定的物质补偿。

二、空接的原因及处理

所谓空接，是指导游人员按预定计划前往机场、车站接站，但没有接到旅游团队的现象。虽然空接不经常出现，但一旦发生就是一个很难解决的问题，一个环节没处理好，就会环环出问题。

(一) 造成空接的原因

1.地陪按原计划前往接站，但飞机没有抵达

造成此类现象的原因可能是:

(1) 气候的突然变化或机械故障，飞机没有起飞或滞留在途中某地，上一站旅行社不知道，也就无法通知本站接待社。

(2) 上一站旅行社知道，但因应对突发事件，无暇顾及通知本站；或者已经通知本站，但接待社没能及时通知导游人员。

2. 导游人员按原计划前往接站，飞机、火车准时抵达，但没有接到旅游者

造成这类情况的原因可能是：

（1）旅游团队在上一站误了飞机、火车，或上一站旅行社改变了旅游团队的行程，或改换了交通工具，但没有及时通知本站地接社；或者通知了本站地接社，但没有及时通知导游人员。

（2）旅游者因生病、急事，临时取消旅游计划，但没有及时通知旅行社，造成空接。

（二）空接的处理

（1）地陪应立即与本社有关部门联系并查明原因。

（2）若推迟时间不长，地陪则可留在接站地点继续等候，迎接旅游团队的到来。

（3）若推迟时间较长，地陪则要听从旅行社有关部门的安排，重新落实接团事宜。

三、错接的预防及处理

所谓错接，是指导游人员在接站时未认真核实旅游团队的信息，接了不应该由他接的旅游团队的现象。错接属于责任事故，主要是由于导游人员责任心不强、粗心大意造成的。

（一）错接的预防

（1）认真阅读接待计划，掌握旅游团队的相关信息。

（2）地陪应提前到达接站地点迎接旅游团队。

（3）接团时认真核实。地陪要认真逐一核实旅游客源地组团社的名称，旅游目的地组团社的名称，旅游团队的代号、人数、领队姓名（无领队的，要核实游客的姓名）、下榻饭店等。

（4）杜绝迟到现象，警惕非法导游接走旅游团队。通常来说，发生错接必然会发生漏接，即错接的导游人员所应接的旅游团队发生无人迎接的现象。

（二）错接的处理

发现接错旅游团队时，导游人员应：

1. 立即报告旅行社

发现错接，应立即报告接待社，请其寻找接待该旅游团队的旅行社和导游人员。解决方法主要有以下两种：

（1）若错接发生在同一家旅行社接待的两个旅游团队，地陪则应立即向领导汇报，经领导同意，地陪可不再交换旅游团队。若是地陪兼全陪，则应交换旅游团队并向游客道歉。

（2）若错接的是另一家旅行社的旅游团队时，地陪则应立即向接待社领导汇报，找到了应立即办理移交手续，并向游客实事求是地说明情况并诚恳地道歉。

2. 寻找自己的旅游团队

同时，地陪应设法寻找自己的旅游团队或旅游者，找到后，要向旅游者实事求是地说明情况，真诚地赔礼道歉。

3. 非法导游接走旅游团队或旅游者的处理

若发现非法导游接走了旅游团队或旅游者，地陪则应立即报告接待社，请其协助

寻找。若找到非法导游，则应交给有关旅游管理部门予以严肃处理。

案例分析6-1

大连一个25人的旅游团队，原计划当日晚21：00由大连飞抵北京，但那天大连机场因故临时空中管制，计划中的航班都无法按时起飞，全陪没有及时通知旅行社，造成了北京的空接事故。同时，由于地陪的手机出故障，导致其虽在机场与多方联络，但毫无结果；加上北京地接社计调员的一时大意，将计划书上的旅游团队出发城市大连错写成沈阳，致使地陪没能发现大连的航班没有准点起飞的情况。该团最终于次日到达北京，但因双方没有合适的联络电话，造成全团近5 000元的损失。

案例分析6-1

答案提示

案例中的旅游团队因为航班原因，推迟到次日抵达北京。这种情况下，北京接待社要重新安排住房、餐饮、车辆，地陪要与计调部门协商，重新安排活动计划。

思考：从该事故中，可以得出哪些教训？

任务实施与评价

实训任务：导游人员漏接和错接的预防和处理

实训步骤：

1.以小组为单位进行实训。

2.通过网络、图书等途径收集有关漏接和错接的案例，并进行分析总结。

3.通过案例分析及所学知识，总结提高导游人员接待的方法与经验。

4.上交小组成果。

实训要求：以小组汇报形式完成。

考核评价：小组间进行成果分享，教师进行点评及评分。

任务二 旅游活动计划和日程变更的处理

◎任务介绍

在旅游服务中，任何问题和事故一旦发生都是不愉快的，甚至是不幸的。出现问题或者发生事故会给游客带来烦恼和痛苦，甚至是灾难，这不仅给导游人员的工作增添了许多麻烦和困难，而且直接影响国家或地区旅游业的声誉。杜绝责任事故，不出或少出问题，处理好非责任事故是保证并提高旅游服务质量的最基本的条件。

◎任务导入

旅游活动的计划和日程有时候会因为各种原因无法百分之百执行，这时候就会遇到行程变更的问题。导游人员作为旅游合同的执行者，应怎样处理呢？

相关知识

一、旅游活动计划和日程

（一）旅游活动计划和日程的定义

1.旅游活动计划

旅游活动计划是旅行社根据与旅游者签订的旅游合同制定的旅行游览计划，包括参观游览的景区景点、旅游交通方式、旅游总日程、餐饮和住宿安排、导游服务、旅游接待等级和标准等核心内容。由于旅游计划的唯一性和权威性，无论导游人员还是旅游者，都不能随意更改或违背旅游计划，旅游团队的一切纠纷也必须在完成旅游接待计划的范畴内寻求解决。旅游监察人员在执法检查时，如果发现导游人员未经旅行社和游客同意，擅自增加或减少旅游项目，可以按照相应的法规对导游人员给予严厉处罚。

2.旅游活动日程

旅游活动日程是旅行社计调部门根据团队旅游计划制定的详细的行程安排。旅游活动日程的制定遵循科学合理、劳逸结合、不同类型旅游项目交替安排、景点之间交叉游览的规律。旅游活动日程是旅行社线路产品的重要代表，也是旅行社计调实力和线路设计实力的真实体现。旅行社下发给导游人员的行程安排，一般都经过了周密的考虑和多个团队的实践检验，导游人员不可轻易否定或任意调整。如果导游人员对日程有更好的建议，可以通过逐级向上反映的方式，经计调、质检等部门实地调查属实后，才能由旅行社的工作人员修改日程。

（二）旅游活动计划和日程变更的原则

导游人员原则上应严格按照旅行社下发的计划和日程安排团队旅游参观游览，对旅游计划和日程的变更要严格把握。如果因各种主客观原因确实需要变更计划的，必须先报告旅行社，并区分不同的情况，有针对性地提出变更方案供旅行社选择，然后按旅行社确定的方案组织实施。

（三）旅游活动计划和日程变更的类型和应变方法

旅游活动计划和日程的变更是导游人员经常会遇到的情况，但是又必须慎重处理的重大事件。一旦处理不慎，轻则导致行程受阻、日程延误，重则导致游客出现意外伤害或遭受巨大损失，甚至是旅行社赔钱受罚。因此，导游人员应正确判断变更旅游活动计划和日程的利弊，善于选择既尊重游客意愿，符合旅游团队实际，又不损害旅行社和导游人员利益，不引起恶性投诉的方案。

二、旅游团队（游客）要求变更计划行程

在旅游过程中，由于种种原因，游客向导游人员提出变更旅游路线或旅游日程时，原则上应按旅游合同执行；遇有较特殊的情况或由领队提出，导游人员也无权擅自做主，要上报组团社或接待社有关人员，须经有关部门同意，并按照其指示和具体要求做好变更工作。

旅游团队要求变更计划和日程，肯定有一定的主客观原因。大的变动，组团社会与地接旅行社直接协商，变动后由地接旅行社外联部或计调部通知导游人员更改行程

即可。小的微调，组团社领队或全陪可以直接与地陪协商。地陪应该充分听取领队或全陪的意见，坚持“变更计划从严，调整日程从宽”的原则，正确判断是日程调整还是实质性地改变了旅游计划安排（如改变了接待等级，食、住、行、游的标准，增减了景点等）。如果仅仅是游览日程的调整（即游览时间和游览先后顺序的变化），不改变游览的内容，不改变旅行社已有的预订，导游人员在报告旅行社时可以建议旅行社予以满足，借此增进与领队、全陪和旅游者的友好关系。

如果对方的要求含有改变旅游计划的内容，导游人员就应该慎重处理。一般情况下，导游人员应坚持按合同办事，不轻易改变旅游计划，这样可以避免一些不必要的纠纷。但是，导游人员也应认真听取游客建议，对于合理的要求，在报经旅行社同意后，可以适当作出调整。

三、客观原因需要变更计划和日程

客观原因导致旅游活动计划和日程的变更往往由地接旅行社提出，组团社领队或全陪决定是否采纳，当然组团社领队或全陪也可以提出合理化建议。导致旅游活动计划和日程变更的客观因素很多，主要有恶劣天气、自然灾害、公路塌方、航班取消、海关紧急关闭、交通和景区封闭、旅游地出现重大疫情等。客观原因被迫变更旅游活动计划或日程的事情很常见，导游人员遇到这类问题时不要惊慌，应按照相关程序处理。

首先导游人员了解具体情况，判断是否确实需要变更旅游活动计划和日程；然后导游人员安抚好游客，稳定游客的情绪；在对事态充分了解后，导游人员（地陪、领队或全陪）分析旅游活动计划和日程变更的后果，共同商量应变办法。导游人员（地陪、领队或全陪）应将应变办法分别向各自旅行社报告；在旅行社同意后，及时向游客通报，争取游客的理解和支持，并根据计划的变更情况对日程作出相应的调整。

按照合同，如果是不可抗力造成的旅游活动计划和日程变更，旅行社不承担赔偿责任，但应该对游客没有享受的服务项目退还必要的费用，因此增加的费用则由游客自行承担。在实际操作中，有的旅行社从宾客至上的理念出发，对利益受损的游客给予一定的物质或精神补偿；有的旅行社对计划变更后增加的费用，采用组团社和地接社共同消化的方式，不再向游客收取。导游人员应该知道的是，旅行社有权根据合同的约定决定维护还是放弃自己的这部分权益。

旅游过程中，因天气、自然灾难、交通问题等客观原因和不可预料的因素，而需要变更旅游团队的旅游计划、路线和活动日程时，一般会出现三种情况，针对不同情况要有灵活的应变措施。

（一）缩短或取消在某地的游览时间

1.旅游团队或旅游者因抵达时间延误，造成旅游时间缩短

（1）仔细分析因延误带来的困难和问题，并及时向接待社外联或计调部门报告，以便将情况尽快反馈给组团社，找出补救措施。

（2）在外联或计调部门的协助下，安排落实该团交通、住宿、游览等事宜。提醒有关人员与饭店、车队、餐厅联系及时办理退房、退餐、退车等一切相关事宜。

（3）地陪应立即调整活动日程，压缩在每一景点的活动时间，尽量保证不减少计划内的游览项目。

2.旅游团队或旅游者提前离开，造成游览时间缩短

（1）立即与全陪、领队商量，尽可能采取补救措施；立即调整活动时间，抓紧时间将计划内游览项目完成；若有困难，无法完成计划内所有游览项目，地陪则应选择最有代表性、最具特色的旅游景点，以求游客对游览地有一个基本的了解。

（2）做好游客的工作。不要急于将旅游团队提前离开的消息告诉旅游团队（游客），以免引起全体游客的不满。待与领队、全陪制定新的游览方案后，找准时机向旅游团队中有影响的游客实事求是说明困难，诚恳地道歉，以求得谅解，并将变更后的安排向他们解释清楚，争取他们的认可和支持，最后分头做游客的工作。

（3）地陪应通知接待社计调部门或有关人员办理相关事宜，如退饭店、退餐、退车等。

（4）给予游客适当的补偿，必要时经接待社领导同意可采取加风味餐或者赠送小纪念品等物质补偿的办法。当旅游团队的活动受到较大的影响，游客损失较大而引起强烈不满时，导游人员可请接待社领导出面表示歉意，并提出补偿办法。

（5）若旅游团队（游客）提前离开，全陪应立即报告组团社，并通知下一站接待社。

（二）延长在某地的旅游时间

游客提前抵达或推迟离开，都会造成延长游览时间而变更游览日程。出现这种情况，地陪应该采取以下措施：

（1）落实有关事宜。导游人员与接待社有关部门或有关人员联系，重新落实旅游团队（游客）的用房、用餐、用车的情况，并及时落实离开本站的交通票据。

（2）迅速调整活动日程。导游人员可适当延长在主要景点的游览时间；经组团社同意后，酌情增加游览景点；晚上安排文体活动，努力使活动内容充实。

（3）提醒有关接待人员通知下一站接待社该团的日程变化。

（4）在设计变更旅游计划时，地陪要征求领队和全陪的建议和要求，共同商量，取得他们的支持和帮助。在变更的旅游计划确定之后，应与领队、全陪商量好如何向团内游客解释说明，争取他们的谅解与支持。

（三）逗留时间不变，但被迫改变部分旅游计划

出现这种情况，肯定是外界客观原因造成的。有时计划中列出的景点实际上已经不存在，或由于自然因素（如大雪、洪水、地震等），计划中的某一景点无法前往，或某一景点正在大修，无法参观。遇到此类情况时，导游人员应采取以下措施：

（1）实事求是地将情况向游客讲清楚，求得谅解。

（2）提出由另一景点代替的方案，与游客协商。

（3）以精彩的导游讲解，热情的服务带动游客的游览兴趣。

（4）按照有关规定作出相应补偿，如用餐时适当地加菜，或将正餐改为风味餐，或赠送小礼品等。必要时，由旅行社领导出面，诚恳地向游客表示歉意，尽量让游客高高兴兴地离开。

任务实施与评价

实训任务：导游人员在遇到台风的情况下如何处理团队的接待

实训步骤：

1.以小组为单位进行实训。

2.通过网络、图书等途径收集活动计划和日程变更的案例，并进行分析总结。

3.通过案例分析及所学知识，总结提高导游人员接待的方法与经验。

4.上交小组成果。

实训要求：以小组汇报形式完成。

考核评价：小组间进行成果分享，教师进行点评及评分。

任务三 误机（车、船）事故的预防和处理

◎任务介绍

误机（车、船）事故是指旅游团队没有乘原定航班或车次离开本站而导致游客滞留。误机（车、船）事故会带来一系列严重后果，甚至影响游客顺利出境。发生误机（车、船）事故后，旅行社可能被迫延长游客逗留本地的时间，或被迫取消在本地的其他行程，或花更多的钱租用其他交通工具送走游客。

◎任务导入

旅途中，一旦发生误机（车、船）事故，会给后面的行程造成很大的影响，如果处理不好，也会影响游客的旅游体验，甚至可能影响旅行社的声誉。因此，导游人员必须以高度负责的态度，严防此类事故的发生。

相关知识

一、误机（车、船）事故的原因

（一）非责任事故

（1）有关工作人员因工作失误造成误机、误车。

航班班次、车次或者船次变更或时间提前，有关工作人员没有及时通知导游人员；票证没有及时送到机场、车站，造成误机、误车或者误船。

（2）旅游者自身的原因（如重病、受伤、走失等），导致误机、误车或者误船。

（3）交通事故、严重堵车等造成误机、误车或者误船。

（二）责任事故

（1）由于导游人员工作上的差错造成延误。例如，导游人员安排日程不当或过紧，或没有安排足够的时间赶机场、车站等，没有按规定提前到达机场（车站、码头）。

（2）导游人员没有认真核实交通票据，或班次已变更但旅行社有关人员没有及时通知导游人员，造成旅游团队误机、误车或者误船，这是导游人员的责任事故。

二、误机（车、船）事故的预防

误机（车、船）带来的后果严重。杜绝此类事故的发生关键在于预防，因此地陪

应做到：

（1）导游人员应随时关心游客离境交通票据的预订情况，记清楚游客离境时间及班次。同时，导游人员应认真核实机（车、船）票的班次、车次、日期、时间及在哪个机场（车站、码头）乘机（车、船）等。

（2）如果票据未落实，接团期间应随时与接待社有关人员保持联系。没有行李车的旅游团队在拿到票据核实无误后，地陪应立即将其交到全陪或游客手中。

（3）离开当天不要安排旅游团队到地域复杂、偏远的景点参观游览，不要安排自由活动，以防止游客走散。

（4）留有充足的时间去机场、车站、码头，保证游客有足够的时间办理离境手续，要考虑到交通堵塞或突发事件等因素。

（5）保证按规定的时间提前到达机场、车站等交通枢纽。乘国内航班一般提前1.5小时到达机场。乘国际航班一般提前2小时到达机场。乘火车一般提前1小时到达火车站。

三、误机（车、船）事故的处理

一旦发生误机（车、船）事故，导游人员应按照下列步骤进行处理：

（1）导游人员应立即向旅行社领导及有关部门报告并请求协助，同时安抚游客，稳定游客情绪。

（2）地陪和旅行社尽快与机场（车站、码头）联系，争取让游客改乘最近的班次离开；必要时可采用包机、包车、包船的方式或改乘其他交通工具送走游客。

（3）稳定旅游团队（游客）的情绪，安排好在当地滞留期间的食宿、游览等事宜。

（4）导游人员应及时通知下一站，以便对方对日程作出相应调整。

（5）如果团队被迫滞留，旅行社负责人应出面向旅游团队（游客）赔礼道歉。

（6）写出事故报告，查清事故的原因和责任，造成重大经济损失时，责任人应受到相应的经济处罚。

案例分析6-2

一个30人的国内旅游团队，计划于6月20日16：21乘火车离开大连前往北京，旅游团队在一家大型商场旁的餐厅用餐，午餐于13：30结束，旅游者要求去商场购物，地陪起先不同意，但禁不住旅游者的坚持要求，还是同意了，不过一再提醒大家2小时后一定要返回原地集合。1小时后只有28人回来，等了一会儿，地陪让已经回来的旅游者在旅游车上休息，自己与全陪及两名年轻旅游者进商场寻找，找到两人时，离火车离站时间只有20分钟了，旅游车赶到火车站，火车已经离站。

思考：这起误车事故的责任在地陪，他犯了哪些错误？

案例分析
6-2

答案提示

任务实施与评价

实训任务：导游人员在遇到误机（车、船）的情况下如何处理团队的接待

实训步骤：

1.以小组为单位进行实训。

2.通过网络、图书等途径收集遇到误机（车、船）情况下的案例，并进行分析总结。

3.通过案例分析及所学知识，总结提高导游人员接待的方法与经验。

4.上交小组成果。

实训要求：以小组汇报形式完成。

考核评价：教师和组长进行点评及评分。

任务四 遗失的预防和处理

◎任务介绍

旅游期间，旅游者丢失证件、钱物、行李的现象时有发生，不仅给旅游者造成诸多不便和一定的经济损失，也给导游人员的工作带来不少麻烦和困难。导游人员应经常关注旅游者这些方面的安全，采取各种措施预防此类问题的发生。

◎任务导入

游客经过长时间的旅游身心疲劳，在陌生的环境中难免有丢失证件、钱物、行李等情况的发生，作为导游人员不但要多多提醒，还要掌握各类物品遗失的处理方法。

相关知识

一、证件、钱物、行李遗失的预防

（1）多做提醒工作。例如，入住饭店后，导游人员应提醒游客将贵重物品存放到饭店保管室；离开饭店时，导游人员要提醒游客带好随身行李物品，检查是否带齐了旅行证件；离开旅游车时，提醒游客不要将贵重物品留在车上。参观游览时，导游人员要提醒游客带好随身物品和提包；在热闹、拥挤的场所购物时，导游人员要经常提醒游客保管好自己的钱包、提包和贵重物品。

（2）切实做好行李的清点、交接工作。

（3）导游人员原则上不要替游客保管证件和钱物。导游人员在工作中需要游客证件时，应由领队或全陪收取，用后立即归还，不要代为保管。同时，导游人员要提醒游客保管好自己的证件。

（4）提醒旅游车司机将车停放在有人值守的停车场；每次游客下车后，导游人员都要提醒司机清车、关窗并锁好车门。

二、遗失证件的处理

游客丢失证件时，导游人员应先请游客冷静回忆，确认是否真正丢失，提醒游客是否将证件放于其他地方或是否交给其他人代管；若证件确已丢失，导游人员则应详细了解丢失情况，找出线索，尽量协助寻找；在确信无法找到时，导游人员应报告旅行社，请旅行社出具证明，协助游客到有关部门补办手续。根据接待社有关人员的安排，协助失主办理补办手续，所需费用由失主自理。

（一）补办外国护照和签证

（1）由旅行社出具证明；

（2）请失主准备照片；

（3）失主本人持证明到公安局出入境管理处报失，由其出具证明；

（4）持公安局的证明去所在国驻华使、领馆申请补办新护照；

（5）领到新护照后，再去公安局办理签证手续。

（二）补办团体签证

（1）由接待社开具遗失公函；

（2）原团体签证复印件（副本）；

（3）重新打印与原团体签证格式、内容相同的该团人员名单；

（4）该团全体游客的护照；

（5）持以上证明材料到公安局出入境管理处报失，并填写有关申请表，（可由一名游客填写，其他成员附名单）。

（三）补办中国护照和签证

1.华侨丢失护照和签证

（1）接待社开具遗失证明；

（2）失主准备彩色照片；

（3）失主持证明、照片到公安局出入境管理处报失，并申请办理新护照；

（4）持新护照到其居住国驻华使、领馆办理入境签证手续。

2.中国公民出境旅游时丢失护照、签证

（1）请地陪协助到当地公安机构报案，并取得公安机构开具的报案证明；

（2）持遗失证明到当地公安机构报案，并取得公安机构开具的报案证明；

（3）持当地公安机构的报案证明和有关材料到我国驻该国使、领馆领取中华人民共和国旅行证；

（4）回国后，可凭中华人民共和国旅行证和境外警方的报失证明，申请补发新护照。

（四）补办港澳居民来往内地通行证（港澳同胞回乡证）

（1）向公安局派出所报失，并取得报失证明，或由接待社开具遗失证明；

（2）持报失证明或遗失证明到公安局出入境管理处申请领取赴港澳证件；

（3）经出入境管理部门核实后，给失主签发一次性的中华人民共和国入出境通行证；

（4）失主持该入出境通行证回港澳地区后，填写港澳居民来往内地通行证件遗失登记表和申请表，凭本人的港澳居民身份证，向通行证受理机关申请补发新的通行证。

（五）补办台湾同胞旅行证明

失主向遗失地的中国旅行社或户口管理部门或侨办报失，经核实后发给一次性有效的入出境通行证。

（六）补办中华人民共和国居民身份证

由接待社开具证明，失主持证明到公安局报失，经核实后开具身份证明，机场安检人员核准放行。回到居住所在地后，凭公安局报失证明和有关材料到当地派出所办理新身份证。

三、丢失钱物的处理

游客丢失钱物很大部分原因是被盗，这种情况属于刑事案件处理的范畴。导游人员一旦发现可能有被盗的情况，应积极向公安局报案，由公安局调查处理。如果在酒店被盗，酒店电子保安系统将有助于发现作案人，游客也可以向酒店索赔。不过，由于钱款的丢失数目难以举证，索赔一般会有一定的困难。

（一）外国游客丢失钱物的处理

（1）稳定失主情绪，详细了解物品丢失的经过，物品的数量、形状、特征、价值。仔细分析物品丢失的原因、时间、地点，并迅速判断丢失的性质，是不慎丢失还是被盗。

（2）立即向公安局或保安部门以及保险公司报案，特别是贵重物品的丢失。

（3）及时向接待社领导汇报，听取领导指示。

（4）接待社出具遗失证明。

（5）若丢失的是贵重物品，失主则要持证明、本人护照或有效身份证件到公安局出入境管理处填写失物经过说明，列出遗失物品清单。

（6）若失主遗失的是入境时向海关申报的物品，则要出示中国海关行李申报单。

（7）若失主将中国海关行李申报单遗失，则要到公安局出入境管理处申请办理中国海关行李申报单报失证明。

（8）若遗失物品已在国外办理财产保险，领取保险时需要证明，则可以向公安局出入境管理处申请办理财物报失证明。

（9）若遗失物品是旅行支票、信用卡等票证，在向公安机关报失的同时，要及时向有关银行挂失。

失主持以上由公安局开具的所有证明，可供出海关时查验或回国后向相关保险公司索赔；由于证件、财物被盗属于治安事故，导游人员应立即向公安机关及有关部门报案，并积极配合有关部门早日破案，挽回不良影响；若不能破案，导游人员则要尽力安慰失主，按上述步骤办理相关事宜。

（二）国内游客丢失钱物的处理

（1）立即向公安局、保安部门或保险公司报案；

（2）及时向接待社领导汇报；

（3）若旅游团队活动结束时仍未破案，可根据失主丢失钱物的时间、地点、责任方等具体情况作出相应的善后处理。

四、行李遗失的处理

（一）来华途中丢失行李

（1）首先，导游人员要带失主到机场失物登记处办理行李丢失和认领手续。失主须出示机票及行李牌，详细说明始发站、转运站，说清楚行李件数及丢失行李的大小、形状、颜色、标记、特征等，并详细填写失物登记表；请失主将下榻饭店的名称、房间号和电话号码（如果已经知道）告诉登记处并记下登记处的电话和联系人，记下有关航空公司办事处的地址、电话，以便联系。

（2）游客在当地游览期间，导游人员要不时打电话询问寻找行李的情况，一时找不回行李，要协助失主购置必要的生活用品。

（3）离开本地前行李还没有找到，导游人员应帮助失主将接待社的名称、全程旅游线路以及各地可能下榻的饭店名称转告有关航空公司，以便行李找到后及时运往相关地点交还失主。

（4）若行李确系丢失，失主则可向有关航空公司索赔或按国际惯例赔偿。

（二）在中国境内丢失行李

游客在我国境内旅游期间丢失行李，一般是在三个环节上出了差错，即交通运输部门、饭店行李部门和旅行社的行李员。导游人员必须认识到，不论是在哪个环节出现的问题，都是我方的责任，应积极设法负责查找。

（1）仔细分析，找出差错的线索或环节。如果游客在机场领取行李时找不到托运行李，则很有可能是上一站行李交接或机场行李托运过程中出现了差错。这时，全陪应马上带领失主凭机票和行李牌到机场行李查询处登记办理行李丢失或认领手续，并由失主填写行李丢失登记表。地陪立即向接待社领导或有关人员汇报，安排有关人员与机场、上一站接待社、有关航空公司等单位联系，积极寻找。

如果抵达饭店后，发现旅游者没有拿到行李，则问题可能出在饭店内或本地交接或运送行李过程中，有可能出现下面四个方面的问题：①本团游客误拿；②饭店行李部投递出错；③旅行社行李员与饭店行李员交接时有误；④在往返运送行李途中丢失。出现这种情况，地陪应立即依次采取以下措施：地陪和全陪、领队一起先在本团成员所住的房间寻找，查看是否是饭店行李员送错了房间，是否是本团游客误拿了行李。如果不是以上原因，地陪应立即与饭店行李部取得联系，请其设法查找。如果仍找不到行李，地陪应马上向接待社领导或有关部门汇报，请其派人了解旅行社行李员有关情况，设法查找。

（2）做好善后工作。主动关心失主，对因丢失行李给失主带来的诸多不便表示歉意，并积极帮助其解决因行李丢失而带来的生活方面的困难。

（3）随时与有关管理部门联系，询问行李查找进展情况。

（4）若行李找回，则应及时将找回的行李归还失主。若确定行李已丢失，则由责任方负责人出面向失主说明情况，并表示歉意。

（5）帮助失主根据有关规定或惯例向有关部门索赔。

（6）事后写出书面报告，报告中要写清行李丢失的经过、原因、查找过程及失主和其他团员的反应等情况。

任务实施与评价

实训任务：导游人员在遇到物品遗失的情况下如何处理

实训步骤：

1.以小组为单位进行实训。

2.通过网络、图书等途径收集遇到物品遗失情况下的案例，并进行分析总结。

3.通过案例分析及所学知识，总结提高导游人员接待的方法与经验。

4.上交小组成果。

实训要求：以小组汇报形式完成。

考核评价：教师和组长进行点评及评分。

任务五 游客走失的预防和处理

◎任务介绍

游客走失是指游客完全与团队失去联系，且在规定的时间没能准时归队，这种走失往往会造成旅游重大事故。导游人员带团的时候要时刻关注游客的动向，防止游客在旅游过程中发生走失的现象。

◎任务导人

导游人员在带团过程中，可能会遇到个别游客走失的情况，如果处理不好，可能会影响后面的行程。那么，我们要怎样预防和处理这类情况呢？

相关知识

一、游客走失的预防

游客走失，多数情况下导游人员应负一定的责任，如导游到景区后放任游客自行游览，自己在一旁等候；导游人员只顾讲解，没有注意到游客已经掉队；或者导游人员安排的游览时间太匆忙，致使个别游客因摄影、上厕所、购物等原因而掉队，最终造成走失等。有的游客走失，尤其是自由活动时游客的走失，表面上看与导游人员没有直接责任，但其实是导游人员交代注意事项不清楚、预防走失措施不得力的结果。严格追究起来，仍与导游人员服务不周有一定的联系。

游客走失事故，往往会影响团队日程和团队气氛，还可能造成严重后果，所以不管是责任事故还是非责任事故，导游人员都应该竭力避免。游客走失的预防办法包括：

（1）做好提醒工作。①提醒游客记住接待社的名称，旅行车的车号和标志，下榻饭店的名称、电话号码，戴上饭店的店徽和名片等。②团体游览时，地陪要提醒游客不要走散；在景区内比较危险的区域，导游人员应禁止游客打闹，以防不测；如果不是探险旅游团队，导游人员应劝阻个别游客想到人迹罕至的景点去参观游览的想法，建议游客尽量不要远离主要线路来游览。③自由活动时，提醒游客不要走得太远；不要回来得太晚；不要去热闹、拥挤、秩序混乱的地方。

（2）做好各项活动的安排和预报。①在出发前或旅游车离开饭店后，导游人员应在每天早晨第一时间向游客通报一天的行程，上、下午游览点和吃中、晚餐餐厅的名称和地址。让游客对全天安排心中有数，增强自觉性。即使游客掉队，也可以自动找到团队。②到游览景点后，在景点示意图前，地陪要向游客详细介绍游览线路，告知旅游车的停车地点，强调集合时间和地点，再次提醒旅游车的特征和车号。

（3）游览时要和游客在一起，经常清点人数。

（4）地陪、全陪和领队应密切配合，全陪和领队要主动协助地陪做好旅游团队的管理工作。游览过程中，应时刻留意游客动向，防止走失。一般由地陪负责景点讲解，领队或全陪来断后，及时提醒后面的团员跟上团队。

（5）导游人员要以高超的导游技巧和丰富的讲解内容吸引游客。

二、游客走失的处理

（一）游客在游览活动中走失

1.导游人员快速寻找

导游人员应首先了解走失的有关情况，判断走失的时间和可能的方向，然后组织相关人员分头寻找。如果有两位以上的导游在场，可留下一人照管其他游客，其余导游沿来路或可能走失的路线寻找。

2.寻求相关部门的帮助

在现场没找到走失游客，应请景区派出所或管理部门协助寻找；如果团队分乘两辆以上旅游车，导游可与其他车辆的司机和导游联系，问一下是不是游客上错了车。在经过认真寻找仍然找不到走失者后，应立即向游览景点的派出所和管理部门求助，特别是面积大、范围广、进出口多的游览点，因寻找工作难度较大，争取当地有关部门的帮助尤其必要。

3.与饭店联系

如果景区离下榻的饭店不远，有可能游客自行返回了饭店，导游应及时请饭店总服务台帮助查找。在寻找过程中，导游人员可与饭店前台或者楼层服务台联系，请他们注意该游客是否已经回到饭店。

4.向旅行社报告

如采取了以上措施仍找不到走失的游客，地陪应向旅行社及时报告并请求帮助，必要时请示领导，向公安部门报案。

5.做好善后工作

找到走失者后，应查清事故原因，如属导游人员的责任，导游人员应赔礼道歉；如果责任在游客，也不要过分指责，可善意地提出批评，请游客以后多注意，避免再发生类似的事故。

6.写出事故报告

若发生严重的走失事故，导游人员要写出书面报告，详细记述游客走失经过、寻找经过、走失原因、善后处理情况及游客的反应等。

（二）游客在自由活动时走失

1.立即报告接待社和公安部门

导游人员在得知旅游者在自己外出时走失，应立即报告旅行社，请求指示和协助，通过有关部门通报管区的派出所和交通、公安部门，并提供走失者可辨认的特征，请求沿途寻找。

2.做好善后工作

找到走失者，导游人员应表示高兴；问清情况，安抚因走失而受惊吓的游客，必要时提出善意的批评，提醒游客吸取教训，避免走失事故再次发生。

任务实施与评价

实训任务：导游人员在遇到游客走失的情况下如何处理

实训步骤：

1.以小组为单位进行实训。

2.通过网络、图书等途径收集遇到游客走失情况下的案例，并进行分析总结。

3.通过案例分析及所学知识，总结提高导游人员接待的方法与经验。

4.上交小组成果。

实训要求：以小组汇报形式完成。

考核评价：教师和组长进行点评及评分。

任务六 游客患病、死亡问题的预防和处理

◎ 任务介绍

游客可能由于个人身体状况，出现一些不可控制的突发事件，导游人员在带团过程中，要针对游客的需求，为游客提供患病及死亡的处理帮助。

◎ 任务导入

由于长途旅行的劳累及气候、水土不服，难免有部分游客抵抗力下降，会在旅途中发生疾病或旧病复发，处理不及时，个别严重者还可能导致死亡。因此，导游人员除了要完成导游讲解任务外，还应该时时关心游客身体状况，注意劳逸结合，避免人为的原因致使游客生病。

相关知识

一、游客患病的预防

（1）选择合适的游览项目。接待前，导游人员应认真分析、研究旅游团队人员构成情况，根据旅游团队成员的年龄、身体状况来安排游览活动。选择适合这一年龄段游客的游览路线，如游览名山大川时，老年人多的旅游团队可选择坐缆车下山来节省体力。

（2）安排活动日程要有张有弛。做到劳逸结合，使游客感到轻松愉快，同一天参观的游览项目不能太多，体力消耗大的项目不要集中安排，要留有余地，晚间活动的时间不宜排得过长。

（3）随时提醒游客注意饮食卫生。例如，不要买无证商贩的食品、不喝生水和不洁的水等。

（4）做好天气预报工作。提醒旅游者及时增减衣服、带雨具等；气候干燥的季节，提醒旅游者多喝水、多吃水果等，尤其是炎热的夏季要注意防中暑。

二、游客患一般疾病的处理

经常有游客会在旅游期间感到身体不适或患一般疾病，如感冒、发烧、水土不服、晕车、失眠、便秘、腹泻等，这时导游人员应该：

（1）劝其及早就医，注意休息。在游览过程中，导游人员要观察游客的神态、气色，发现游客的病态时，应多加关心，照顾其坐在较舒服的座位上，或留在饭店休息，并通知饭店给予关照，切不可劝其强行游览。游客患一般疾病时，导游人员应劝其及早去医院就医。

（2）关心患病的游客。对因病没有参加游览活动，留在饭店休息的游客，导游人员要主动前去问候询问身体状况，以示关心。必要时通知餐厅为其提供送餐服务。

（3）需要时，导游人员可陪同患者前往医院就医，但应向患者讲清楚，所需费用自理。记得提醒患者保存诊断证明和收据。

（4）严禁导游人员擅自给患者用药。

三、游客突患重病的处理

（一）在前往景点途中突然患病

若乘旅游车前往景点途中旅游者患重病，必须立即将其送往就近的医院，或拦车将其送医院，必要时暂时中止旅行，让旅游车先开到医院；还应及早通知旅行社，请求指示和派人协助。

（二）在参观游览时突然患病

导游人员不要搬动患病游客，让其坐下或躺下，可以进行简单的急救；应立即拨打电话叫救护车，医疗急救电话为120；向景点工作人员或管理部门请求帮助，并及时向接待社领导及有关人员报告。

（三）在饭店突然患病

游客在饭店突患重病，先由饭店医务人员抢救，然后送往医院，并将其情况及时向接待社领导汇报。

（四）在向异地转移途中突患重病

在旅行途中旅游者突然患病，导游人员应采取措施就地抢救，请求机组人员、列车员或船员在飞机、火车、轮船上寻找医生，必要时通知下一站急救中心和旅行社准备抢救。

（五）处理要点

（1）游客病危，需要送往急救中心或医院抢救时，需由患者家属、领队或患者亲友陪同前往。

（2）如果患者是国际急救组织的投保者，导游人员应提醒其亲属或领队及时与该组织的代理机构联系。

（3）在抢救过程中，需要领队或患者亲友在场，并详细记录患者患病前后的症状及治疗情况，并请接待社领导到现场或与接待社保持联系，随时汇报患者情况。

（4）如果需要做手术，须征得患者亲属的同意，如果亲属不在现场，须由领队同意并签字。

（5）若患者病危，但亲属又不在身边时，导游人员则应提醒领队及时通知患者亲属。如果患者亲属系外国人士，导游人员要提醒领队通知所在国使、领馆。患者亲属到后，导游人员要协助其解决生活方面的问题；若找不到亲属，一切按使、领馆的书面意见处理。

（6）有关诊治、抢救或手术的书面材料，应由主治医生出具证明并签字，要妥善保存。

（7）地陪应请求接待社领导派人帮助照顾患者、办理医院的相关事宜，同时安排好旅游团队继续按计划活动，不得将全团旅游活动中断。

（8）患者转危为安后仍需要住院治疗，不能随团继续旅游或出境时，接待社领导和导游人员（主要是地陪）要不时去医院探望，帮助患者办理分离签证、延期签证以及出院、回国手续及交通票证等事宜。

（9）患者住院的医疗费用自理。如果患者没钱看病，则应请领队或组团社与境外旅行社、保险公司或患者的家人联系解决费用问题。

（10）患者在离团住院期间未享受的综合服务费由中外旅行社之间结算后，按协议规定处理。患者亲属在这期间的一切费用自理。

知识链接 6-1

中国旅游签证的办理程序

四、游客因病死亡的处理

游客在旅游期间不论什么原因导致死亡，都是一件很不幸的事情。当出现游客死亡的情况时，导游人员应沉着冷静，立即向接待社领导和相关工作人员汇报，按有关规定办理善后事宜。

德技兼修6-1 春节假期里的旅游人：坚守一线 忙碌而幸福

对旅游人而言，春节意味着忙碌、责任和担当，正因为他们的坚守，广大游客的新春假期才更加温暖、美好。

春节假期，每天早上8时，四川成都金沙遗址博物馆保卫部负责人郭睿从金沙遗址博物馆东大门开始一天的巡查工作。金沙太阳节重启让今年的春节多了一份年味，游客摩肩接踵。博物馆中轴线只有200米，郭睿却要走10多分钟，他不是提醒游客不要走进设备区，就是检查草坪中的彩灯线路是否正常。“每天有许多来来往往的游客，合影留念的人说不定就会碰到彩灯，所以每天我们会巡查多次。”郭睿说，游客看的是金沙太阳节的彩灯，他是看人。“太阳节开幕以后，保卫部门延长了工作时间，晚上闭馆后要进行清场检查，这个工作往往要到次日凌晨才能结束。”

“您好，请有序排队进入，一车一杆，注意保持车距。”山西黄崖洞文化旅游区的保安员牛联芳一遍遍地引导游客有序驾车通过门岗，维持景区入口的秩序。春节假期，牛联芳自告奋勇，让外地员工优先回家过年，自己在门岗值班。这已经是牛联芳在黄崖洞的第18个年头，也是他值守的第18个春节。“我家就在附近的村子，下班后就能回家。”牛联芳说。

在新疆乌鲁木齐白云国际滑雪场，水西沟镇大庙村村民王宝军每天都在9时40分之前到达索道工作台，对吊椅、缆车、安全架等进行安全检查，到深夜23时吊椅缆车关停、再仔细检查一遍后，他才能下班回家。春节期间，白云国际滑雪场平均每天的游客接待量都达到近万人次，王宝军负责的高级道1号缆车平均每天要接待3 000人次。王宝军的脸和双手都被风雪冻得通红，他说："辛苦一点没关系，重要的是保障雪友的滑雪安全。"

大年初四，新疆天山天池景区游客络绎不绝，在核心景区海北平台，5名身穿橘红色消防服、头戴消防头盔、肩背便携式喷水灭火器的消防队员列队巡逻，穿梭在墨绿的云杉林中，成为景区的一道风景线。春节期间，天山天池景区林管局防火科科长苏金远带领森林消防应急分队队员坚守海北平台岗位，每天安排人员在信息中心进行视频巡查工作，并不定期到景区对经营网点人员密集区排查安全隐患，确保春节期间森林防火安全。

对旅游人而言，虽然春节不能陪伴家人有些遗憾，但忙碌在工作岗位上的幸福是发自内心的。在河北正定古城，导游周小婷说："这些天，我们一天也没有放假，每天晚上都是12点后才能回家。但没有一个人叫苦叫累的，大家都觉得能在假期为游客服务、向来自天南海北的游客展现正定夜色的美好，是一种幸福。"

资料来源：曹燕，陶李，蒲钰，等. 坚守一线 他们忙碌而幸福 [N]. 中国旅游报，2023-01-29.

思政元素：坚守岗位　行业形象　安全至上　服务意识

学有所悟：党的二十大报告对新时代以来我国旅游业发展路径、发展经验的高度总结，为新时代旅游业高质量发展提供了重要遵循，指明了发展方向。坚持人民至上，就是要深化旅游为民发展导向，深刻把握人民群众旅游需求已经从"有没有，缺不缺"向"好不好，精不精"的时代转变，以丰富、优质、安全的旅游产品和服务，不断满足人民日益增长的美好生活需要，这是行业发展面临的重要任务。

任务实施与评价

实训任务：导游人员在遇到游客生病的情况下如何处理

实训步骤：

1. 以小组为单位进行实训。
2. 通过网络、图书等途径收集遇到游客生病情况下的案例，并进行分析总结。
3. 通过案例分析及所学知识，总结提高导游人员接待的方法与经验。
4. 上交小组成果。

实训要求：以小组汇报形式完成。

考核评价：教师和组长进行点评及评分。

项目自测

一、判断题

1. 导游人员要以高超的导游技巧和丰富的讲解内容吸引游客。（　　）
2. 游览名山大川时，老年人多的旅游团队可选择坐缆车下山来节省体力。（　　）
3. 找到走失的游客，导游人员应表示高兴，问清情况，安抚因走失而受惊吓的游

客，不能提出批评。（ ）

二、单选题

1.到游览景点后，在（ ），地陪要向游客详细介绍游览线路，告知旅游车的停车地点，强调集合时间和地点，再次提醒旅游车的特征和车号。

A.景点示意图前 B.景区门口 C.停车场门口 D.游客中心

2.游客需要做手术，须征得患者亲属的同意，如果亲属不在现场，须由（ ）同意并签字。

A.导游 B.全陪 C.领队 D.地陪

3.若错接发生在同一家旅行社接待的两个旅游团队，地陪则应立即向领导汇报，在领导同意的情况下，地陪（ ）。

A.可不再交换旅游团队 B.应该交换旅游团队

C.可以交换旅游团队 D.必须交换旅游团队

三、多选题

1.游客在参观游览时突然患病，正确的处理方法包括（ ）。

A.不要搬动患病游客，让其坐下或躺下，可以进行简单的急救

B.立即拨打电话叫救护车，医疗急救电话为120

C.向景点工作人员或管理部门请求帮助

D.及时向接待社领导及有关人员报告

2.因客观原因造成漏接后，正确的处理方法包括（ ）。

A.导游人员不要认为与自己无关而草率行事，应立即与接待社联系，告知现状，查明原因

B.向旅游者进行耐心细致的解释，消除误解

C.尽量采取弥补措施，努力完成接待计划，使旅游者的损失降到最低限度

D.必要时请接待社领导出面赔礼道歉，或酌情给旅游者一定的物质补偿

3.中国公民出境旅游时若丢失护照、签证，应（ ）。

A.请地陪协助到当地公安机构报案，并取得公安机构开具的报案证明

B.持遗失证明到当地公安机构报案，并取得公安机构开具的报案证明

C.持当地公安机构的报案证明和有关材料到我国驻该国使、领馆领取中华人民共和国旅行证

D.回国后，可凭中华人民共和国旅行证和境外警方的报失证明，申请补发新护照

项目自测 6-1

扫码答题

7 项目七 导游词撰写及创作

项目概述

讲解能力是导游的核心能力之一，而要提高讲解能力，导游人员必须先对导游词进行内化，形成自己的讲解语言。本项目的学习可以帮助学生了解导游词编写的方法和技巧，掌握导游词创作要领，完成导游词的编写任务，进而更好地进行导游词的讲解工作。

学习目标

知识目标

1. 了解导游词的基本概念、作用。
2. 掌握导游词的组成要素。
3. 掌握欢迎词、欢送词、景点讲解的内容。
4. 掌握导游词撰写的程序与技巧。

能力目标

1. 能够撰写欢迎词、欢送词、景点讲解词等。
2. 能够撰写自然景观导游词、人文景观导游词。

素养目标

1. 培养学生的爱国主义情怀。
2. 坚定学生的民族文化自信。

任务一　导游词概述

◎ 任务介绍

通过对导游词概念、导游词类型、导游词特点、导游词作用等内容的学习，系统地掌握导游词，明确导游词的内涵与外延，从而为撰写一篇合格的导游词打下坚实的基础。

◎ 任务导入

导游词是引导游客观光游览的关键，游客通过导游人员的导游词来了解旅游目的地的自然风格和人文环境。那么，什么是导游词呢？

相关知识

一、导游词的概念

导游词，是导游人员引导旅游者参观游览时的讲解词，是导游人员向旅游者传播文化知识和增添旅游乐趣的工具，是导游人员同旅游者进行思想沟通的渠道，也是吸引和招徕旅游者的重要手段。导游词是应用写作研究的文体之一，具有高度应用性。导游人员现场导游讲解以此为基础和前提，撰写与创作导游词也是导游人员必备的基本能力。

导游词分为现场口语导游词、书面导游词两种，我们通常意义上所讲的导游词写作是指书面导游词的创作。所谓书面导游词，一般是根据实际的游览景观、遵照一定的游览线路、模拟游览活动而创作的。它是口语导游词的基础与脚本。掌握了书面导游词的基本内容，根据游客的实际情况，再临场加以发挥，即成为口语导游词。

导游人员与书面导游词的关系就如同演员与剧本的关系。剧本提供给演员一个基本的框架，一个表演的脚本。导游词提供给导游人员基本的数据、知识及方法，但游客是千变万化的，不能以不变应万变，对所有的游客都背诵同一篇导游词。正如同演员要体验角色的情感经历一样，导游也要根据游客的年龄、身份、职业、修养、地区等不同而变换讲解的重点与方法，提供游客需要的知识与信息，这样才能做到有的放矢，满足游客了解旅游目的地的需求。

二、导游词特点

导游词的特点主要体现在以下五个方面：

1.实用性

导游词的写作目的有两个方面：一是作为导游人员实际讲解的参考；二是作为游客了解某一景点或某一旅游目的地的资料。基于上述两个目的，导游词对每一个景点都提供翔实的资料，从各个方面加以讲述，导游人员读了以后，经过加工就能成为自己导游口头讲解的内容；而游客听过讲解，就能对此景点或旅游目的地有详尽的了解。因此，导游词有很强的实用性。

2.临场性

虽然书面导游词没有直接面对游客及景观进行讲解，但它模拟现场导游的场景，创作者把自己设想成导游，模仿导游带领游客游览。因此导游词是循着游览线路层层展开的，为了增加导游词的现场感，多以第一人称的方式写作。在修辞方面，多用设问、反问等手法，仿佛游客就在眼前，造成很强烈的临场效果。

3.知识性

由于导游词具有极强的实用性，涉及的知识十分广泛，而导游讲解的主要目的是传播知识与文化，因此导游词还具有极强的知识性。

4.综合性

导游词既有说明性的特点，也有欣赏性的特点，它是多方面特性的综合体。在一篇导游词中，撰写者会运用自然科学知识，如地质成因、动植物学知识、力学原理等；还会运用社会科学知识，如宗教常识、哲学美学知识、诗词歌赋、中外文学等；此外，在建筑、园林、书法、绘画等方面，都会有所涉猎。一篇优秀的导游词往往综合了各个学科门类，多角度、多层面对景点加以叙述，给阅读者全方位的信息，其综合性可见一斑。

5.规范性

虽然导游人员在实际工作中运用的是口语，但导游词却是书面语言。因此，导游词的用语应该规范，尽量避免口语化的表达方法。即便为了增加幽默感而需要运用地方方言，也应该加以解释，使不同地区的导游人员都能读懂。只有这样才能顺利地在此基础上进行二次加工创作，完善成每个不同的导游人员独一无二的口头导游词。

三、导游词的创作类型

（一）随性型导游词

随性型导游词的特点是走到哪里就讲到哪里，看见什么就讲解什么。内容局限在旅游景点、景观范围内旅游者视线所及的景色、建筑等一般性讲解。讲解内容不够深入，对旅游目的地的景点、景观的讲解只停留在比较肤浅的层面，导游人员通常会将收集到的相关资料中对景点、景观的介绍拼凑在一起，深度不足。

随性型导游词的内容属于资料的汇总与拼凑，导游人员对其进行机械性记忆，这种导游词不是导游人员自己撰写创作的结晶，不能使用自己的语言来引导游客进行参观，无法形成独属于自己的风格与特点，无法给游客留下更深刻的印象。

（二）知识型导游词

知识型导游词的撰写与创作具有一定难度。作为一名合格的导游人员，可以说是宣传当地文化的大使，不仅需要通晓各种文化知识，还需要将这些知识化为己用，成为导游讲解的素材。只有善于处理这些知识，根据不同旅游者的特点和旅游团队的共同需求，结合景观、景点的素材，创作出具有文化知识的导游词，满足旅游者增长知识、丰富阅历、重拾人生的需求。

（三）杂糅型导游词

杂糅型导游词是一种介于知识型导游词与随性型导游词之间的导游词，在点到为止的基础上又糅合一些景点的文化知识内容。创作此类导游词主要是将景点、景观相关的民间传说、神话故事、趣闻逸事与旅游景观介绍完美结合起来。这些导游词能够避免平淡无趣、枯燥乏味、就事论事，比随性型导游词更深一层，使旅游者在基本了解景点、景观的基础上，更多地了解与旅游景观、景点相关的文化知识。大部分旅游者对此类导游词持认可态度，大多数导游人员的导游讲解也都属于这一类型。但是作为导游人员来说，这只是一名合格的导游人员应该具备的基本技能，导游人员还应进一步提升自己的创作能力，撰写出具有自己风格的别树一帜的导游词。

（四）对比型导游词

对比型导游词的创作难度最大。此类导游词在具有普遍性、科学性、知识性的基础上，还要具有可比性，要能够由表及里，由此及彼，举一反三，通过科学的比较，运用联想、推理等方式方法，把旅游者引导到一个较高的知识层面，更真实的场景中去。

例如，要讲解某些著名景区中的寺庙景观，导游人员可针对旅游者的特点，有的放矢进行讲解，灵活调整导游讲解的内容。若是中国旅游者，则可将佛教与道教的不同之处进行对比式讲解；若是外国旅游者，则需要将佛教与基督教、伊斯兰教等的差异以及各自的特征进行对比式讲解。

无论上述哪一种类型的导游词，导游人员在进行导游讲解时，一定要因人而异，因地制宜，根据旅游者的年龄、性别、职业、国籍、个性特征等的不同加以区别对待。如果导游人员不区分对象，则容易出现文化层次较低的旅游者听不懂、文化水平较高的旅游者不愿听的尴尬局面。

四、导游词的作用

（一）引导旅游者对景观景点进行鉴赏

导游词的宗旨是通过对旅游景观绘声绘色地讲解、指点、评说，帮助旅游者欣赏景观，以达到游览的最佳效果。

（二）向旅游者传播旅游地文化知识

传统文化知识是向游客介绍有关旅游胜地的历史典故、地理风貌、风土人情、传说故事、民族习俗、古迹名胜、风景特色，使游客增长知识。

（三）陶冶旅游者情操

导游词的语言应具有言之有理、有物、有情、有神等特点。通过语言艺术和技巧，给游客勾画出一幅幅立体的图画，构成生动的视觉形象，把旅游者引入一种特定的意境，从而达到陶冶情操的目的。

此外，导游词通过对旅游地出产物品的说明、讲解，客观上起到向游客介绍商品的作用。

知识链接
7-1

撰写导游词如何获取景点资料

任务实施与评价

实训任务：根据创作类型对不同的导游词进行分类

实训步骤：

1.教师列举三到五篇不同创作类型的导游词。

2.学生分组进行讨论，总结教师列举的这些导游词归属于哪一类型。

实训要求：以小组讨论汇报形式完成。

考核评价：教师根据分组讨论的结果进行点评，并根据正确率赋分。

任务二 导游词的内容及分类

◎任务介绍

完整的导游词应该由欢迎词、沿途讲解导游词、景点讲解导游词、欢送词构成。一般来说，欢迎词是导游人员在旅游者抵达旅游目的地前往下榻饭店的途中进行的；欢送词则是导游人员在旅游团队结束当地旅游活动，去往机场（车站、码头）的送行途中运用；沿途讲解导游词则是导游人员前往旅游目的地景区途中使用；景区景点讲解词用于导游人员对旅游景点所做的讲解，是导游词的核心内容。只有掌握了完整导游词的创作技巧，才能进一步改善导游人员讲解品质，成为一个合格的导游。

◎任务导人

导游词是导游人员进行导游活动的基础与脚本，有了它才能够进行导游讲解。那么，掌握怎样的导游词的构成与创作技巧，才能够完善原始材料的拼凑和堆积，转化成自己独特的导游语言呢？

相关知识

一、欢迎词

1.欢迎词的主要内容

欢迎词对导游人员来说十分重要，它就像是一篇乐章的序曲、一部作品的序言、一场戏剧的序幕一样，旨在给旅游者留下深刻的“第一印象”。导游人员通过向旅游者致欢迎词来展现自身的风采与魅力，塑造良好开端，为全部旅游服务行程的成功奠定坚实基础。

完整的欢迎词通常包括以下内容：

讲解范例 7-1

哈尔滨地接欢迎词

（1）问候语：向旅游者表示问好。

（2）欢迎语：导游人员代表旅行社、导游人员本人、司机共同欢迎游客光临本地。

（3）介绍语：介绍自己的姓名及所属单位，介绍司机。

（4）希望语：表示提供服务的诚挚愿望，表明自己的工作态度。

（5）祝愿语：预祝旅游愉快顺利，希望得到旅游者的支持与合作。

2.欢迎词的创作技巧

（1）在欢迎词中引入名人名言或谚语，可使欢迎词更充满文采。导游人员在撰写欢迎词时，可适当引用如“有朋自远方来，不亦乐乎”“有缘千里来相会”“百年修得同船渡”等名人名言或民间谚语，使欢迎词更具文采，收到更好的效果。

（2）将导游人员的真情实感、友善姿态融入欢迎词里。旅游者来到外地旅游，会在陌生的环境中体会到好奇与刺激，同时伴随着人在他乡的茫然。温暖人心的欢迎词无疑能将导游人员的真情实感、友善态度融入其中，使旅游者感觉到亲切与安全。如此才能使旅游者感到宾至如归，缩短导游人员与旅游者之间的心理距离，增强二者的相互信任与相互了解。

（3）欢迎词越是风趣幽默，越能缩短导游人员与旅游者的距离。如果欢迎词能在创作过程中尽量做到幽默风趣，将会大大缩短导游人员与旅游者之间的距离，在笑声中建立联系，迅速成为朋友，进而熟悉起来。

二、沿途讲解导游词

（一）首次沿途导游词

首次沿途导游词是指导游人员接到旅游团队后赶赴下榻宾馆的途中所用的导游词。旅游者首次来到某一地参观游览会感到新奇，对于陌生事物愿意一探究竟，导游人员应抓住这一时机，选择旅游者普遍感兴趣、最愿意了解的事物进行介绍，来满足他们的求知欲与好奇心。为了达到这一目的，首次沿途导游词的内容应该力求简洁且具有概括性，同时具备一定的针对性。其内容构成主要为：

（1）旅游目的地风情简介。由导游人员向旅游者介绍旅游目的地的城市概况，包括地理位置、历史沿革、人口状况、气候特征、行政区划、文化传统、土特产品等。

（2）旅游目的地的风光简介。由导游人员向旅游者介绍前往旅游目的地沿途的风光以及风土人情。这一部分内容应该简明扼要，景物取舍得当，随机应变，要见景说景，移步换景，与旅游者观赏同步进行。

（二）前往景点途中导游词

导游人员带领旅游团队参观旅游景点的途中应该根据每次路程的实际情况进行导游讲解，其导游词内容大致包括以下方面：

（1）简述当天活动安排。开车后，导游人员应该向旅游者简述当天的旅游活动安排，包括午餐、晚餐的时间地点；同时，向旅游者告知到达旅游目的地景点路途中所需时间；视具体情况向旅游者介绍当天的新闻等。

（2）讲解沿途风光。在旅游者前往旅游景点的途中，导游人员应该向旅游者介绍本地的风土人情、沿途的景点景观、回答旅游者提出的问题等。

（3）讲解将参观游览的景点。抵达旅游景点景观前，导游人员应该向旅游者简要介绍该旅游景点景观的概况，尤其是旅游景点的历史价值以及游览特色。所有讲解都应该简明扼要，讲解过程中要满足旅游者预先获取相关知识的心理，激发旅游者参观旅游景观景点的积极性。

（4）以各种形式活跃气氛。如果旅游路途较远，导游人员可以在旅游途中和旅游者讨论一些他们感兴趣的国内外话题，或者充当主持人的角色组织适当的娱乐活动来活跃途中气氛等。

三、景观景点导游词

景观景点导游词是导游词中的核心内容，它是导游人员对旅游行程所到达的景观景点进行的全面介绍与详细讲解，其内容应包括旅游景点名称的由来、景点历史典故、相关民间故事与神话传说等，因此景点讲解词要具有知识性、幽默性、指引性与悬疑性等特点。

一般来说，我们会将旅游资源分为两大类型，分别是人文景观与自然景观。在景观景点导游词创作素材的收集上，导游人员应该从这两类景观的各自特征着手来进行。

（一）人文旅游景观导游词

人文景观主要包括宗教、文物、建筑、寺庙类景观以及风土人情、地方概况、地方土特产品，还包括旅游景观的绘画、雕塑、音乐等相关的文化遗产等。文化旅游景观应该偏重历史渊源、重大历史事件、重要历史人物、民风民俗等。在人文旅游景观导游词的撰写方面，应该挖掘上述人文旅游景观的文化内涵，特别是历史人文旅游景观更应该从历史地位、历史价值、景点地位、景点特色、名人评论等方面着手来收集素材进行提炼、撰写，进而流畅讲解。

1. 人文旅游景观的讲解内容

讲解范例
7-2
曲阜导游词

（1）人文旅游景观的历史背景，即何时修建、当时的历史条件、地理方位等。

（2）人文景观景点的历史用途，即因为什么而建成旅游景点，如红色教育基地、保护文物、纪念名人等原因。

（3）人文景观景点的特色，即该景点在结构布局等方面具有哪些特点，我们从哪些角度着眼才能更好地体会其欣赏价值。

（4）人文景观景点的地位，即该景点在国际上、在中国、在本区域（省、自治区、直辖市）、在本市居于什么样的地位，是哪一级别的文物保护单位等。

（5）人文景观景点的价值，包括景点的历史价值、文物价值、旅游价值和欣赏价值等。

（6）对人文景观景点的评论，即历史名人、世界名人、国家领导人等参观游览后都发表过什么样的评论。

人文旅游景观中包含了大量的文化知识，需要通过导游人员的适度讲解，使旅游者得到美的享受，激发旅游者的求知欲、探索欲，同时传递适量的信息。没有哪一个旅游景点景观只具备一种讲解属性，往往是多个讲解属性互相结合、互相渗透。这就要求导游人员在资料收集整理的过程中不仅关注其景观的某一方面内容，更要全面搜索资料，须注重准确性、权威性，不可道听途说。

2. 人文旅游景观的表达方式

（1）本体阐释。对人文景观所蕴含的知识进行必要的、合理的解释。游览的景观景点本身就是知识的源泉，要讲解这类旅游客体，必然涉及相关知识。例如，讲解文物古迹时，必然涉及历史、文学、建筑、风土人情等内容。

（2）相关印证。这是援引与所参与游览的客体相关的史料、典故、诗文及其相关的各种材料，使内容更加广泛，增强其说服力。

（3）衍释发挥。对蕴含在人文景观景点中的神话传说、民间故事、历史故事、风土人情等内容进行巧妙的借鉴、发挥，为导游词增加趣味性。

（二）自然旅游景观导游词

自然旅游景观主要是观物赏景，因此导游词应该关注不同类别的景观及其不同的特色，探究其独特的地质地貌、景点景观的形成原因，展现其丰富的自然资源等。自然旅游景观导游词的内容包括以下方面：

（1）自然旅游景观的形态特点。例如，观山则可突出山的雄奇、险峻、清幽、绮丽等特点；观水则可突出水的潋滟、浩渺、旷远等特点；观草原则可突出草原的广阔无垠、天高云淡等特点；关峡谷则可突出峡谷的幽深曲折、惊险难攀等特点；观动植物则可突出它们在自然山水中所展现的形态，如活泼可爱、勇猛凶悍、迅捷敏锐等特点。

（2）自然旅游景观的内涵特点。如果只是干巴巴地介绍自然景观的数据，则会枯燥乏味，令人昏昏欲睡，只有在介绍山水形成的地质地貌条件等内容的同时，深入探寻隐藏在山水景观背后的神话传说、民间故事、奇闻逸事等内容，才能更加吸引游客注意，引起他们的兴趣，增加导游词的广度与深度。

（3）自然旅游景观的独特地位。除了上述常规的景观介绍内容以外，我们还应在该景观的独特性上加以介绍。例如，是否被评为世界自然遗产，是否属于国家级自然保护区、省级自然保护区、市级自然保护区等。

自然旅游景观的表达方式多种多样，但最常用的表述方式有三种，即描述、相关引证、衍释发挥。描述就是描绘、叙述。通过对景观合理而有效的描述，使旅游者既能清楚地了解景物的要点，又能展开无限的联想，对特定的景物更能加深了解。导游人员在进行景点讲解时，主要是三分形象、七分想象，不想不像，越想越像。至于相关引证、衍释发挥的要求则与人文旅游景观的要求相同。对于人文旅游景观与自然旅游景观融为一体的景点，导游人员应灵活掌握，自行增删，以增添导游词的魅力与趣味。

四、欢送词

欢送词是导游人员为了某次旅行向旅游者画上圆满句号而作出的富有深情的道别语。送别是导游服务接待工作的尾声，此时导游人员已与旅游者很熟悉，如果导游人员给旅游者致欢送词能给旅游者留下美好的第一印象，那么导游人员给旅游者致欢送词将给旅游者留下永远难忘的美好回忆。

1.欢送词内容

规范的欢送词应包括五个要素：表示惜别、感谢合作、小结旅游、征求意见和期盼重逢。表示惜别是指欢送词中应包含对分别表示惋惜之情、留恋之意；感谢合作是感谢在旅游过程中旅游者给予的支持、帮助、谅解；小结旅游是指与旅游者一起回忆这段时间所游览的项目、参加的活动，给旅游者一种归纳、总结之感，将感性认识上升到理性认识；征求意见是希望告诉旅游者，导游人员有所不足，感谢大家的帮助，下一次接待会更好；期盼重逢是指要表达对旅游者的情谊和热情。

2.欢送词的形式

（1）抒发感情。导游人员用热情洋溢的话语来表达友谊和离别之情，以增进与旅游者相处所建立的友情。

例如，一位重庆导游送别日本东京汉诗研究团队时致欢送词：“两天来，在各位的通力合作下，我们在重庆的游览就要圆满结束了。在此谨向各位表示深深的谢意！重庆和东京相距几千公里，但不过是一水之隔，‘我住长江头，君住长江尾’，我们两国是一衣带水的友好邻邦。我唯一遗憾的是不能按照你们日本的风俗，给你们一束彩色的纸带，一头在你们手里，一头在我手里，船开了，纸带一分两半，却留下无尽的思念。虽然没有有形的纸带，但却有一条无形的彩带，那就是友谊的纽带。虽然看不见、摸不到，我却感受到它已经存在2 000多年了，中国古语云：'物惟求新，人惟求旧。'东西是新的好，朋友还是老的好。这次我们是新知，下次各位如果再有机会来重庆，我们就是故交了。祝各位百事如意，健康幸福，一路顺风，谢谢大家！"这位导游人员在致欢送词时借"诗"抒情，既热情又韵味悠长，收到了良好的效果。

（2）简要总结。导游人员用热情而平静的语气，简要回顾总结一下参观游览的旅程，并表示感谢合作、期待重逢、衷心祝福之意。

例如，上海一位全陪送别外国游客的欢送词："尊敬的朋友们，天下没有不散的宴席。我们相处了10多天，今天就要说分别了。10多天的时间不算长，但各位由北到南、由西到东，既观赏了一些名山大川，又领略了一些名胜古迹，对中国有了一个大致的印象。这段时间得到了你们的协助配合，旅游活动进行得非常顺利。在此，我衷心地向大家表示感谢！如果我有服务不周的地方，还请各位多多见谅。我们有幸这次相逢，相信将来还会有缘再见。最后，祝大家旅途顺利、身体健康，谢谢。"

导游人员用朴实真挚的语言，对这次全程陪同做了一个简短的总结，为整个旅行活动画上了一个圆满的"句号"。这是一种最常见的致欢送词的形式。

任务实施与评价

实训任务：首次沿途导游词的创作与讲解

实训步骤：

1. 以小组为单位撰写一篇首次沿途导游词，并进行情景表演。

2. 小组内人员分工，有全陪、地陪、游客、司机等。

实训要求：表演内容要求展现导游人员进行首次沿途导游词的创作时，是否包括了所有应该介绍的内容。

考核评价：以小组互评为主，以教师点评为辅。

任务三 导游词的撰写及范例

◎ 任务介绍

导游词的各种功能在实际运用中是综合发挥、相辅相成的。导游人员在实际工作中，在进行书面和口语导游词的创作时，要注意充分发挥导游词的多种功能，提高导游服务质量。

◎ 任务导入

导游词是导游人员引领旅游者参观游览观光的引导词、讲解词。只有在充分掌握丰富而翔实的资料的前提下，经过科学合理的加工整理，并在实践中不断修改、丰富和完善，才能更好地形成具有自己特色的导游词。

相关知识

一、文体风格

导游词是一种集散文与说明文两种文体特征融为一体的特殊体裁。

（一）散文

散文是一种题材广泛、写法自由、个性鲜明、文情并茂的常用文学体裁。通常情况下，散文分为三种类型，分别是记叙散文、抒情散文和议论散文。散文具有形散神不散的特质，还具有选材的生活化与广泛化、情景的个性化与主题化、表达的自由化与灵活性等审美特征。因此，首先在延伸到导游词的创作中，导游人员需要注意形散神不散，即主题明确且鲜明，形式自由，但必须围绕主题展开，不能散开一片。其次，写法自由，形式多样，即导游人员需要运用生动形象的语言，多角度、多层面地描述情境。

（二）说明文

说明文是使用简明准确的语言将事物的特征、关系、形状、成因、功用等进行客观明晰的解说和阐释的一种文体。因此，许多常用的说明方法被导游人员运用到导游词的创作中，如介绍说明、分类说明、比较说明、形象说明、诠释说明、引用说明、数字说明和图表说明等。在导游词中说明的内容务必要科学，说明的态度也必须客观，表述要简明、概括、准确。

二、表现手法

（一）解说阐释

1.引用法

引用法就是引用一些名人名言、名句，包括中外典故、谚语俗语、格言寓言等，将其穿插在自己的导游词中，用于说明问题，增强语言的说服力。这不仅能够增强讲解的生动性，而且可以起到以一当十的作用。引用法通常可分为明引、暗引、意引三种。

2.类比法

所谓类比法，就是以熟喻生，从而达到类比旁通的导游讲解手法。导游人员使用旅游者熟悉的事物与眼前景点景物比较，使旅游者容易理解或倍感亲切，从而达到事半功倍的讲解效果。

3.陈述法

陈述法是对旅游景区或游览景点的历史、现状进行讲解和说明的方法。陈述的内容必须是客观现实，可以使用数据来说明阐释。

4.引申法

导游人员在导游的过程中，要善于按照旅游者提出的问题加以引申发挥，全面地介绍与有关问题相关的政策方针和所涉及的文化知识。

5.点、线、面结合法

点、线、面结合法，是指导游人员在导游的过程中既有面的描述，又有线的引导，还有点的说明。三者相互补充，形成和谐的统一体，才能使导游词趋于完美。

（二）情景交融

1.情景法

情景法是导游词中表达的情感和观赏的景物达到高度的和谐统一，使旅游者感到景中有情、情中有景的方法。要做到情景相互交融，导游人员在参观游览前一定要尽可能地寻找、挖掘景点景观中所隐藏的深层文化内涵及其引申的意义。导游人员要培养自己与景物的情感交融，同时通过不同的途径，尽可能了解客源地的景物与文化，寻找客源地与旅游目的地二者的文化关联；要充分了解旅游者，分析旅游者的情感体验；通过领队或与旅游者沟通交流，了解旅游者的经历和情感世界，讲解中做到有的放矢，这样才能更好地做到真正的情景交融。

2.虚实结合法

"虚"就是民间传说、神话故事、奇闻趣事等；"实"就是客观存在的景观景物及其他旅游客体。虚实结合法，是指在导游过程中，把以上两个方面有机地联系在一起进行导游讲解。这种手法一般多用于旅游名胜古迹、园林景观等参观游览点的导游讲解，可以起到烘托气氛、增添情趣、引起旅游者共鸣和思考的效果。虚实结合法要以"实"为主，"虚"只是强调"实"的存在意义、体现其价值的一种手段。例如，旅游者参观游览名胜古迹时，导游人员应先把旅游名胜古迹的建筑年代、历史背景条件、特点、规模、价值、规划布局等一一向旅游者介绍清楚。在此基础上，再适当地穿插一些"虚"的内容，如传说、历史典故等，最后评价它们的作用意义，这样才能使旅游者有丰富的感受。

（三）幽默风趣

幽默是人们表达其思想感情的一种手段。幽默是一种机智、风趣而又凝练的语言，是借助多重修辞手法进行的一种表达方式。运用幽默法可以使导游词既富有感染力，又富有趣味性，使旅游者在轻松愉悦中受到深刻的启迪。在导游讲解服务中，导游人员可以把景观、景物和旅游者巧妙地联系在一起，用幽默风趣的导游词和导游语言将困境变为顺境、将紧张变为缓和、使失望变为高兴。

例如，导游在带队游览桂林月亮山时，正面看，山峰顶部高悬一个镂空的大圆洞，犹如一轮满月。随着旅游车行进的变化，山峰顶部镂空的圆洞——"月亮"变成了上弦月，再变成了满月，最后变成了下弦月。在绕月亮山前，导游人员针对这种情况先做了一番介绍。绕了一周后，导游人员对旅游者幽默地说道："都说地上一年才是天上一天，可我们几分钟就过了一个月，说起来比天上的神仙还神啊！"把现实景物和仙境相比，这就是一种幽默的导游词运用，获得了旅游者满堂喝彩，效果极佳。

三、导游词撰写要领

（一）讲究内涵与特色

1.内涵与科学的态度

一篇优秀的导游词要向旅游者传递文化知识，必须要有丰富的知识内容，能够融入上至天文下至地理的知识，并做到旁征博引、融会贯通、引人入胜。当然，在创作导游词时，导游人员必须要有严谨的科学态度，内容必须准确无误，使旅游者信服，特别是涉及科普类的导游词，更需要以科学的态度反映客观现实，切忌胡编乱造。

2.个性、深刻的内容

导游词的内容不能只满足于一般性的介绍，还要凸显景点景观的个性，揭示和发现景观的特点、特色，挖掘景点深层次的文化内涵，给旅游者留下比较深刻的印象。导游人员可以通过相同种类事物的比较、诗词歌赋的引用、名家名人的评论等方式来凸显景点景观的特点，从而更好地反映深层次的文化内涵。

导游词创作者要具有创新意识，创作出具有符合时代气息的导游词。要创作出既能满足旅游者的合理需求，又能反映旅游者目的地的特色，突显与其他地方旅游景观之间的差异性从而产生吸引力。此外，导游词创作者要深入景点景观，通过由表及里、去粗取精的过程，探寻景观景点的本质内容，挖掘丰富深厚的文化内涵，力求讲深、讲透。

（二）讲究口语化

书面导游词其实是为现场口语导游词做准备而用的，而导游语言是一种具有丰富的表达力且生动形象的口头语言，与书面用语颇为不同。导游人员在导游词撰写与创作方面要注意经常用一些口语词汇和浅显易懂的词汇；尽量避免难懂而又冗长的书面语词汇和音节拗口的词汇，要减少刻意的主观煽情；尽量多用一些短句，减少书面文学华丽辞藻的堆砌，以便在口语化导游过程中讲起来顺口，听起来更加轻松自如。

当然，强调导游语言口语化，并不意味着故意忽视导游语言的规范化，撰写导游词还必须注意语言的品位等问题。

（三）讲究生动性、灵活性

为了突出导游词的生动性、灵活性，使导游词讲解过程充满活力，在撰写导游词的过程中，我们应把握好以下六个方面：

1.运用恰当的修辞手法

修辞是对所表达的文字词句进行修饰，可以使语言表达准确而又生动鲜明。恰当且合理地运用比喻、比拟、夸张、象征等手法，可以由静变动，使静止的景观转化为生动而又鲜活的动态画面，使静止的景观活起来，能形象地描绘出想要表达的事物，从而使旅游者易于理解而陶醉沉浸其中。

2.运用幽默风趣的语言

幽默风趣的语言不仅能使导游词更加有趣，有时更能起到意味深长的作用。如果导游词能做到风趣幽默，不仅可以使导游讲解锦上添花，活跃现场气氛，还可以使旅游者的旅游活动轻松愉悦，更可以缓解尴尬的气氛。

3.运用文明用语

恰到好处的导游词语言，应是情感亲切，运用文明礼貌、友好且富有人情味的语言，同时注重言之有情、言之有理，能够使旅游者赏心悦“耳”，感受到被尊重或亲切温暖，从而满足旅游者的情感需求。

4.运用语言灵活应变

导游词的撰写与创作成功与否，不仅需要撰写者具有渊博的知识，而且需要根据不同的旅游者、不同的景观特点进行灵活合理的调整，才能达到灵活应变的目的。

5.运用语言编织故事情节

在讲解景点时，如果导游人员能够不失时机地穿插趣味盎然的传说及民间故事，就能够激发起旅游者的兴趣与好奇心理。需要注意的是，选用的神话、故事、传说等必须是健康的，并与景观有着密切联系，而不能凭空虚构，信口胡说。

6.运用丰富多彩的语言

语言的丰富多彩、形象生动，在讲解时能够吸引旅游者快速进入意境，从而使旅游者更好地领会导游讲解的内容，给旅游者留下深刻的印象。使用词语丰富多彩可以避免导游人员在讲解表达上的单调呆板或者平淡无味，从而避免旅游者丧失旅游兴趣，缺乏动力继续游览。

（四）讲究突出重点

1.讲解突出重点

在一个大规模的旅游景区或景点内，有许多的景观可以游览，如果导游人员面面俱到撰写导游词，在实际带团过程中，不仅时间上不允许，而且无法很好地突出重点，无法给游客留下深刻印象，因此应该选择既有特征又有代表性的景点景观进行重点介绍。对于每个大景区内具有突出代表性的景观，创作导游词时应该从景观对应的新、奇、特等不同的角度着手突显它的特色、特点。

当然，导游词的创作必须是在照顾整体的情况下的重点突出。撰写与创作导游词必须有一个正确且鲜明的主题贯穿整个导游讲解，只有这样才能给旅游者留下一个鲜活的印象，继而在此基础上突出重点，强调旅游者特别希望了解或非常感兴趣的内容。

2.选材突出亮点

在导游词中最具有价值、最精彩的部分就是导游词的亮点所在。每个景物都由若干个不同内容构成，其中最具魅力、最有价值、最具个性的是导游词的闪光点，即亮点所在。画有“点睛”，诗有“诗眼”，文有“警句”，因此导游人员在撰写导游词时更应该重视“亮点”的选择。

选择导游词的亮点所在要以导游人员拥有充足的创作素材为基础。因为只有当导游人员拥有的景物资料丰富且合乎客观实际时，才能真正找到亮点，形成整篇导游词的高潮。

亮点的出现还依赖于选材新颖、独特的角度，努力探寻景物的新意。新的视角能够提供新的场面，发现新的含义。如果总沿着前人已经探索好的故事传承下去，只能看到那些老生常谈的旧景；相反，如果能够另辟蹊径，在前人从未涉足过的地方去探索，那么必然会领略从未遇见的奇观。苏轼在《题西林壁》中曾写道：“横看成岭侧成峰，远近高低各不同。”这句诗形象地展示了新的视角会找到新的突破和收获，领略新意境，成为导游词的亮点所在。

（五）讲究针对性

导游词在撰写和讲解的过程中绝不能千篇一律、以一概全，而应该从实际出发，因人而异、因时而异，做到有的放矢，即根据不同的旅游者以及当时的情绪和周围的环境进行导游讲解之用。切忌不顾旅游者的特点，导游词却完全一致。因此，每撰写一篇导游词，都应该设置讲解对象，这样才能使导游词做到更具针对性。

（六）讲究导游词深度

1.强调思想深度

弘扬爱国精神、敬业精神是作为一名导游人员重要的职责和必备的修养。撰写导游词时注重内容的深度，有助于导游人员弘扬正能量，展现导游人员的个人素养。

2.挖掘文学内涵

导游词也是文学创作的一种，它的语言无疑应该是规范的、文字准确的，且结构严谨，内容层次要符合逻辑，这些都是对导游词文化创作的基本要求。在导游词创作过程中，适当的引经据典，引用那些著名的诗词、名句、名人名言等，能够相应地提升导游词的文学品位，挖掘其创作内涵。

3.提升游览活动本身品位

旅游活动本身是有层次的，游览一个景点也必须循序渐进。现代人旅游活动六要素中“游”才是核心，重视“游”的层次与品位，追求享受从游玩当中带来的乐趣。因此，导游人员在创作导游词过程中要选择好素材，紧扣主题，创作内容则需要步步深入，扣人心弦。此外，导游人员还需注意在“游”中寓教于乐，既在游的过程中获取文化知识，又能愉悦身心。

（七）讲究发挥引申

导游词常常是依照游览线路编排、紧扣主题而创作的。但是，在介绍某一个景观景物时，往往需要导游人员在内容上进行扩充与增补，帮助旅游者更好地深入了解景点本身难以直接表达的含义。因此，在撰写导游词时需要导游人员善于发挥引申。

1.旁征博引

内容上旁征博引，将带动旅游者的兴趣。例如，在带领国外旅游者参观中国古老的私塾等建筑物时，将中国从奴隶社会到封建社会的教育和科举制度讲述一番，从春秋战国说到民国，具备极大的知识性、趣味性。这种手法常常在导游词撰写中得到运用，关键是看运用得是否恰当。

2.引人入胜

情理上引人入胜，借题发挥，借古喻今，能够增加导游词的深度。例如，当我们带旅游团队登临三清山，看到三清山上随处可见的挑山工时，可以借用这种手法处理导游词：“三清山陡峭高峻，是考验人的意志和耐力的路，三清山是砥砺恒心和韧性的路。在人的一生中总会遇到各种各样的艰难险阻。但往往困难越大，意味着我们离胜利越来越近了。登过三清山的人可以深刻体会到这个道理。”这段导游词的撰写通过借题发挥，解释了画面以外的深刻含义，给人以启迪，发人深省。

3.融会贯通

将古今中外的知识融会贯通到导游词中，将会提升其主题思想。例如，陕西历史博物馆导游词的最后一段：“大家在陕西历史博物馆内众多的文物中徜徉，好像走进了历史长河，回到了早已逝去的时代，领略到了陕西悠久而又璀璨的历史文化，了解了陕西文物年代久远、品种多样、规模巨大、水平较高的特征。它对弘扬悠久的中华民族文化，对促进中国改革开放和旅游事业的发展起到了积极的推动作用。我相信各位会为先辈们用勤劳的双手创造的辉煌业绩感到自豪，重振中华雄风，再创中华民族辉煌！”这种古今融会贯通、潇洒自如地借古论今，既不会使旅游者感到装腔作势，也不会有牵强附会之感，对深化导游词主题思想很有好处。在导游词的撰写中常常可以看到。

德技兼修 7-1 消费升级呼唤“专家型导游”

近期，西安导游“芥末”讲解“我们为什么要看兵马俑”的视频在网上火了。对“芥末”来说，“专家型导游”不仅是网友给她的评价，更是她入行以来对自己的期待。

通过多种渠道学习专业知识，每天都在看大量的书籍、纪录片以及历史资料，让“芥末”成为导游群体中“颜色不一样的烟火”；懂得换位思考，善于站在游客的角度来答疑解惑，让“芥末”的讲解既具有历史的厚重感，又不失灵动与活泼。借助于互联网，这名“专家型导游”迅速出圈。

在不少人的印象中，导游是一份没有多少含金量的工作；千篇一律的解说、乏善可陈的知识，在陈词滥调里打转的导游，难以满足游客对历史的兴趣和对中华优秀传统文化的热爱，难以满足消费者更高层次的精神文化诉求。

兵马俑都是单眼皮吗？兵马俑是如何制作的？兵马俑又是如何修复的？这些既有丰富、深厚的历史知识，又风趣、诙谐的个性化表达，让“专家型导游”成为导游群体中的“香饽饽”。对游客而言，通过“专家型导游”的讲解能够实现寓教于乐，汲取精神滋养，并在无形中增强文化认同和文化自信。

随着精神文化需求的快速增长，许多游客不再满足于走马观花、一知半解的“到此一游”，这就加剧了能够提供专业的历史文化讲解服务的“专家型导游”供不应求。尤其是对那些自由行游客和亲子家庭来说，他们迫切希望解决自己看不懂、常规导游又讲不透的问题。

“专家型导游”不仅能够为游客提供更高品质、更个性化的解说服务，还可以为自身提供价值实现的通道。看似不起眼的导游并非没有成长空间，“专家型导游”不仅通过努力学习和坚持思考丰盈了自身的精神世界，而且在市场中得到了更多的回报与激励。

随着旅游业转型和消费升级，文化旅游、研学旅游等细分市场逐步成熟，愿意为知识买单的消费者越来越多，沉浸式、体验式旅游方兴未艾。导游不能停留于线路向导、食宿安排等“辅助型导游”阶段，而是要成为具备专业知识、能给游客提供良好的文化体验和专业服务的“专家型导游”。

在社会分工越来越专业化、精细化的今天，干一行爱一行、钻一行精一行，方能成为难以被替代的自己。让游客看到许多历史书上、影视剧中看不到细节的“专家型导游”，既能赢得游客的认同与赞赏，也会促进导游群体的结构优化，有助于营造良好的行业生态。期待导游行业涌现出更多“专家型导游”。

资料来源：杨朝清. 消费升级呼唤“专家型导游”[N]. 中国旅游报，2023-09-06.

思政元素：文化传承　文化传播　文化自信

学有所悟：党的二十大报告指出：“必须坚定历史自信、文化自信。”导游不再仅是“传声筒”，而是要在对客讲解过程中融入自身的思考与感悟，对中华优秀传统文化进行了创造性转化、创造性发展，讲好中国故事，做好中国文化的传播者。

任务实施与评价

实训任务：根据清昭陵的导游词撰写方法，为沈阳张氏帅府撰写导游词

实训步骤：

1.以小组为单位撰写一篇沈阳张氏帅府导游词，并进行情景表演。

2.小组内人员分工，有全陪、地陪、游客、司机等。

实训要求：表演内容应遵循导游词的写作手法与写作要领。

考核评价：以小组互评为主，以教师点评为辅。

项目自测

一、判断题

1.每撰写一篇导游词，都应该设置讲解对象，这样才能使导游词做到更具针对性。（　　）

2.撰写导游词时注重内容的深度，有助于导游人员弘扬正能量，展现导游人员的个人素养。（　　）

3.虚实结合法的“虚”就是民间传说、神话故事、奇闻趣事、景观景物等。（　　）

二、单选题

1.在撰写导游词时，应尽量多用一些（　　）。

A.短句　B.长句　C.书面语　D.文学语言

2.对旅游景区或游览景点的历史、现状进行讲解和说明的方法是（　　）。

A.陈述法　B.引申法　C.类比法　D.虚实结合法

3.旅游目的地风情简介适合在（　　）中进行讲解介绍。

A.前往景点途中　B.首次沿途　C.景区　D.前往酒店途中

三、多选题

1.采用引用法时，可以引用（　　）。

A.名人名言、名句　B.中外典故　C.谚语俗语　D.格言寓言

2.恰当的修辞手法包括（　　）。

A.比喻　B.比拟　C.夸张　D.象征

3.规范的欢送词除了表示惜别外，还应包括（　　）。

A.感谢合作　B.小结旅游　C.征求意见　D.期盼重逢

项目自测
7-1

扫码答题

下篇
实训篇

8 项目八 景区景点导游服务程序与规范

项目概述

景点导游讲解是导游人员最基本、最重要的技能。服务的内容相对单一，主要包括翻译、讲解、向导、景区购物服务。核心服务内容是讲解服务及突发事件的处理。地陪和景区讲解员均可承担景区景点导游讲解任务。从客观上来讲，景区讲解员对景区情况比地陪熟悉，讲解效果和游客的感受都会更好一些。

学习目标

知识目标

1. 了解景区导游服务流程。
2. 掌握景点讲解的具体步骤。

能力目标

1. 培养学生的导游讲解能力，规范服务能力。
2. 培养学生的事故预见、防范和处理能力，自主学习和创新能力。

素养目标

1. 培养学生良好的职业道德、敬业乐业精神和责任意识。
2. 培育学生做国家文化的宣传者，能说出中国故事，培养学生对中华优秀传统文化的传承与创新。

任务一 准备工作

◎任务介绍

景区景点导游人员的准备工作包括两个部分内容：一是景区知识、讲解技巧和应变能力的准备，这是一个长期的过程，需要在工作中慢慢积累；二是就某一特定旅游团队（游客）的到来而进行的准备。准备工作是景区景点导游人员责任心和上进心的具体体现。

◎任务导入

“工欲善其事，必先利其器。”导游人员在开始每天的工作之前，一定要做好充分的准备。那么，景区景点导游人员应如何做好准备呢？

相关知识

一、掌握景区知识

景区知识对景区景点导游人员来说是熟烂于心的，关键在于景区景点导游人员如何灵活运用，并进行个性化和艺术化的处理。

（1）景区基本情况。景区基本情况包括景区概况、历史沿革、民间传说、历史或观赏价值、建筑特色和建筑风格、相关历史背景等。

（2）个人特色和提升。导游人员通过书籍或网络，更深入、系统地了解所在景区景点背景知识，比较国内外同类景区的特色，丰富自己对景区的理性认识，提出令人信服的个人见解，成为专家型导游。

（3）景区相关知识。导游人员掌握景区的管理规定、景区环境与文物保护知识、安全常识，并有机地融入景点讲解之中。

二、熟悉团队情况

如果是提前预约的旅游团队，导游人员应详细了解旅游团队的基本情况，如人数、类别（付费讲解或公益性讲解）、客源国或地区、抵达的具体时间等；若是临时性的旅游团队，导游人员则应简单迅速了解旅游团队基本情况，如成员的人数、文化水平、职业背景、在本景区的停留时间等，以便导游人员有针对性地进行导游服务。

三、做好物质准备

（1）准备好导游讲解的器材或工具，如话筒、耳麦、导游旗、洞穴游览中的照明工具等。

（2）准备好可以分发给游客的导游图或其他相关资料，如景区宣传图册等。

（3）按规定要求做好形象准备，如着装、标志的佩戴等。

四、讲解技巧和应变能力

在景区导游讲解过程中，游客会提出很多问题，还有的游客喜欢与景区导游人员讨论、争辩，甚至故意给景区导游人员出难题。这就需要景区导游人员有豁达的胸怀，不厌其烦、虚心好学、宽容待人，让每一位提问的游客都得到足够的尊重。

掌握熟练的讲解技巧是做好景区导游人员的关键。景区导游人员面对的游客每天每团都不同，导游人员必须根据游客的文化水平、知识结构、游览季节和时间的差异，随时变换自己的讲解内容和讲解风格，提高讲解的针对性。

在景区导游讲解过程中，会有许多意料之外的事故发生，丰富的应变能力是景区导游人员应对和处理突发事故的基础，有助于减少事故损失，留给游客美好的旅游感受。景区导游人员应该在带团前对游览中可能发生的各种意外作出预案，备好有关联系电话，当意外发生时，才能从容应对，妥善处理。

导游人员的应变能力和讲解技巧的培养不是一朝一夕的过程，需要在工作中不断有意识地提升和积累。

任务二 景区景点导游服务流程

◎任务介绍

景区导游服务的区域严格限定于所在景区，一般按次并结合语种收费，也有一些景区实行免费服务或将费用包含在门票、观光车等费用中，不再单独收取。由于景区旅游线路有长有短，景区导游人员就有步行、乘观光车等多种陪团方式。

◎任务导入

有一个旅游团队来张氏帅府参观，并指定你担任导游讲解工作。面对不同年龄、性别、职业、阶层的旅游团队，你能有针对性地开展工作吗？下面就请你带领大家一起去领略张氏帅府的历史魅力吧！

相关知识

一、接团并致欢迎词

景区导游人员一般在景区大门接团。见到团队后，导游人员应通过观察或向随团导游询问，简单了解旅游团队的基本情况，如成员文化水平和职业背景、在景区停留时间和旅游线路（根据游客时间并征求游客意见确定），要求态度热情友好，语言简单明了。然后，将游客集中起来，正式开始景区导游工作。

致欢迎词的地点一般选择在景区大门，时间是景区导游人员第一次面对游客时，内容包括向游客问好、介绍自己、表明热忱服务的态度，以及祝游客在本景区的游览活动取得圆满成功。

以张氏帅府为例：

尊敬的各位游客，大家好！首先让我代表自己和沈阳张氏帅府欢迎大家的到来。我是帅府的专职讲解员，我叫张小宁，您叫我小宁就可以了。很幸运有缘为各位服务。在我的讲解过程中，如果您有什么意见和建议，敬请提出，我将竭诚为大家服务。小宁在这里祝大家心情愉快……大家都是教师吧（游客说不是）！对不起，一见面就知道各位是有品位的游客。那敢问各位是……啊，大家都是白衣天使，敬佩敬佩！请问各位能在景区停留多长时间？（游客说一个半小时）那太好了，我们可以有充足的时间进行一次中国近代史的漫游。各位游客请注意，我们的游览开始了。

二、交代景区游览路线和注意事项

在致欢迎词后，交代景区游览路线和注意事项，地点选择在景区大门导游图前（个别景区门票上印有游览线路时，也可请游客边看线路图边听讲解）。景区导游应明确告知游客景区的构成部分，游客在本景区游览的主要路线和所需时间，景区游览注意事项等。讲解线路和注意事项时应简明扼要，尽可能让每一位游客听清楚，以免游客在景区走失。

以张氏帅府为例：

各位游客，您现在看到的是张氏帅府的模拟沙盘。张氏帅府又称大帅府或少帅府，是20世纪初北洋政府元首、陆海军大元帅张作霖及其长子张学良将军的官邸和私宅。帅府占地面积3.6万平方米，建筑面积2.76万平方米。它是由中院、东院、西院和院外几个不同时期、风格各异的建筑群构成的。中院是1914—1916年张作霖修建的具有传统风格的三进四合院，此院是仿清朝王府式建筑，青砖结构，坐北朝南，呈汉字的“目”字型，是帅府的早期公馆。东院是由小青楼、大青楼、帅府花园构成的。小青楼是1918年张作霖为他最宠爱的五夫人寿氏修建的，1928年“皇姑屯事件”中张作霖被炸成重伤，抬进此楼一楼会客厅内，并谢世于此，终年为54岁。大青楼是1922年建成的，仿罗马式青砖结构，此楼内有闻名遐迩的老虎厅，“杨常事件”就在这里发生。西院是1930年张学良为他七个弟弟和张作霖几个夫人修建的七幢具有北欧风格的红楼，地基刚刚打好时，就发生了“九一八事变”，工程被迫停工。我们现在看到的这七幢红楼是日本人委托原荷兰建筑公司在原基础上修建的，所以张学良和他的家人没有在这里居住过。东院外有一座日式的二层小楼就是赵四小姐楼，1929—1931年赵四小姐在这里居住过，她和张学良唯一的儿子张闾琳在这里生活了一年有余。赵四小姐楼前边是1925年修建的张家私家银行——边业银行，它当时是东北最大的银行之一，不仅拥有储蓄权，还拥有发行权。边业银行前边的同样是1925年修建的帅府办事处，又称帅府舞厅，当时很多重大的舞会都是在这里举行的。

各位游客，我们将首先游览院内部分，先走中院，再到东院，由于西院尚在维修，所以不对游人开放。然后，我们将去院外部分参观赵四小姐楼和边业银行。由于参观多数是在室内，游人又很多，请大家尽量保持安静，同时相互关照，不要走失。我们的参观大概历时40分钟。其余的时间大家可以自由参观，拍照留念。根据地陪的嘱托，请大家在11点整准时在正门处集合，谢谢大家合作！

三、讲解景区概况

在景区大门导游图前或能俯瞰景区全景的观景台、旅游服务中心介绍景区概况，也可与交代景区游览路线和注意事项同步进行。讲解内容包括景区名称由来、景区历史沿革、景区主要特色、景区品位和主要景点概况（地陪往往在途中会对景区概况做简短介绍，导游人员可以灵活掌握）。

以抚顺新宾赫图阿拉城为例：

在游览开始前，我先将这里的基本情况大致介绍一下。“赫图阿拉”是满语，汉译为横岗。横岗之上就是驰名中外的后金政权第一首府、清代第一都城——赫图阿拉城。赫图阿拉是清太祖努尔哈赤的祖居之地。在努尔哈赤出生之前，这里已经成为其祖父觉昌安的山寨。明嘉靖三十八年（1559年），努尔哈赤生于该城。明万历四十四年（1616年），努尔哈赤在这里创建了史称后金的大金国，登基称汗，从此开始了统一东北女真的大业。

赫图阿拉城依山而筑，居高临下，三面环水，垒土围廓，地势南高北低，具有易守难攻之势。赫图阿拉城分内外两城，方圆10平方千米。内城主要住着努尔哈赤的眷属、亲戚，外城住着他的精锐部队，全城居住2万余户，共计10万多人。当年的赫图阿拉外城，建有点将台、校场、仓库区和制造弓箭、铠甲的洪炉，这里是努尔哈赤演练兵马、囤积粮草、制造武器、驻扎部队的地方。内城则是政治、军事、文化的中心。内城设东、东南、北、南四门，四周是土石筑的城垣。这里不仅建有尊号台，即努尔哈赤登基称汗的金銮殿，还建有八旗衙门、驸马府、关帝庙、城隍庙、地藏寺和显佑宫。清王朝入关进京后，又在这里兴建了守尉衙门、理事通判衙门、启运书院、文庙、诸阁祠等。

然而，就是这样一座历史古都、文化名城，却毁于20世纪初在中国大地上爆发的日俄战争。1963年，赫图阿拉城作为满族的历史古城，被列为辽宁省重点文物保护单位。近年来，政府逐年投入资金，进行管理和修缮，使这座古老的城池逐渐恢复了历史原貌，成为国家AAAA级旅游景区。

现在，请大家随我一起进入老城参观游览。

四、沿游览线路带游客游览并提供讲解服务

从大门开始沿游览线路边游览边讲解。除团队时间有限不得不选择重点景点讲解外，应对沿途景点进行详细、全面的介绍。讲解中注意语音语速的控制，以每一位游客均能听清听懂为原则；每个景点讲完后，要给游客留下观赏和拍照的时间；等游客集中后再开始下一个景点的讲解；留意游客的动向，及时提醒掉队的游客尽快赶上；做好安全提示工作，保护游客的人身财产安全；对老、弱、病、残游客和儿童多加注意与关照；自始至终与游客在一起活动，不得擅离职守。

以张氏帅府为例：

各位游客，我们现在来到了张氏帅府的中院——三进四合院。您现在所处的位置是三进四合院的一进院，我们常说的外宅，东厢房当年是内账房，主要掌管帅府的一切开支；西厢房是承启处，内设文武承启官，当年来帅府公干的人员都要通过承启处的通禀才能受到张作霖的召见。一进院和二进院由一道绿色的镂雕屏门相隔，它叫垂花仪门，当年张家有重要访客来访时，张作霖会亲自打开仪门，访客通过仪门进入二进院，工作人员、随从和普通访客只能从回廊两侧绕行进入二进院。今天各位都是贵客，请大家通过仪门进入二进院。

通过仪门我们来到了二进院，二进院是三进四合院的核心部分，是张作霖早年办公和居住的重要场所。东西厢房当年是秘书长和普通秘书员的办公室。正房是张作霖1916—1922年的办公室、议事厅、卧室和书房。正房东面是张作霖当年的办公室和卧室，办公桌前端坐的张作霖蜡像是天津泥人张彩塑制作室依照老帅当年的照片以1∶1的比例制作的。张作霖是一个矮小精悍的人，实际身高只有1.58米，但他是地道的东北人，1875年出生于辽宁海城。悬挂在办公桌两侧的是我们后期临摹的张作霖的墨宝："书有未曾经我读，事无不可对人言。"意思是说：书有我张作霖没有读过的，但是我做的事没有不可以对别人说的。可见老帅当年心胸非常坦荡。卧室里悬挂的行书条幅也是后期我们临摹的张作霖的笔迹："智深需有忍，将勇贵能谋。"一个"忍"字，一个"谋"字，成就了张作霖一生的大业。正房西面是当年的议事厅和书房，议事厅两侧木柱上镌刻的是张作霖的墨宝："一丸塞函谷，三箭定天山"，让我们看到了老帅当年豪迈的气概。老帅出身贫寒，只念过三个月的私塾，但是他非常喜欢文化，重视文化，我们沈阳的最高学府东北大学就是当年他一手创办的。

穿过二进院的中厅我们来到了三进四合院的最后一个院落——三进院，三进院是早年张作霖几个夫人居住的地方，又称内宅。正房是二夫人和三夫人的居室，东厢房是四夫人的居室，我国海军参谋长张学思将军1916年出生在这里。张作霖的原配夫人赵夫人早逝于1912年，而帅府始建于1914年，因此赵夫人没有在帅府居住过。

大家现在所在的这个位置是帅府的东院。面前这座坐北朝南的仿罗马式大楼就是大青楼，因为它由青砖建成，故称大青楼。大青楼一楼南侧是于1929年1月12日成立的东北政务委员会的办公室，它当时是辽、吉、黑、热河四省的最高权力机关。东北角是著名的老虎厅，因其摆放了汤玉麟送给张作霖的两只东北虎标本而得名，这里是"杨常事件"的发生地，所以老虎厅声名远扬。杨宇霆和常荫槐是张作霖主政时期的权臣，深受张作霖的重用和信任。但老帅去世后，二人常以老臣自居，不把张学良放在眼里，公然与他作对。1929年1月10日张学良命警卫处长高纪毅等人在老虎厅内就地枪决了杨常二人。处决杨常二人后，少帅树立了威望，也稳定了东北的政局。大青楼内装饰最豪华的厅室就是位于正北的张家当年宴请贵宾和聚餐的宴会厅。一楼西侧是张作霖后期的办公室和卧室，大青楼建成后张作霖便把二进院正房的办公室搬到这里，处理一些日常军政事务，这里的办公室和卧室是相通的，就像现在的套间一样。请大家到二楼参观，二楼是张学良和原配夫人于凤至的卧室、起居室和张学良的办公室，张学良主政东北以后大力发展东北的建设，短短三年时间，东北创造了中国现代化建设的十项第一。

张作霖偏宠五夫人寿懿，1918年在大青楼前面特意为她修建了一座小青楼，小青楼也是青砖建成的，所以和大青楼呼应而称小青楼。一楼西屋是小青楼会客厅，1928年6月4日"皇姑屯事件"中张作霖被炸成重伤抬回帅府，就是在这里去世的。东屋是寿夫人的卧室。日本人制造"皇姑屯事件"就是想除掉张作霖，趁乱发动进攻。可是帅府内外消息都封锁严密，日本人无法得知张作霖的生死，于是派驻奉天总领事林久治郎的夫人以看望寿夫人的名义到帅府探听虚实。寿夫人在卧室里接待领事夫人，寿夫人身着红装，言谈举止一如平常，她的从容让领事夫人深信张作霖微受轻伤，只是受到惊吓暂时不能见客。日本人得知张作霖未死，不敢贸然行动。这也为张学良回到奉天赢得了宝贵的时间。请大家到二楼参观复原的六夫人房间和寿夫人子女房间。二楼西屋是六夫人马岳清的房间，"皇姑屯事件"中马夫人和张作霖同车并受轻伤，张作霖死时马夫人只有23岁。东屋是寿夫人子女房间，寿夫人与张作霖有四个儿子：学森、学俊、学英、学铨。东屋和西屋之间有一个明亮的大厅，是当年张作霖、寿夫人和子女休闲聚餐的场所，当年张作霖大多时间都在小青楼与寿夫人和子女一起进餐。

帅府东院外有一座赭红色的二层日式小楼，就是赵四小姐楼，因1929—1931年赵四小姐在这里居住过而得名，后期又称之为赵一荻故居。赵四小姐楼总占地面积587平方米，建筑面积472平方米。一楼是门厅、餐厅、琴房，赵四小姐经常在琴房练琴，赵四小姐可以说是一位才女，会说英语，会弹钢琴；二楼是办公室、书房、卧室、用人房。赵四小姐楼是日式建筑，每个房间都是相通的。赵四小姐楼装饰豪华，有中式的描金彩绘，还有西式雕塑廊柱，是中西艺术的完美结合。

整个帅府到这里就全部参观结束了，很感谢大家的配合，希望您对我的服务还满意。

五、讲解结束时致简短的感谢词

感谢词的内容包括：对所游览的景点进行小结；诚恳地征求游客对自己工作的意见和建议；欢迎游客下次光临，并祝愿游客一路平安。

以张氏帅府为例：

整个帅府到这里就全部参观结束了，在短短的40分钟内，我们做了一次中国近代史的漫游，不知您是否记住了“杨常事件”的大青楼，是否记住了“秘不发丧”的小青楼，还有一代红颜的“赵四小姐楼”。感谢大家的支持和配合，如有不周，敬请原谅。诚恳地希望您提出意见，留下建议。如果您满意了，请您告诉您的朋友；如果您不满意，请您告诉小宁，小宁感谢您提供的这次免费培训的机会。再次感谢您的光临，让我们后会有期！

德技兼修8-1　　王紫萱：导游将是我终生的职业

“今天，我和家人一起到成吉思汗陵游玩，感觉好开心。导游为我们讲解了陵墓内壁画的来历，他的口才非常棒，我很感兴趣，我也好喜欢导游这份工作呀。”这是王紫萱在读小学五年级时写下的日记。多年后，少时的梦想终于开花结果，2012年大学毕业后，她成为内蒙古自治区鄂尔多斯蒙古源流文化产业园区的一名导游。

谈及为什么会选择这个职业时，王紫萱表示，毕业时非常希望自己能为家乡、为社会发挥一些作用，“我的家乡是鄂尔多斯市伊金霍洛旗，这里旅游业不是很发达，但我想只有成为一名导游，才能真正参与到行业里。个体力量虽小，但点滴的溪流总能汇聚成江海。”

“其实我并不是科班出身，刚刚上岗时也会担心自己业务不够熟练。导游需要知识积累，我们需要成为‘上知天文，下晓地理’的杂家。”王紫萱大学读的是经济学专业，为了尽快入门，她买了很多蒙元文化的相关书籍，增加知识储备，几乎每天“泡”在园区熟悉路线、练习讲解。

凭借着一股不服输的韧劲和过硬的业务能力，王紫萱一战成为第四届全国导游大赛的银牌导游员，而在参加总决赛时她已经怀孕七个月。面对来自全国各地的“强劲对手”，从与64位选手进行客观题“PK”到30进20、20进10晋级赛，再到10强选手实地带团，王紫萱毫不畏惧，每一项都没有缺席。

“比赛的强度和压力确实非常大，有时晚上只能休息两三个小时，尤其在实地带团环节身体稍稍有些吃不消，途中说话都有些喘。但我并不觉得辛苦，既然来参赛就要坚持，这是作为导游的素养。我跟其他选手是一样的，宝宝反而给了我战胜困难的勇气。”王紫萱充分运用比赛间隙的“碎片化”时间，看书、背诵题目、查找资料，确保比赛时能够万无一失。

“热爱”是采访时王紫萱提及最高频的词汇。“态度也很重要，每一次我们怎么对待游客，可能你的收获是不一样的，如果做这份工作的态度是敷衍的，就不会收获太多，更不能体会到这份职业带来的荣誉感。我真的很喜欢导游这个职业。”鄂尔多斯蒙古源流文化产业园区面积较大，游客在园区内游览时需要乘坐电瓶车。一个夏天的中午，游客乘坐的电瓶车忽然没电，王紫萱在及时联系其他车辆的同时，组织游客们拍照，还自己出钱给大家买了雪糕，直到等到替换的电瓶车来，游客们几乎没有一句抱怨。王紫萱对待工作的热忱也换来了游客的真心相待，“之前带团时，当游客看出我怀孕了，会时常关心我累不累、有没有不舒服，他们的关心和爱护让我非常感动，更收获了成长。”

王紫萱在提到自己的家乡时充满了自豪，“内蒙古有蓝天白云、青山绿水，还有美酒、奶茶，这里是歌的海洋、舞的故乡。只要你会走路，就能骑马，只要你会说话，就能唱歌。我非常希望把美丽的内蒙古介绍给外地的朋友。”

对于全国巾帼建功标兵的荣誉，王紫萱依旧是以平常心来对待。“既然国家给予了我这份荣誉，我就要担得起它，以后在工作岗位上更加努力。我参加导游大赛时是初级导游，希望以后能够更进一步，考下中级和高级导游证书，创立金牌导游工作室，尽自己的全力为家乡服务。”

资料来源：唐伯侬. 王紫萱：导游将是我终生的职业［N］. 中国旅游报，2021-03-09（6）.

思政元素：献身行业　精益求精

学有所悟：导游工作意味着忙碌、责任和担当，正因为有导游人员的坚守和热爱，才会有游客的温暖和美好。导游群体要想获得社会尊重、获得更好的执业环境，内生动力才是最根本的。只有自身强大起来，社会各界才能看见和重视导游群体。未来，导游业一定会成为一个受尊重的行业，因为导游人员不仅是服务者，还是文化和美的传播者。

任务实施与评价

实训项目：景区调研

实训步骤：

1. 学生以小组为单位，到当地景区，了解定点导游人员的纪律要求、着装要求、讲解器材配备、环境和文物保护要求、景点解说词。

2. 设定游客的文化层次和职业背景，以某景区景点导游人员的身份，有针对性地设计一段欢迎词并进行模拟展示。

实训要求：

1. 学生以小组为单位，为当地某一景区景点进行模拟导游讲解，并注重讲解技巧和应变能力的培养。

2.以当地某旅游景点为背景，以小组为单位设计景点示意图前的解说词并进行模拟展示，并交代清楚游览路线和注意事项。

3.以小组为单位，撰写当地某景区景点的概况并进行模拟展示。

考核评价：小组间进行成果分享，遵循计划性、针对性、灵活性原则，教师对学生模拟导游讲解进行评价。

项目自测 8-1

答案提示

项目自测

1.景区讲解员要熟悉团体的哪些信息？

2.讲解景区概况主要讲解哪些内容？

9 项目九　地陪导游服务程序与规范

项目概述

导游服务工作是整个旅游服务过程中的核心和纽带，它把向旅游者提供的餐饮、住宿、交通、游览、购物、娱乐等服务环节连接起来，使相应部门的产品及服务得以实现，旅游者在旅游过程的种种需要得到满足。导游服务工作在此过程中实现其经济价值、社会价值，并发挥特有的政治功能，在旅游接待的全过程中起着关键作用。导游工作繁杂多变、服务范围广泛，而地陪和全陪导游服务工作在所有导游人员的服务中是最典型、最基础的，因此本章将重点介绍地陪的工作程序和规范。

学习目标

知识目标

1. 掌握地陪导游服务准备工作内容，包括接站服务、入店服务工作内容及程序。
2. 了解地陪导游服务工作要素。
3. 熟练掌握参观游览工作过程及注意事项。
4. 掌握并做好送站服务以及后续工作。

能力目标

1. 能够熟练操作地陪导游服务工作，注意细节处理。
2. 能够独立完成本地区一日游的地陪工作。

素养目标

1. 培养学生较高的职业道德修养。
2. 增强学生的服务意识，践行社会主义核心价值观。

任务一 准备工作

◎任务介绍

地方陪同导游人员是旅游计划在当地的具体执行者。地陪提供的导游服务是旅游团队在当地顺利进行参观游览活动，并帮助旅游者在当地充分享受旅游产品的使用价值的重要保证。在当地导游服务过程中，地陪应按时做好旅游团队在本地的迎送工作；严格按照旅游接待计划做好旅游团队在本地参观游览过程中的导游讲解工作和计划内的食宿、购物、文娱等活动的安排；妥善处理各方面的关系和出现的问题。

◎任务导入

做好充分的接团准备工作，是整个导游工作顺利完成的重要保证。地陪的准备工作主要是业务准备、知识准备、物质准备、形象准备和心理准备。

相关知识

一、业务准备

1.熟悉、研究计划

地陪在旅游团队抵达前应认真阅读旅游团队接待计划表和有关资料，详细、确切地了解该旅游团队的基本情况、日程安排及服务项目和要求，重要的事宜记录在陪同日志本上。根据旅游团队接待计划，地陪要分析、掌握的内容有：

（1）组团社联络人的姓名及电话号码。

（2）境外组团社名称、旅游团队团号（境外组团社/国内组团社）、境外组团社自订房号、国籍、语种、收费标准和方式、境外领队或全陪的姓名。

（3）团队构成情况，如国籍（省份、城市）、人数、姓名、性别、年龄、职业、文化层次、宗教信仰、风俗及饮食习惯等。

（4）全程旅游线路、入出境地点及时间，以及旅游团队上一站所乘交通工具及班次、抵达时间。

（5）赴下一站的交通票据是否订妥、与原计划有无变更及变更后的落实情况。

（6）有无返程票。若有返程票，则要查明落实情况。

（7）掌握团队的特殊要求和有关注意事项，如会谈、拜会、宴请、交流、风味餐、交通及需要特殊照顾的老弱病残者等情况。

（8）是否有需要办理通行证的游览项目。若有这类游览项目，则要提前办好有关手续。

（9）有无增收费用的项目，如旅游车超公里费、额外游览项目、行李费等。

（10）了解旅游团队的接待标准及服务范围，如团内有无2周岁以下婴儿、12周岁以下儿童，餐饮标准，是否要提供残疾人服务等。

以上内容可以根据旅游团队接待计划（见表9-1）和旅游协议（合同）书进行

分析。

表9-1　　　　　　　　　×××旅游团队接待计划

<table>
<tr><td>旅行社名称</td><td colspan="3">（盖章）</td><td>电话</td><td></td></tr>
<tr><td>团号</td><td></td><td colspan="2">游客类别：国内/国际</td><td>游客人数</td><td>成人：　儿童：</td></tr>
<tr><td>组团社名称</td><td></td><td>全陪姓名及手机号</td><td></td><td>领队姓名及手机号</td><td></td></tr>
<tr><td>导游姓名及手机号</td><td></td><td>专职/兼职</td><td></td><td>导游证号</td><td></td></tr>
<tr><td>任务时间</td><td colspan="3">年　月　日至　年　月　日</td><td>天夜</td><td></td></tr>
<tr><td rowspan="3">交通情况</td><td>抵达</td><td colspan="4">交通工具：　航（车）次　月　日　时</td></tr>
<tr><td>离开</td><td colspan="4">交通工具：　航（车）次　月　日　时</td></tr>
<tr><td>旅游车</td><td colspan="4">车型：　座位数：　司机：　手机号：</td></tr>
<tr><td>住宿饭店</td><td colspan="3"></td><td>住宿天数</td><td></td></tr>
<tr><td>游览景点</td><td colspan="5"></td></tr>
<tr><td>用餐地点</td><td colspan="5"></td></tr>
<tr><td>其他安排</td><td colspan="5"></td></tr>
<tr><td>计调部负责人</td><td colspan="3"></td><td>电话</td><td></td></tr>
<tr><td>注意事项及有关说明</td><td colspan="5"></td></tr>
</table>

注：1.旅行社须按要求填写，并加盖公章；2.详细游览活动日程可做附件；3.导游人员在接待游客时，须携带此计划表，并不得擅自改变计划表确定的行程；4.此计划表一式两份，一份由旅行社存档，一份由导游人员携带供旅游管理部门检查。

2.落实接待事宜

地陪应在旅游团队抵达的前一天，与旅行社各有关部门或人员联系落实，检查旅游团队的交通、住宿、行李运输等事宜。

（1）落实旅游车辆。地陪应提前与派车汽车公司联系，了解接待车辆的车型、车牌号及车内设备的完好程度，并对以上情况作书面记录；与司机约定碰面地点和出发时间（准确估计时间，提前半小时到达碰面地点）；接待大型旅游团队时，须在车上贴有醒目的编号或接待标记。

（2）落实住房。地陪应熟悉旅游团队所在饭店位置、概况、服务设施和服务项目；核实旅游团队所订房型、房间数、是否含早餐等。如有必要，特别是接待重点团队，地陪可亲自前往饭店向有关人员当面了解团队排房情况，主动介绍团队的特点，与饭店销售及接待人员事先沟通，并配合做好接待工作。

（3）落实用餐。地陪应提前与各有关涉外团体餐厅联系，确认旅游团队日程中所含的每一次用餐情况。在预订用餐时，须讲明旅游公司名称、团号、人数、国籍（地区、城市）、餐饮标准、用餐日期和餐次、特殊要求等。如果游客有特殊要求，那么地陪可请餐厅提供菜单给游客，并记录接待人员的姓名和预订时间。

（4）落实行李。地陪应提前向旅行社有关人员了解旅游团队是否配备行李车，以及行李员的姓名、电话号码和会面地点（游客行李自带的情况除外）。

（5）了解景点情况。对不熟悉的景点，地陪应事先了解行车线路、景点设施、位置及营业时间等情况；必要时，地陪可以先去踩点，以保证旅游活动的顺利进行。

（6）与全陪联系。如果所接待的旅游团队是入境团（首站抵达），地陪则应主动询问全陪情况，并与全陪取得联系，约定碰面地点和时间，一起提前前往机场（车站、码头）迎接旅游团队。

二、知识准备

在接团前，地陪要根据旅游团队的特点和参观游览项目的安排，对自己和所接待的游客有充分的了解，做到知己知彼。

1.参观游览项目知识准备

根据接待计划上确定的参观游览项目，对重点内容，特别是自己不太熟悉的内容，要提前做好准备，特别是语种导游员，要做好提供外语服务的专业词汇和导游知识方面的准备。

2.游客信息准备

针对旅游团队大部分成员所从事的职业，通过上网查询、阅读报刊等做好相关专业知识准备。准备好旅游者可能感兴趣的热门话题、国内外重大新闻等。

3.即时信息准备

即时信息是指经常变化的信息，如导游人员应及时了解天气、交通、汇率等情况。

三、物品准备

1.领取必要的票证、表格及费用

地陪出发前要到旅行社相关部门领取团队接待计划表、团队名单、旅行社服务质量反馈表、餐饮结算单、门票结算单、团队费用拨款结算单等。地陪一定要注意，在填写各种票据时，具体数目一定要与该团的实到人数相符，人数、金额都要大写。旅行社餐饮结算单见表9-2。旅游景区门票结算单见表9-3。

表9-2　×××旅行社餐饮结算单

年　月　日　　　　编号：

团号	项目	数量	单价	金额	
	游客餐费				
	陪同餐费				
	酒水费				
合计					
导游员姓名		导游证号		旅行社签发人	
接待单位		经手人		会计	

表9-3 ×××旅游景区门票结算单

年 月 日　　　　编号：

旅行社名称		时间	
团号		客源地	
团队人数（大写）		购票金额（大写）	
旅行社签发人		售票员	
导游员姓名		导游证号	

2.准备工作物品

导游证、导游旗、扩音器、旅游车标志、宣传资料、行李牌（或行李标签）、导游图、通迅录等。

3.准备个人用品

工作包、防护用品（帽、伞、润喉片）、必备现金、记事本、手机等。

四、形象准备

导游人员在工作一开始就应注意树立自己的良好形象。第一印象之所以重要，是因为它常常关系着旅游者的信任，它会在陌生的旅游者心目中留下深刻的印象，成为对你最终评价的参考。导游人员是一名旅游服务人员，但旅游者往往首先将其看成一名当地人，是城市的形象。因此，导游人员自身的形象不仅仅是个人的行为。

知识链接 9-1 准备阶段礼仪

形象美，主要是指人的内在美和外在美。内在美需长期努力培养，不是一朝一夕可以准备出来的。外在美经过修饰即可达到，所以地陪每次上团前要做好仪容、仪表方面的准备。

五、心理准备

导游人员需要具备良好的心理素质，在接团前可以在以下方面做好心理准备：

1.准备面临艰苦复杂的工作

导游工作既是一项脑力劳动，又是一项体力劳动。除了按照导游工作规范，热情地向旅游者提供正常的导游服务外，对需特殊照顾的旅游者还要提供个性化服务。在接待工作中，常有可能会发生各种各样的问题与事故，需要导游人员去面对和处理。

2.准备承受抱怨和投诉

在旅游接待过程中，有时导游人员已尽其所能向旅游者提供热情周到的服务，由于其他接待环节出现差错或非人为因素造成旅游过程中的不愉快，导致旅游者的抱怨和投诉，甚至还有一些旅游者会无故挑剔或提出苛刻要求，为此导游人员必须有足够的心理准备，冷静、沉着地面对，并以自己的工作热情感化旅游者。

3.准备面对各种“旅游污染”

在接待过程中，导游人员必须具备高尚的情操，时刻准备面对各种“旅游污染”，包括“精神污染”和“物质诱惑”。

任务二　接站服务

◎任务介绍

接站服务是指地陪前往机场（车站、码头）迎接旅游者，并将旅游者转移到下榻饭店过程中所要做的工作。接站服务在整个接待服务过程中至关重要，其服务质量的好坏直接影响以后的工作。

◎任务导入

接站服务是地陪和游客的第一次直接接触，这一阶段的工作直接影响以后接待工作的质量。地陪应使旅游团队在迎接地点得到及时、热情、友好的接待，了解在当地参观游览活动的概况。这一阶段可具体分为旅游团队抵达前的服务、旅游团队抵达时的服务和转移过程中的服务。

相关知识

一、旅游团队抵达前的服务安排

在旅游团队未到达之前，地陪应做好以下工作：

1.确认旅游团队所乘交通工具的准确抵达时间

地陪出发前，应向机场（车站、码头）问讯处问清所接旅游团队所乘航班（车次、船次）的准确抵达时间（一般情况下，至少应在飞机抵达预定时间前2小时，火车、轮船抵达预订时间前1小时向问讯处询问）；地陪应做到三核实，即核实计划表时间、向问讯处确认时间、与全陪或领队确认时间。

2.与旅游车司机联络，提前抵达接站地点

地陪联系司机商定出发的时间和碰面地点，确保应提前半小时抵达机场（车站、码头）。与司机碰面后，告知活动日程和具体安排。到达接站地点后与司机商定车辆停放位置。

3.与行李员联络

如果旅游团队已配备行李车，地陪应提前与行李车司机或行李员取得联系，告知旅游团队的名称、人数及行李运送地点，了解行李抵达饭店的具体时间。

4.再次核实航班（车次、船次）抵达的准确时间

地陪在落实上述工作后，还须再次向问讯处确认或通过航班（车次、船次）抵达显示牌确认航班（车次、船次）准确抵达时间。如果被通知所接航班（车次、船次）晚点，推迟时间不长，那么地陪可留在接站地点继续等候旅游团队；如果推迟时间较长，那么地陪应立即与旅行社有关部门联系，听从安排，重新落实接团事宜。

5.持接站标志迎候旅游团队

在旅游团队出站前，地陪应站在出口处醒目位置，亮出接站标志，面带微笑热情

迎候旅游团队。接小型旅游团队或无领队、无全陪的散客旅游团队时，要在接站牌上写上游客姓名，以便游客能主动与地陪联系。

二、旅游团队抵达时的服务

旅游团队抵达时，地陪应做好以下工作：

1.认找旅游团队

旅游团队所乘航班（车次、船次）的游客出站时，地陪要设法尽快找到所接旅游团队。地陪持导游旗或接站牌站在明显的位置上，让领队或全陪（或游客）前来联系，同时地陪应根据旅游团队的民族特征、语言、衣着、组团社徽章和人数等作出判断，或主动询问，问清该团全陪、领队（或游客）姓名、人数、国名、团名，一切相符后才能确定是否是自己所要接待的旅游团队。

2.核实人数

地陪在找到所要接待的旅游团队后，向领队（或游客）做自我介绍，及时向领队和全陪核实实到人数，若与计划人数不符，则要及时通知旅行社，以便作出相应的调整。

3.集中清点行李

如果旅游团队是乘坐飞机抵达的，地陪则应协助该团旅游者将行李集中到指定位置，提醒他们检查各自行李物品的件数以及是否损坏。如果在检查过程中发现有行李未到或有破损现象，地陪则应协助当事人到机场失物登记处或相关部门办理行李丢失登记和赔偿申报手续。

若旅游团队配备行李车，地陪则应与领队、全陪、行李员一起清点并核实行李件数，还要填写好行李卡（一式两份），行李卡上应注明团名、人数、行李件数、所下榻饭店。一式两份，地陪与行李员双方签字。

4.询问团队情况

地陪应向领队询问团内旅游者的身体状况和有无特殊要求，如团队系白天到达，则应与全陪、领队商定是先去饭店，还是直接进行游览。

5.集合登车

地陪要提醒旅游者带齐手提行李和随身物品，引导其前往乘车处。旅游者上车时，地陪应站在车门一侧恭候游客上车，并向游客问好，必要时可助其一臂之力。旅游者上车后，应协助其就座，放置好行李，礼貌地清点人数，等所有人员到齐坐稳后，方可示意司机开车。

三、旅游团队赴饭店途中的服务

导游人员带领旅游者离开机场（车站、码头）前往下榻饭店的行车途中，是导游人员给游客留下良好第一印象的重要环节。地陪在此过程中要做好以下工作：

1.致欢迎词

一般情况下，在游客上了旅游车后赴饭店途中致欢迎词，但如果遇到有重要游客（VIP）前往迎接，或在机场逗留时间较长，或旅游团队人数较多不能保证每辆车上都有陪同时，则可在机场（车站、码头）致欢迎词。欢迎词的内容应视旅游者的国籍、年龄、文化水平、职业、居住地区及旅游团队性质和旅游季节等不同而有所不同，说话要符合导游人员身份，做到诚恳亲切、简明扼要。

一般来讲，地陪欢迎词的内容包括：

（1）问候语：向游客问好、问候。

（2）欢迎语：代表导游人员所在的旅行社和本人热忱欢迎旅游者来本地（中国）观光游览。

知识链接 9-2
地陪欢迎词

（3）介绍语：介绍自己和司机的姓名及所属旅行社名称。

（4）期望语：表明自己提供服务的意愿和希望得到合作的愿望。

（5）祝愿语：预祝旅游愉快、顺利。

2. 调整时差

接待首次入境团时，地陪要介绍两国（两地）时差，请旅游者调整好时差，并告知在今后的游览中将按北京时间为作息时间标准。

3. 首次沿途导游

在沿途导游时，地陪应充分展示自己的专业知识和工作能力，让旅游者对导游人员产生信任感和满足感，从而在他们心目中树立导游人员的良好形象。首次导游的内容主要包括：

（1）风光导游。地陪应向旅游者介绍沿途所见到的有代表性的景物。讲解时，注意触景生情、点面结合、简明扼要；注意讲解速度和旅游车行进速度相一致并准确地对景物进行指向；适当采用类比的方法，使旅游者听后更有亲切感和对比感。

（2）风情导游。在进行沿途景物导游时，地陪应适时地介绍当地的政治、经济、历史、文化、风土人情、土特产品及注意事项。

（3）宣布当日活动日程。对一般观光旅游团队而言，在旅游车上就可以确定行程，地陪在沿途讲解时向旅游者宣布当日活动行程安排。

（4）饭店简介。当旅游车快抵达饭店前，地陪应向旅游者介绍所下榻饭店的基本情况，如饭店的名称、位置、离机场（车站、码头）的距离、星级、规模、主要设施及设备的使用方法、入住手续等（根据路途距离和时间长短酌情增减，也可以在入店时进行介绍）。有时，根据旅行社作业规定，导游人员向旅游者分发旅游资料和公司徽章等物品。

知识链接 9-3
首次沿途导游注意事项

4. 宣布第二天的集合时间、地点及停车位置

旅游车驶至下榻饭店，地陪应在旅游者下车前向全体团员讲清并请其记住车牌号码、停车位置、集合地点和时间；提醒旅游者将手提行李和随身物品带下车；向司机交代清楚第二天早餐和旅游团队出发的准确时间。

任务三　入店服务

◎ 任务介绍

地陪服务应在游客抵达饭店后尽快办理好入店手续，进住房间并取到行李，让游客及时了解饭店的基本情况和住店的注意事项，知道当天或第二天的活动安排。

◎ 任务导入

入住饭店是游客结束一天的疲惫准备休息的开始，这个过程全陪的责任更大一些，但是地陪对当地情况和酒店周边情况更为了解。那么，地陪要积极主动地完成哪些入住的相关工作呢？

相关知识

一、协助办理住宿手续

（1）旅游者到达饭店后，地陪可以在饭店大堂内指定位置让旅游者稍作等候，并尽快向饭店接待处告知团队名称、订房的旅行社。

（2）协助领队或全陪填写住房登记表，向饭店提供旅游者的有效证件。拿到住房卡（房间号）后，请领队根据准备好的分房名单分配房卡（国内旅游的单位组团无领队，可请团长分房；散客拼团无领队也无团长，可请全陪分房）。

（3）地陪应记下全陪、领队和全团成员的房号，并将自己的联系方式或电话号码、房间号（若地陪住在饭店）告知全陪和领队，还可向饭店前台领取印有饭店名称、地址、电话的饭店卡分发给游客。

二、介绍饭店设施和服务项目

地陪在协助办理完旅游团队入住手续后，应向全团介绍饭店内主要设施、设备，并带领游客到电梯或楼梯处。

（1）地陪介绍外币兑换处、商场、娱乐场所、公共洗手间、早餐厅、安全通道等设施的位置。

（2）地陪指出旅游者所在房间、楼层的位置，房间门锁的开启方法。

（3）地陪提醒旅游者住店期间的注意事项及各项服务的收费标准。

三、带领旅游团队用好第一餐

旅游团队第一餐安排在旅游者进房前还是进房后，要根据旅游者入店时间和旅游者的需求而定。

（1）地陪应与旅游团队全体成员约定集中用餐的时间和地点。

（2）等全体成员到齐后，地陪带领旅游者进入餐厅，向餐厅领座服务员询问本团的桌次，然后带领旅游团队成员在指定的餐桌入座。

（3）等团员坐定后，应向旅游者介绍就餐的有关规定，如哪些饮料包括在费用之内，哪些不包括在费用之内；若有超出规定的服务要求，费用由旅游者自理等，以免产生误会。

（4）地陪还应向餐厅说明团内有无食素旅游者，有无特殊要求或饮食忌讳。

（5）将领队介绍给餐厅经理或主管，以便直接联系。

（6）等游客开始用餐，地陪方可离开餐桌并祝大家用餐愉快。

（7）如果所带旅游团队的第一餐安排在外宴请、品尝风味餐或用便餐，地陪必须提前通知定点餐厅旅游团队的抵达时间、团名、国籍、人数、标准和要求等。

四、重申当天或第二天的活动安排

地陪应向全团旅游者重申当天或第二天的日程安排，包括叫早时间、早餐时间和地点、集合地点、出发时间等；提醒旅游者做必要的游览准备。一般可选择在第一餐将要结束、旅游者还未离开之前重申。

五、照看行李进房及处理问题

旅游者进房时，地陪应到旅游团队所住楼层查看住房情况，并负责核对行李，督促行李员将行李送至旅游者的房间。旅游者进房以后常常会发生以下问题：门锁打不开；客房不符合要求；房间不够整洁卫生；重复排房；室内设施不全或有损毁现象；卫生设施无法使用；电话线或网络线不通等问题。这时地陪要协助饭店有关部门及时处理。同时，还会发生行李没有及时送到，或个别旅游者没有拿到行李、错拿行李、行李有破损等情况。这时地陪应尽快查明原因，采取相应的措施。

六、确定叫早时间

地陪在向全团旅游者重申当天或第二天的日程安排前，应与领队、全陪一起商定第二天的叫早时间，并通知饭店前台，办理旅游团队的叫早手续。

任务四　核定日程

◎任务介绍

旅游团队开始参观游览之前，地陪应与领队、全陪商定本地节目安排，并及时通知到每一位游客。核对、商定日程是旅游团队抵达后的一项重要工作，可视作两国（两地）间导游人员合作的开始。旅游团队在一地的参观游览内容一般已明确规定在旅游协议书上，而且在旅游团队到达前，旅行社有关部门已经安排好该团在当地的活动日程。即便如此，地陪也必须进行核实和商定日程的工作。因为游客有权审核活动计划，也有权提出修改意见。导游人员与游客商定日程，既是对游客的尊重，也是一种礼遇。领队希望得到他国（他地）导游人员的尊重和协助，商定日程并宣布活动日程是领队的职权。特种旅游团队除参观游览活动外，还有其他特定的任务，商定日程显得更为重要。

◎任务导入

旅游计划从拟定到实施通常会经过一段时间，主观和客观情况都有可能发生变化，因此核实和商定日程就成为全陪和地陪开始工作的首要环节。那么，双方具体要怎样核对呢？出现双方日程不同的情况又应该如何处理呢？

相关知识

一、核实、商定日程的时间、地点和对象

商定日程的时间在旅游团队抵达的当天，最好是在游览开始前进行。对一般观光旅游团队，甚至可以在首次沿途导游过程中，在宣布本地游览项目时用最短的时间确

定日程安排，也可以在旅游团队进入饭店、待一切安排完毕后再进行确定；对重点团、学术团、专业团、交流团、考察团，则应较慎重地在旅游团队到达饭店后进行商定。商谈日程的地点可因地制宜，一般在饭店的大堂，有时可以在旅游车上，对重点团、记者团、考察团等，必要时也可以租用饭店会议室。商谈日程的对象可视旅游团队性质而定，对一般旅游团队可与领队、全陪商谈，也可以由领队请团内有名望的人参加，如旅游团队没有领队，则可与全团成员一起商谈；对重点团、专业团、交流团，除领队、全陪外，还应请团内有关负责人一起参加商谈。

二、商定日程出现不同情况的处理措施

（1）对方提出修改意见或提出增加新的游览项目，地陪应及时向旅行社有关部门反映，在不违反旅游合同的前提下，对合理而可能的要求应尽力予以满足，但需要由对方提供修改的书面证明材料，如需增收费用，地陪应事先向领队或旅游者讲明，并按规定的标准收取；对无法满足的要求，要做详细解释、耐心说服工作。

（2）对方提出与原日程不符且涉及接待规格的要求，作为地陪一般应婉言拒绝，并说明我方不便单方面违反合同。当遇到特殊情况并由领队和全体游客提出时，地陪必须请示旅行社领导，根据领导指示而定。

（3）领队手中的计划与地陪的接待计划有部分出入，地陪应及时报告旅行社，查明原因，分清责任。倘若责任在我方，地陪应实事求是地说明情况，并致歉。倘若非我方责任，地陪也不应指责对方，必要时，可请领队做好解释工作。

任务五　参观游览

◎ 任务介绍

参观、游览活动通常在日间进行，也称“日间活动”，是旅游者活动最重要的部分，是旅游产品实施的核心内容，也是导游服务工作的中心环节。地陪必须按照规范要求提供优质服务，要认真准备、精心安排、热情服务、主动讲解。

◎ 任务导入

参观游览是游客最期待的环节，也是地陪向游客展示旅游地风貌和个人职业能力的重要机会。那么，导游人员在参观游览过程中，都要做哪些工作呢？

相关知识

一、出发前的服务安排

（一）提前到达出发地点

地陪应至少提前10分钟到达集合地，督促司机做好出发前各项准备工作，若有必要地陪则应在游客早餐时抵达，以便照顾游客用餐，了解情况、解决问题。

（二）清点核实人数

若发现有旅游者未到，地陪则应向领队或其他旅游者问明情况，设法及时找到。

若旅游者自愿留在饭店或不随团活动，地陪则要问明情况，并作出妥善安排。

（三）提醒注意事项

地陪应向旅游者预报当日的天气情况和游览地点、地形、行走线路等情况，必要时提醒他们带好衣物、雨具、合适的鞋等。

（四）落实用餐事项

地陪要提前落实旅游团队当天的午餐和晚餐，对用餐地点、人数、标准及特殊要求逐一核实确认。

（五）准时集合出发

游客上车时，地陪应恭候在车门一侧，热情地招呼游客，扶助有需要的游客上车，待游客坐稳后，再次清点人数，准时出发。

二、抵达景点途中的导游服务

（一）宣布当日日程

地陪在前往景点途中，首先向旅游者寒暄问候，然后宣布（重申）当天的活动日程，包括去程所需时间、每个游览项目所需大致时间、午餐和晚餐的时间及地点。若遇有需要乘船或乘坐缆车的项目，地陪则要说明准确的乘坐时间、地点，并提醒注意事项。

（二）沿途导游

地陪在沿途讲解时要不失时机地、有选择地介绍途中所见景物，介绍本地风土人情，回答旅游者提出的问题。讲解时要注意所见景物与介绍“同步”，并留意观察旅游者的反应。根据团队情况适当介绍国内外重要新闻和热门话题，播放影像资料，或视情况组织娱乐活动。

（三）介绍游览景点

在到达游览景点前，地陪应简明扼要地介绍景点概况，包括历史沿革、艺术价值、形成原因、景观特色等，以激起旅游者游览的欲望。

三、抵达景点后的导游服务

（一）交代注意事项

抵达景点下车前，地陪应向旅游者讲清该景点停留时间以及参观游览结束后的集合时间和地点。提醒旅游者记住旅游车的型号、颜色、标志、车牌号。在景点示意图前，地陪应向旅游者讲解游览线路，提醒游览注意事项，如禁止吸烟、不能拍照等。

（二）游览中的导游讲解

在景点导游服务过程中，地陪应保证在计划时间和费用内，使旅游者充分地游览、观赏，做到“导”和“游”相结合、适当集中和分解相结合、劳逸相结合。地陪在景点导游讲解时，要做到心中有数，先讲什么、后讲什么，中间穿插讲什么典故和趣闻故事都要预先设计；讲解内容翔实、语言流畅；讲究讲解方法和技巧，并观察旅游者的反应；灵活调整讲解内容和速度；力求做到有声有色、情景交融、详略得当、有虚有实，给旅游者以生动、形象、具体、亲切、灵活的感受。

（三）注意旅游者的动向

在游览过程中，地陪应注意观察周围环境，留意旅游者的动向，保证旅游者的安全。地陪与领队、全陪一起密切配合，随时清点人数，特别关照老弱病残者，防止旅游者在游览过程中走失，提醒旅游者在游览过程中保护好自身财物，防止意外事故的发生。

四、参观活动中的导游服务

参观也是旅游活动的重要组成部分，有助于旅游者对当地居民生活方式的了解。所以在参观活动时，导游人员必须做好以下工作：

（一）参观前的准备工作

若安排旅游团队到工厂、农村、学校、社会福利机构等单位去参观，地陪则应事先做好提前联系落实工作，问清楚前往人数、参观时间、参观内容；了解宾主之间是否有礼品互赠，若礼品系赠送给外宾的应税物品，则要提醒有关人员缴税，保存发票和证明，以备旅游者出关时海关查验；还要提前联络，落实接待人员。

（二）参观时的导游翻译工作

到达参观景点后，地陪应及时联系接待人员，并向旅游者做介绍，提醒参观时的注意事项。在参观景点主方人员向旅游者做介绍时，地陪要认真做好翻译工作，翻译时如遇介绍者语言有不妥之处，或涉及有价值的经济信息，地陪要严格把关，予以提醒。如果参观者系华侨或本国旅游者，地陪则无须做翻译，只需做协助工作。

五、回程中的导游服务

回程中的导游服务是指一天的游览活动即将结束，从最后一个参观游览点返回饭店途中的导游服务工作。地陪在这一过程中应着重做好以下工作：

（一）回顾当天旅游活动

地陪在返程过程中应回顾当天参观、游览活动的内容，进行必要的补充讲解，回答旅游者的提问。

（二）风光导游

地陪在选择回程线路时，尽量避免原路返回，应力求做到让旅游者看到最多景物，并做好沿途讲解工作。如果回程时间较长，旅游者经过一天的游览活动后比较疲惫，地陪则可进行简单回顾后让大家休息。

（三）宣布次日活动日程

到达饭店前，地陪应向旅游者预报晚上和次日的活动日程和时间安排，特别强调第二天的叫早时间、早餐时间和地点、集合地点和出发时间，提醒旅游者下车前带好随身物品。车到饭店后，地陪应先下车，站在车门一侧照顾旅游者下车，再与他们告别。

任务六 其他服务

◎任务介绍

其他活动是指旅游者在游览景点以外所需要的购物、社交活动、健康文明的文娱活动及自由活动等，它是参观游览活动的延伸和补充。安排好其他活动，使旅游活动的外延变得更为丰富。

◎ **任务导人**

除参观游览活动外，丰富多彩的其他活动是旅游服务中必不可少的部分，是参观游览活动的继续和补充。那么，地陪在宴请活动和购物活动中应怎样做好服务呢？

相关知识

一、社交活动

社交活动包括宴请、风味品尝、会见、舞会等。导游人员要因团而异，重大的节庆活动期间或接待专业旅游团队时，这类活动应安排得多一些。

（一）宴请

这类活动包括宴会、冷餐会、酒会和风味餐等。地陪带领旅游团队参加宴请要准时，着装要整齐大方，若旅行社另有规定，则必须按要求着装赴宴。入席时，按主人的安排就座。地陪作为翻译赴宴时，不得边翻译边吸烟。

（二）品尝风味

游客品尝风味有两种形式：一种是计划内的；一种是计划外的。后一种是游客自发的自费品尝形式，若游客邀请地陪参加，地陪则应注意不要反客为主。不管是哪种形式，地陪要向游客介绍风味名菜及其吃法，并进行广泛交谈。

（三）会见

游客（主要是专业旅游团队）会见中方的同行人员或负责人，必要时地陪可充当翻译，若有其他翻译在场，地陪则应在一旁静听。地陪事先要了解会见时是否互赠礼品，礼品中是否有应税物品。若有应税物品，地陪则应提醒有关人员办妥必要的手续。若游客要会见在华亲友，地陪则应协助安排，在一般情况下地陪无充当翻译的义务。

（四）舞会

遇有重大节庆活动，如有关单位组织的社交性舞会邀请游客参加时，地陪应陪同前往；当游客自发组织娱乐性舞会时，地陪可代为购票，是否参加自便，但无陪舞的义务。

（五）文娱活动

安排游客观看计划内的文娱节目时，地陪须陪同前往，并向游客简单介绍节目的内容及特点，引导游客入座，介绍剧场设施及其位置，解答游客的问题。在游客观看节目过程中，地陪要自始至终坚守岗位。在大型娱乐场所，地陪应主动和领队、全陪配合，提醒游客不要走散并注意他们的动向和周围环境，以防不测。

二、购物服务

购物是旅游者的一项重要活动，为了使购物活动圆满，地陪必须做好以下工作：

（1）旅游者购物须严格按照《中华人民共和国旅游法》的规定来操作，旅行社和导游人员不得指定具体购物场所，必须经旅行社和游客双方协商一致或者旅游者要求，并有书面证明材料，且不影响行程安排才能进行。

(2) 根据每个旅游团队的特点，地陪要有的放矢地向旅游者介绍本地特色商品，适当地做好翻译工作。

(3) 当好购物顾问。地陪必须熟悉商品的产地、质量、使用价值和艺术价值等商品知识，并向旅游者介绍；介绍有关商品的托运种类，及海关对旅游者携带物品出境的有关规定。

(4) 积极维护旅游者的利益。若遇小贩强卖，地陪则有责任提醒旅游者不要上当受骗，切不可放任不管；若遇商店工作人员不按质论价，推销伪劣商品，不提供标准服务，地陪则应向商店负责人反映，以维护旅游者利益。事后也可以向旅行社报告，通过旅行社的交涉，避免以后出现类似问题。

三、餐饮服务

地陪要提前落实旅游团当天的用餐，对午餐、晚餐的用餐地点、时间、人数、标准、特殊要求逐一核实并确认。用餐时，地陪应引导游客进餐厅入座，介绍餐厅的有关设施、饭菜特色、酒水类别等。向领队告知地陪、全陪的用餐地点及用餐后全团的出发时间。用餐过程中，地陪要巡视旅游团队用餐情况一两次，解答游客在用餐中提出的问题，并监督、检查餐厅是否按标准提供服务并解决可能出现的问题。用餐后，地陪应严格按实际用餐人数、标准、饮用酒水数量，如实填写餐饮费结算单与餐厅结账。

任务七 送站服务

◎ 任务介绍

旅游团队结束本地参观游览活动后，地陪应做到使游客顺利、安全离站，遗留问题得到及时妥善的处理。地陪必须善始善终，以饱满的工作热情和良好的精神状态做好最后阶段的工作，使旅游者顺利、安全地离开。在这一阶段，地陪要做的是送行前的工作、离店服务和送行服务三项工作。

◎ 任务导入

送站服务是旅游团队接待工作的最后阶段。如果说迎接是导游人员树立良好形象的开端，接待是保持良好形象的关键，那么送行是旅游者对导游人员良好形象的加深和巩固。导游人员究竟如何细致周到地做好送站服务呢？

相关知识

一、送行前的工作

（一）核实交通票据

旅游团队离开本地的前一天，地陪应认真做好旅游团队离开的交通票据核实工作，如电子机票，则要核对姓名、代号、人数、全陪姓名（如非团体机票，则要核对每一位旅游者的姓名是否与有效证件相符）、航班、始发站、到达站、起飞时间（要做到三核实，即计划时间、票面时间、问讯时间的核实）；搞清启程的机场名称、位置等事项；若航班有变更，则应问清旅行社计调人员是否已通知下一站，以免发生漏接；提醒全陪向下一站交代有关情况。

（二）确认行李出房的时间

地陪应在旅游团队离开的前一天与领队、全陪商定行李出房的时间，并通知每一位旅游者并告知饭店行李部收行李的时间。然后，与旅行社行李部（或行李车队）联系，告知该团队行李车与饭店行李部交接的时间、抵达启程站的大致时间等。

不管是否配备行李车，导游人员都应向游客讲清有关行李托运的具体规定和注意事项，如不要将护照证件、贵重物品放在托运行李中。

（三）商定集合出发时间

由于司机对路况熟悉，因此出发时间一般由地陪与司机商定，但地陪还应征求全陪和领队的意见。当出发时间确定后要将叫早、早餐和集合的时间通知饭店有关部门和旅游者。如果该团队所乘航班（车次、船次）时间较早，无法在饭店餐厅用早餐，地陪要及时与饭店总台或餐饮部联系，让相关部门准备好第二天的外带早餐，并向旅游者作出说明。

（四）协助饭店结清与旅游者有关的账目

地陪应在旅游团队离店前一天提醒、督促旅游者尽早与饭店结清所有自费项目账单（如洗衣费、电话费、小酒吧和房间非卖品的费用等）。若有损坏客房设备，地陪则应协助饭店妥善处理赔偿事宜。同时，地陪应通知饭店总台旅游团队退房的时间，提醒他们及时与旅游者结清账目。

（五）提醒有关注意事项

地陪应再次告知旅游者行李托运的有关规定，提醒其将有效证件、所购买的贵重物品及发票放在手提包里随身携带，如系离境团，还应该提醒其准备好海关申报单，以备出关时查验。

（六）及时归还证件

旅游团队离开的前一天，地陪应检查自己的行李，是否还留有旅游者的证件、票据等。若还留有相关证件、票据，地陪则应立刻归还，并当面点清。一般情况下，地陪不应保管旅游者的证件，若需使用，则可以通过领队向旅游者收取，用完后，立刻归还。

二、离店服务

（一）集中交运行李

离店前，地陪应按商定的时间与领队、全陪、饭店行李员一起检查行李是否捆扎、上锁，有无破损等，然后共同清点、确认行李件数，并填写好行李交运卡。

（二）办理退房手续

地陪协助收齐游客房卡，交到饭店总服务台，办理退房手续，核对用房情况，无误后按规定结账签字，注意避免出现未按时退房的情况。

（三）集合登车

旅游者集合上车后，离开饭店前，地陪要协助旅游者放好随身行李，仔细清点人数，并得到领队的确认，再次提醒旅游者有效证件是否随身携带，有无遗漏物品等，一切妥当后方可开车。

三、送行服务

（一）致欢送词

致欢送词是旅游活动的压轴戏，通过地陪真诚的讲解，让游客深刻感受不虚此行。致欢送词的场合一般选择在行车途中，也可以选择在机场（车站、码头）。欢送词的主要内容：

（1）回顾语：回顾该旅游团队在本地的旅游活动。

（2）感谢语：对领队、全陪、司机及游客的合作表示感谢。

（3）惜别语：表达友谊和惜别之情。

（4）征求意见语：征求旅游者对接待工作的意见和建议。

（5）致歉语：旅游活动如有不尽如人意之处，地陪可借此机会向旅游者表示歉意。

（6）祝愿语：期待重逢，表达美好祝愿。

知识链接 9-4

地陪欢送词

致完欢送词后，地陪可将“旅游服务质量评价表”分发给旅游者填写。若旅游者现场填写，则如数收回；若旅游者带回填写，则应说明邮资已付，并向其表示感谢。

（二）提前到达离开地点，照顾旅游者下车

若旅游者乘坐出境航班离开，则要求提前3小时抵达机场；若旅游者乘坐国内航班离开，则要求提前2小时抵达机场；若旅游者乘坐火车、轮船离开，则要求提前1小时抵达车站、码头。旅游车抵达机场（车站、码头），下车前，地陪应提醒旅游者带齐随身行李物品，准备好旅行证件，照顾全团旅游者下车，请司机协助检查车内有无旅游者遗留物品。

（三）移交交通票据和行李托运单

当旅游团队配备行李车时，若送国内航班，地陪则应尽快与行李员联系，取得交通票据和行李托运单，将交通票据和行李托运单交给全陪或领队，并一一清点、核实；若送国际航班，地陪则应请领队、全陪一起与行李员交接行李，并清点检查后将行李交给每一位旅游者，由旅游者自己携带行李办理托运手续。

（四）协助办理离站手续

进行完交通票据和行李托运单移交工作后，地陪仍不能马上离开旅游团队。若乘坐国内航班，地陪则应协助旅游者办理离站手续（帮助旅游者领取登机牌，协助办理超规格行李托运手续）；若乘坐国际航班，地陪则应将旅游团队送往隔离区，由领队帮助旅游者办理有关离境手续（因为地陪、全陪不能进入隔离区），但地陪要向他们介绍办理出境、行李托运和离境手续的程序。

（五）告别

当旅游者进入安检口或隔离区时，地陪应与旅游者告别，并祝他们一路平安。若旅游者是乘坐汽车离开，地陪则应等汽车启动后方可返回；若旅游者是乘坐飞机离开，地陪则应等旅游者安检结束后才能离开。

（六）结算事宜

地陪应在旅游团队结束当地游览活动后，离开本地前与全陪办理好结算手续，并

妥善保管好单据；地陪在送走旅游团队后，按旅行社的规定与司机办理结账手续，在用车单据上签字，并妥善保管好单据。

任务八　后续工作

◎ 任务介绍

处理遗留问题、结清账目、归还物品、总结工作都是地陪工作的最后环节。

◎ 任务导入

送走旅游团队后，并不意味着全部接待工作的结束，还会有一些遗留问题等待地陪去处理，所以地陪必须做好后续工作，那么怎样做好后续工作呢？

相关知识

一、处理遗留问题

地陪应按有关规定和旅行社领导的指示，妥善处理好旅游者临行前的委托事宜，如委托代办托运、快递信件、传递物品等。

二、结清账目，归还物品

送走旅游团队后，地陪应在旅行社规定时间内及早与财务部门结清账目，归还有关资料、表单及物品。具体地讲，地陪应向旅行社提供发票、结算单、支票存根、签单、门票存根等票据；上交陪同日志和旅游服务质量评价表，归还所借物品。

三、总结工作

地陪应认真做好陪同小结，实事求是地汇报接团情况。若旅游过程中发生重大事故，地陪则要整理成书面材料向旅行社领导汇报，对旅游团队的有关资料进行整理归档。地陪还可以根据在接待过程中出现的问题认真总结，从而尽快提高自身素质和技能。

德技兼修9-1　**推进导游执业改革 完善导游资格准入制度**

文化和旅游部日前发布《加强导游队伍建设和管理工作行动方案（2021—2023年）》（以下简称《方案》），确定3年行动的主要目标和重点任务，提出6大类28项重点任务。

《方案》提出，到2021年年底，导游队伍建设和管理行动取得初步成效，行业管理制度改革取得进展，行业准入更加科学规范，导游服务质量得到进一步提升。到2022年年底，导游队伍建设和管理水平进一步提升，执业渠道进一步拓宽，执业模式更加多元，执业环境进一步改善，执业保障和职业形象进一步提高。到2023年年底，导游队伍管理体系更加完备，导游服务供给与游客消费需求更加匹配，行业价值观牢固树立，“以提供高质量服务赢得游客认可”在行业内形成普遍共识。

《方案》明确推进导游执业改革，修订《导游人员管理条例》及相关法律法规；完善导游资格准入制度，适应旅游市场小团化、定制化消费需求，向游客提供“导游+网约车”服务；研究实施边境旅游区域内执业制度，解决旺季领队供给不足矛盾；推动建立导游服务预约平台；推动劳动报酬指导性标准与服务质量评价相衔接；开展不合理收费清查行动，导游行业组织不得以导游证注册为名收取任何费用；实施持证导游进景区行动，鼓励景区对持有导游证从事执业活动或者与执业相关活动的导游免除门票；健全导游行业组织，为便利导游执业、保障导游合法权益发挥更加积极作用。

《方案》还提出，实施导游专业素养研培项目，3年内实现导游培训全覆盖；开展在线培训；加强“金牌导游”培养；加强中、高级导游考核评定管理；修订推行《导游服务规范》国家标准；要查处违法违规行为；实施信用监管；强化行业自律，推动各地加强导游行业组织内部章程建设，约束导游行为。

资料来源：唐伯侬. 推进导游执业改革 完善导游资格准入制度［N］. 中国旅游报，2021-06-15.

思政元素：行业价值观 行业自律

学有所悟：党的十八大以来，以习近平同志为核心的党中央高度重视法治工作，提出了一系列全面依法治国的新理念、新思想、新战略，形成了习近平法治思想，对文化和旅游领域法治建设也提出更高要求。党的二十大报告也提出：“坚持依法治国、依法执政、依法行政共同推进，坚持法治国家、法治政府、法治社会一体建设，全面推进科学立法、严格执法、公正司法、全民守法，全面推进国家各方面工作法治化。”导游队伍是我国旅游业的重要组成部分，是旅游服务的提供者和旅游形象的展示者，是传播中华优秀传统文化、弘扬社会主义先进文化、促进社会主义精神文明建设的重要窗口，在提升旅游服务质量、维护旅游市场秩序、推动旅游业高质量发展方面发挥着重要作用，必须全面加强导游队伍建设，健全管理体系，优化就业环境，加强权益保障，提升专业能力，增进职业认同，加强价值引领，为建设高标准旅游市场体系、推动旅游业高质量发展、助力构建新发展格局提供人才支撑。

任务实施与评价

实训项目：模拟地陪导游服务程序

实训步骤：

1.准备好实训材料，如多媒体演示系统、模拟导游相关用品（如旅行社社旗、扩音器、胸卡、挂牌等）。

2.模拟地陪导游服务过程。

实训要求：按照地陪导游服务程序进行模拟，在模拟过程中要体现应对具体工作是团队的协作，培养应对复杂环境和平衡人际关系的综合素质。

考核评价：小组间进行成果分享，遵循地陪导游服务程序，教师对学生模拟导游讲解进行评价。

项目自测

项目自测 9-1

答案提示

1. 由于客观原因，旅游团队要提前离开某地，地陪应如何处理？
2. 地陪应如何防止游客走失？

10 项目十 全陪导游服务程序与规范

项目概述

全程陪同导游服务是保证旅游团队的各项旅游活动按计划顺利、安全实施的重要方面。全陪作为组团社的代表，应自始至终参与旅游团队的全程活动，负责旅游团队移动中各环节的衔接，监督接待计划的实施，协调领队、地陪、司机等旅游接待人员的关系。全陪应严格按照导游职务质量标准和旅游合同提供各项服务。

学习目标

知识目标

1. 掌握全陪导游服务准备工作内容。
2. 掌握各站服务的工作过程。
3. 掌握末站服务以及后续工作。

能力目标

1. 熟练掌握全陪导游服务程序，注意细节处理。
2. 能够解决旅途中常见的问题。

素养目标

1. 培养学生的热情，以及真诚、认真负责、一丝不苟的工作作风。
2. 提升学生的专业素养及自尊、自律意识。

任务一　准备工作

◎任务介绍

全陪外出带团少则几天，多则十几天，涉及面广，加上旅途中可能出现的不可预测因素，使全陪接待服务具有艰苦性和复杂性。因此，全陪需要认真、细致、周全地做好有关准备。

◎任务导入

准备工作是做好全陪服务的首要环节。全陪的服务周期较长，需要做好充分的准备才能确保工作的顺利进行，那么具体要做好哪些方面的准备呢？

相关知识

一、熟悉接待计划

全陪在接到旅游团队的接待任务后，首先要认真查阅接待计划及相关资料和往来函件（包括电子邮件、传真件等），掌握旅游团队的具体情况，研究旅游团队成员的特点和特殊要求，以便提供具有针对性的服务。通常全陪应熟悉计划中的以下内容：

1.熟悉旅游团队的基本情况

（1）熟悉团名（国外组团社的编号）、国籍、人数和领队姓名。

（2）了解团体成员的民族、职业、姓名、年龄、宗教信仰和风俗习惯等。

（3）掌握团内较有影响力的成员、特殊照顾对象和知名人士的情况。

2.熟悉旅游团队的行程计划

（1）熟记行程安排、旅游团队抵离各站所乘交通工具及所需有关票证。

（2）熟悉各站的主要参观游览景点及项目，准备途中讲解和咨询解答的内容。

（3）了解各站下榻饭店的名称、位置、星级和特色等。

（4）了解各站安排的文娱节目、风味餐、额外游览项目的收费情况。

（5）记下各地接社和地陪的联系电话，以便及时联系。

旅行社出团计划见表10-1。

二、物品准备

全陪带团前要准备身份证、导游证、接待计划、旅游宣传小册子、行李牌、旅游公司徽章、全陪日志及必需的生活用品、结算单据、支票和借款等。

三、其他准备

全陪与地陪同样都要做好形象准备、心理准备，特别是知识准备，因为全陪与旅游者相处的时间长、交谈的时间多，不仅要做好游客的生活服务，还要解答游客的各

表10-1 ×××旅行社出团计划

年 月 日 编号：

<table>
<tr><td>国别：</td><td>在中国旅游时间：</td><td colspan="2">团队等级：</td><td colspan="2">团队类型：</td></tr>
<tr><td>境外组团社：</td><td>团号：
联系人：
电话/传真：</td><td colspan="2">领队：
电话：</td><td colspan="2" rowspan="2">团队总人数：
成人：
儿童：
男：
女：</td></tr>
<tr><td>国内组团社：</td><td>团号：
联系人：
电话/传真：</td><td colspan="2">全陪：
电话：</td></tr>
<tr><td rowspan="4">国内接待社</td><td colspan="3">上海：上海××旅行社 联系人： 电话：</td><td colspan="2">地陪： 电话：</td></tr>
<tr><td colspan="3">杭州：杭州××旅行社 联系人： 电话：</td><td colspan="2">地陪： 电话：</td></tr>
<tr><td colspan="3">西安：西安××旅行社 联系人： 电话：</td><td colspan="2">地陪： 电话：</td></tr>
<tr><td colspan="3">北京：北京××旅行社 联系人： 电话：</td><td colspan="2">地陪： 电话：</td></tr>
<tr><td colspan="6">中国境内行程安排</td></tr>
<tr><td>线路名称</td><td colspan="5"></td></tr>
<tr><td>城市</td><td>抵离时间/地点/交通</td><td>饭店</td><td>用餐</td><td>活动内容</td><td>备注</td></tr>
<tr><td>上海</td><td></td><td></td><td></td><td></td><td></td></tr>
<tr><td>杭州</td><td></td><td></td><td></td><td></td><td></td></tr>
<tr><td>西安</td><td></td><td></td><td></td><td></td><td></td></tr>
<tr><td>北京</td><td></td><td></td><td></td><td></td><td></td></tr>
<tr><td colspan="2">国内组团社计调员：（签名）</td><td colspan="4">电话/传真：</td></tr>
<tr><td>注意事项及特殊要求</td><td colspan="5"></td></tr>
<tr><td>任务完成情况及说明</td><td colspan="5"></td></tr>
</table>

种问题，甚至需要做一些专题的讲解。所以，全陪准备好客源地、目的地和专题内容等方面的知识是非常必要的。

四、与地接社的联系

通常在接团的前一天，全陪应抵达旅游团队入境口岸城市，同地接社取得联系，妥善安排好有关接待事宜。

任务二 首站接团

◎任务介绍

首站接团服务主要包括：接站准备、迎接旅游团队、首次讲解三个环节。

◎ 任务导人

首站接团服务要使旅游团队抵达后能立即得到热情友好的接待，那么全陪怎样才能让游客有宾至如归的感觉呢？

相关知识

一、接站准备

全陪应与地陪（若全陪兼任地陪，则由全陪单独前往迎接）商定碰头地点和出发时间，一同前往机场（车站、码头）迎接入境旅游团队，提前半小时到达接站地点与地陪一起站在出口显眼的位置迎候旅游团队。

二、迎接旅游团队

接到旅游团队后，全陪向领队做自我介绍，将地陪介绍给领队，立即与领队核实旅游团队实到人数、所需房间数、餐饮的特殊要求等。若与原计划有出入或有变更情况，全陪则应及时与地接社联系，并报告组团社。认真清点、交接好行李，全陪与地陪一起带领旅游者乘坐旅游车。

三、首次讲解

由于全陪与地陪分工不同，全陪讲解任务较少，作为全陪进行首次讲解时应把握机会，展现专业能力，取得游客和领队的信任。

全陪首次讲解的内容一般包括：致欢迎词；简要介绍旅游行程；介绍注意事项（如货币兑换、住宿情况、交通情况和安全状况等）。

全陪首先代表组团社和本人向旅游团队致欢迎词（全陪致欢迎词可在接站地点，也可以在前往饭店的途中）。欢迎词的内容与地陪欢迎词基本一致，但侧重点不同，应做到言简意赅，同时不要忘记将地陪介绍给全团游客。

全陪在整个旅途中起着穿针引线的作用，应该始终以节目主持人的角色出现，而每一站的地陪与司机则是主持人请出的演员，游客是忠实而挑剔的观众。没有主持人的演出是杂乱无章的，没有全陪串联的旅程也是不完美的，全陪的主持人角色往往起到画龙点睛的作用。

知识链接 10-1

全陪欢迎词

任务三　入住饭店

◎ 任务介绍

旅游团队抵达饭店后，全陪应积极与地陪配合尽快完成旅游团队的入住登记手续，并安排旅游团队和行李进房及用餐事宜。

◎ 任务导入

入住饭店时，游客往往因经历了长途奔波而疲惫，而旅游团队的抵达也给饭店前台带来了考验，这时全陪怎样用专业的服务来提高效率呢？

相关知识

一、协助办理住宿手续

全陪应和领队、地陪一起向饭店总服务台提供团名、团队名单、旅游团队证件和旅游团队住房要求等，协助领队办理旅游团队的入住登记手续。

二、请领队分配房间

请领队根据准备好的分房名单分配房卡，全陪应掌握分房名单，并与领队互告各自房号，以便联系。同时，全陪可提醒游客在总台办理贵重物品和钱款的寄存手续。（若国内旅游的单位组团无领队，则可请团长分房；若散客拼团无领队也无团长，则由全陪分房。）

三、照顾行李进房及处理问题

巡视游客住房情况，询问游客是否拿到各自的行李，是否对房间满意。若团队进房后出现客房卫生、房内设施等问题，全陪则应及时通知饭店有关部门的人员进行处理。若错拿行李或行李未到，全陪则应协同地陪和领队一起尽快处理，以便消除游客的不愉快心情。

四、照顾游客生活及安全事项

全陪应将自己的房间号或联系方式告诉游客，掌握饭店的总机号码及地陪的联系方式。特别是当地陪不住饭店时，全陪应提醒游客外出时的安全事宜，负起旅游团队的安全保卫和生活照料的责任。

任务四 核定日程

◎ 任务介绍

旅游团队安排妥当后，全陪首先要与领队核实、商定行程。如遇有难以解决的问题，应及时反映给自己的组团社，并及时答复领队。商定行程的原则是：服务第一、宾客至上、遵循合同、平等协商。商定后的行程，要使旅游团队内大多数旅游者感到满意，同时已定的日程不做较大的变动，一旦商定，则各方都应严格遵守。

◎ 任务导入

旅游团队的日程从计划到执行往往经过多个环节多次修订，全陪作为执行者，在抵达旅游目的地时，一定要做好核对工作。那么，如何核定日程呢？

相关知识

一、参与日程核定工作

全陪应参与核实、商定日程工作。若遇难以解决的问题，如领队提出与原日程不符或涉及接待规格的要求时，全陪则要及时报告组团社。

二、核对机票、签证

在核定日程后，全陪要与领队核对机票、签证：核对旅游团队的出境机票以及外国组团社可能订妥的、由领队自带的中国境内机票，并协助确认；核查旅游团队的签证，尤其是不在团体签证名单上的旅游者的签证是否与旅游团队在华日期相符。

任务五　各站服务

◎ 任务介绍

全陪在旅途的各站服务，应使接待计划得以全面顺利实施，各站之间有效衔接，各项服务适时、到位，保护好游客的人身及财产安全，遇突发事件及时有效处理。

◎ 任务导入

全陪是全程陪同，使各项服务落实到位，保护好旅游者的人身和财物安全，使旅游计划得以顺利实施，应怎样衔接好各站之间的服务环节呢？

相关知识

一、抵站服务

（1）带领旅游团队出站。所乘交通工具即将抵达目的地时，全陪应提醒游客整理、带齐个人的随身物品，提醒游客下机（车、船）安全，做好行李和人数清点工作后，举组团社社旗，带领旅游团队出站。

（2）做好与地陪接头工作。出站前做好与地陪的联系，尽快找到地陪，并把地陪介绍给领队和游客，告知旅游团队的情况，做好行李清点交接工作后，协助地陪带领游客上车。

二、与地陪互相协作

全陪应客观、及时地向各站地陪汇报旅游团队的运作情况，积极协助地陪做好接待工作。如果遇到旅游景点没有相应的外语导游，或者由于某些原因没有提供地陪服务，作为全陪必须起到地陪的作用，承担起地陪应该承担的导游讲解、翻译等工作。

三、监督服务质量

全陪依据接待计划来监督检查各地旅游活动安排是否落实，若发现当地的接待工作有降低标准的现象（如降低餐饮标准、遗漏景点等），则应及时向地陪提出，争取改进和补偿，必要时可以与当地接待社交涉或报告国内组团社。同时，在全陪日志中注明。

四、把握旅游者的动向

在游览过程中，全陪要时刻注意旅游者的动向，做好旅游团队在活动期间的断后工作，以免旅游者走失或发生意外。

五、维护保障旅游者安全

在各站停留期间，全陪应提醒旅游者注意人身和财物安全，提醒他们保管好财物、证件，注意饮食卫生，尽量杜绝不安全因素。若突发意外，全陪应协助地陪联系相关部门妥善进行处理。若发生失窃案件，如丢失护照或贵重物品，全陪应及时请有关单位或部门查找，并报告组团社。若确系失窃贵重物品，全陪则应陪同游客办理有关保险索赔手续；若确系丢失证件，全陪则应帮助游客重新申领。

六、离站服务

在旅游团队离站前，全陪应做好提醒、联络工作，并尽可能协助领队办理有关团队离站事宜。

（1）提醒地陪提前落实离站的交通票据，核实离站的准确时间。

（2）做好上、下站联络工作。若抵达下一站时间有变化，或团队有特殊要求，全陪则应及时通知当地接待社，或亲自将情况电告下一站（电话通知要记录通话时间、受话人姓名）。对于上一站工作中出现的问题或发生的事故，全陪应提醒下一站接待社引起足够的重视。

（3）协助领队、地陪做好行李的清点、交接工作。

（4）协助旅游者办理行李托运手续及登机手续。

（5）核实地陪所提供的行李票据，并妥善保管好。

（6）认真填写好结算单据，与地陪双方签字，并保管好自己的那份单据。

任务六 末站服务

◎ 任务介绍

末站（离境站）送团服务是全陪整个服务工作中的最后环节，一定要一丝不苟地做好这项结束工作。

◎ 任务导入

当旅行结束时，全陪要提醒游客带好自己的物品和证件，并征求游客对整个接待工作的意见和建议。最后，全陪应致欢送词，对游客给予的合作表示感谢，并欢迎游客再次光临。

相关知识

（1）提醒旅游者带好自己的物品和证件，特别是申报单上所列物品一定要随身携带，因为海关规定申报物品必须复带出境。

（2）送站途中或在离境站要致欢送词。

（3）若在旅游过程中出现服务问题，导致旅游者不快，全陪则应借此机会向旅游者表示歉意，并设法做好弥补工作，尽量消除旅游者的不快情绪。

（4）协助领队帮助旅游者办理出关手续，提醒领队出关时准备好行李托运所需证件和表单，提醒旅游者准备好证件、交通票据、出境卡、申报单等。

（5）与地陪一起目送旅游团队进入隔离区后，方可离开。

（6）结清旅游团队账目。旅游团队的结账通常有现结和转账两种。若是现结，全陪则应在旅游团队出发的前一天当面与地陪结清团款，并向接待方收取发票；若是转账，对有变化的项目，全陪则应请地陪签字确认，以便组团社结算。

任务七 后续工作

◎任务介绍

旅游团队离境后，全陪应认真处理好旅游团队的遗留问题，提供可能的延伸服务。若有重大情况，全陪则要向组团社进行专项汇报。

◎任务导入

旅游团队的行程结束后，全陪需要做好哪些后续工作，才能使旅游活动完美结束呢？

相关知识

（1）处理遗留问题。旅游团队离境后，全陪应处理好各种遗留问题，根据旅行社管理层的指示，依照导游工作规范，认真办理好旅游者的委托事项。

（2）填写全陪日志。全陪应认真填写全陪日志或其他旅游行政管理部门和组团社所要求的有关资料。全陪日志的内容包括：旅游团队的基本情况；旅游日程安排及交通情况；各地接待质量（如旅游者对食、住、行、游、购、娱各方面的满意程度）；对发生的问题及事故的处理经过；旅游者的反馈及建议等。

（3）结清有关账目。

（4）归还所借物品。

（5）做好总结工作。

德技兼修10-1 金牌导游员：收获满满 更加热爱

金秋时节，第五届全国导游大赛在河北唐山落幕。这是一次“展行业风采，绘文旅新篇”的生动实践。64名参赛选手在10余天的时间里，切磋技艺、交流经验、提升技能，一批讲政治、专业精、服务好的优秀导游在此产生。如今，他们已回到各自的工作岗位，将发挥以点带面的示范引领作用，树立行业良好形象，推进文化和旅游深度融合发展。

“能和这么多优秀的同行同场竞技，机会非常难得。”接受记者采访时，第五届全国导游大赛金牌导游员获得者——北京选手李杰回忆起半个多月的决赛历程，仍然心潮澎湃。

李杰说："让导游工作更加标准化、规范化是大赛带给自己的最大收获。讲解时每个人的风格不同，但这并不意味着可以随意讲解，导游讲解行为必须规范，导游服务必须严格遵守《中华人民共和国旅游法》《旅行社条例》以及相关的法律法规的要求。很多时候，当我们在带团时遇到突发状况，我们的处理方式可能看上去没有问题，实则与相关法律法规出现偏差，以后要努力在这方面不断提升。"

随着出境游市场的恢复，李杰观察到游客消费需求的变化。"比如，以前出境游团队的游客希望尽可能多去一些国家和地区，追求游览的数量，即走马观花式旅游。但现在不同了，游客更愿意选择深度旅游产品，更愿意为知识付费，在景点或博物馆停留的时间更长了，能够静下心来了解景点背后的文化内涵，而这也对导游提出了更高要求。"

"现在人们对导游的认知存在一些偏差，偶尔会有负面舆情。作为一直奋斗在一线的导游，我希望游客能够给予我们更多信任，其实大多数导游都是秉承赤子之心坚守这份职业。相信通过我们的努力，导游的形象和口碑会越来越好。"李杰说，他发现一起比赛的选手中，既有工作十几年的老导游，也有刚入行的新人，这让他倍感振奋。"大家都奋战在一线。希望吾辈青年，在文旅发展的蓝图上，做好中华文化的传播者，天下导游一家亲。"

入行至今，李杰已经在导游行业坚守了20年。"我第一次带团时，差3天满20岁，现在我已经快40岁了，我愿意继续坚持下去。无论是带团时长辈的肯定，还是小朋友汲取知识时的满足，都让我很有成就感。干一行爱一行，我很乐于把我的城市、我的国家讲给游客听。他们的认可与笑容是我最大的动力，被游客需要是最幸福的。"

在李杰看来，导游是一份值得坚守的终身事业。他希望，社会各界共同努力，为导游群体健康发展而努力。"比如，从政策层面，对导游行为进行更有效的约束，发现触及红线的行为一律严惩；通过举办比赛、培训、交流等活动，组织更多行业'大咖'为导游人员授课，帮助大家找到短板，更快提升。"

"优秀传统文化需要传承，导游工作中的正能量同样需要传承，希望每一位导游都能为旅游业的发展作出自己的贡献，为游客提供更加个性化的服务，让中国导游的名字越来越响亮。"谈及未来，李杰如是说。

资料来源：张宇，唐伯侬，徐晓. 金牌导游员：收获满满 更加热爱［N］. 中国旅游报，2023-10-12.

思政元素：传承中华优秀传统文化

学有所悟：导游不仅要成为知识广博的"杂家"，还要成为"专家"。只有这样，才能满足游客个性化、品质化的需求。要增强文化自信，通过专业的讲解和服务，向国内外游客传播博大精深的中华文明、弘扬中华优秀传统文化，让游客成为中华优秀传统文化的体验者和分享者。导游在向游客提供专业、细致服务的同时，也是在担任文化传播的使者。

任务实施与评价

实训项目：模拟全陪导游服务程序

实训步骤：

1. 准备好实训材料，如多媒体演示系统、模拟导游相关用品（如旅行社社旗、扩音器、胸卡、挂牌等）。

2. 模拟全陪导游服务过程。

实训要求：按照全陪导游服务程序进行模拟，在模拟过程中要体现对具体问题的处理，培养应对复杂环境和平衡人际关系的综合素质。

考核评价：小组间进行成果分享，遵循全陪导游服务程序，教师对学生模拟导游讲解进行评价。

项目自测

项目自测
10-1

答案提示

1. 全陪日志包括哪些内容？

2. 全陪要熟悉旅游团队行程计划的哪些内容？

11 项目十一 出境旅游领队服务程序与规范

项目概述

我国出境旅游一般采用组团方式，由旅行社委派的领队带队旅行，因此领队在旅游团队中既是服务人员，也是团队的领导，具有不可替代的地位。出境旅游领队作为国内组团社的代表，提供旅途全程陪同服务，监督境外旅行社保质保量地完成接待计划，并为游客提供出入境等相关服务。领队在提高旅游者舒适度和满意度、维护游客生命财产安全等方面起着极其重要的作用。

学习目标

知识目标

1. 掌握出境旅游领队导游服务流程。
2. 了解出境旅游领队的岗位职责和服务规范。

能力目标

1. 培养学生应对突发事件的能力、执行政策的能力。
2. 培养学生的组织协调能力、宣传促销能力。

素养目标

1. 培养学生具有大局意识、责任意识、团队意识和合作意识。
2. 使学生树立旅游行业核心价值观。

任务一　领队出团前的准备工作

◎ 任务介绍

出境旅游领队是组织出境旅游的旅行社的代表，是出境旅游团队的领导者和代言人。领队接到带团通知并接受任务，是整个带团工作的开始。领队带团出发前，需要做大量的准备工作。同全陪、地陪相比，领队的准备工作要复杂得多。

◎ 任务导人

出境旅游需要诸多准备工作，因此熟悉领队出团前的准备工作有助于提升导游工作能力。你接到沈阳某国际旅行社的派遣任务，要求带领一个37人的旅游团队赴新马泰旅游。出团前，为保工作万无一失，你必须做好哪些充分的准备工作？

相关知识

一、工作流程及带团技巧

（一）接受带团任务

了解旅游团队成员的职业、姓名、性别、年龄及旅游团队中的重点旅游者、需特殊照顾的对象和旅游团队的特殊要求。

（二）业务准备

（1）熟悉带团资料。

（2）给游客打电话核对信息。

（3）护照/通行证与机票核对，包括中英文姓名、前往国家或地区等。

（4）机票与行程核对，包括国际段和国内段行程、日期、航班、转机间隔时间等。

（5）证件与名单表核对，各项一一对应，核对好实际出境旅游人数与团队名单表是否一致。

（6）证照内容核对，包括姓名、性别、签发地等是否一致，签证/签注是否与前往国家/地区相符，签证的有效期、签证水印及签字。

（三）物资准备

1.带团必备物品

（1）证件、机票、已办妥手续的团队名单表（一式四联）。

（2）团队计划、发团通知书。

（3）国内外重要联系电话。

（4）游客房间分配表。

（5）各国入出境卡。

（6）备用金。

2.工作辅助物品

（1）游客胸牌、行李标签。

（2）旅行社社旗、胸牌、名片。

（3）领队日志、旅行社服务质量跟踪表、导游领队带团情况反馈表。

（4）旅行包（核对该团是否提供）。

3.个人生活用品

（1）随身日用品（如闹钟、计算器、签字笔、剪刀和信封等）。

（2）常用药品（如感冒药、镇痛剂、止泻药、胃肠药、消炎药、晕车药等）。

二、常见问题与投诉处理

（一）常见问题

（1）组织和团结工作，在机场聚集游客，关心游客，调动游客积极性维护旅游团队内部团结。

知识链接 11-1

出入境相关知识

（2）核对各种票据、表格、旅游证件。

（3）准备多份境外住店分配名单。

（二）投诉处理

在出境带团过程中，领队应掌握出团准备工作的基本流程，携带相关准备物品，培养处理投诉的能力，提高个人素养。

任务二 中国出境及飞行途中工作

◎ 任务介绍

办理中国出境业务是出境旅游的重要一环，出境飞行途中也可能遭遇突发情况。此任务可以提高导游人员的领导能力、应对能力，提升导游人员的职业素养。

◎ 任务导入

领队带领团队踏出国门，标志着整个行程的正式开始，在这个过程中，领队要熟练指导游客通过关口，办理手续，那么具体要完成哪些流程呢？

相关知识

一、中国出境

1.团队集合

通知集合时间及地点：通常要比航班离港时刻提前2小时，在机场或港口指定位置集合；如乘火车或汽车，也要在发车时间1小时前到达指定位置集合。

2.召开行前说明会

（1）代表旅行社致欢迎词。

（2）旅游行程说明（包括出境、入境手续与注意事项，以及出游目的地的旅游日程）。

（3）介绍旅游目的地国（地区）基本情况及风俗习惯。

（4）提出要求，讲清注意事项。

（5）落实有关分房、交款、特殊要求等事项。

3.通过海关

海关通道通常有“红色通道”和“绿色通道”两种。红色通道又称“应税通道”。凡携带须向海关申报物品的游客，必须走红色通道，并填写行李申报单，经海关查验后放行。海关对游客带入的物品有一定的限制，一般控制在合理自用的范围内。游客应如实填写行李申报单，若申报不实，一经查出，将受到海关当局的严肃处理。建议大多数旅游团队从此通道出入境。绿色通道又称“免税通道”或“无申报通道”。携带无须向海关申报物品的游客和持外交签证或礼遇签证的人员可选择此通道通关。

4.办理乘机手续

比集合时间提前5~10分钟抵达；引导需购买航空保险的团员自行购买保险；引导需海关申报的团员至海关申报处申报；协助团员托运行李并办理登机手续（最好提前取下当日乘机联，小心不要多撕）；统计托运行李数，务必清点准确，并保存好行李牌。

5.通过卫生检疫

为防止传染病入境，各国边检部门要对入境人员进行卫生检疫，要求入境者如实填写健康申明卡，来自传染病疫区的人员还须出示有效的有关疾病预防接种证明（俗称“黄皮书”），无证者卫生检疫机关可对其施以从他离开疫区算起6日的强制留验。若传染病患者隐瞒不报，则按逃避检疫论处，可禁止其入境或责令其提前离境。

6.通过边防检查站

将名单交给边检人员；让团员持护照/通行证按名单顺序排好，依次通过边检；提醒团员注意一米线，维持秩序，尊重现场工作人员；待最后一名团员通过后，边检人员自留一页，并在其他页加盖检验章后，交回领队保管。

二、飞行途中

1.为游客提供乘机中的帮助

办理登机手续，分配飞机座位，协助团员托运行李。

2.帮助游客填写入境表格

如果出入境卡是飞机上发的，需要帮大家填写出入境卡，然后把办理签证的资料整理好，护照、出入境卡、入境申请表都要一一对应，并按照落地签的要求整理好，把落地签费用算好。

任务三　目的地国（地区）入境

◎ 任务介绍

办理目的地国（地区）入境业务是出境旅游的重要一环，入境途中也可能遭遇突发情况。此任务可以提高导游人员的领导能力、认真程度，提升导游人员的职业素养。

◎ 任务导入

飞机降落在目的地国家之后，并不能马上见到接待社导游，领队要带领团队经过哪些流程之后才能与当地导游汇合呢？

相关知识

一、经过卫生检疫

1.交验“黄皮书”

为防止传染病入境，各国边检部门要对入境人员进行卫生检疫，要求入境者如实填写健康申明卡，来自传染病疫区的人员还须出示有效的有关疾病预防接种证明（俗称“黄皮书”），无证者卫生检疫机关可对其施以从他离开疫区算起6日的强制留验。若传染病患者隐瞒不报，则按逃避检疫论处，可禁止其入境或责令其提前离境。

2.交验健康证明

申请人取得国际旅行健康证明书后要对其中内容逐一进行查验，如有疑问，则应当即向医生提出询问；出境接受口岸检查时连同护照一起交给口岸检查人员；在国外居住3个月以上，回国前应到所在国家或地区的有关检疫机关和医院进行体检，请检查单位在本人的国际旅行健康证明书上填写有关内容，并签字盖章；回国入境时连同护照一起交给口岸检查人员检查。

二、办理入境手续

1.交付入境卡

下机后，领队带领团员至移民关卡，告知团员将填写完毕的E/D卡夹在护照签证页交予边检关员审验。领队提醒团员务必注意记序，在规定距离外安静等候，礼貌通过。

2.检查护照签证

若是团队签证，领队应先行收齐团员护照和E/D卡，与团体签证（有时应持复印件换领原件）一同交予移民官审验并核对电脑记录。完成后，将护照按签证名单顺序发还给团员，依次通过关卡。

三、领取托运行李

1.凭行李牌拿取行李

查询行李到达的行李传输带号码，领队带领游客领取行李。

2.行李问题的交涉

如果领队先于团员通过移民关卡，则应回头照顾团员，并请已过关的团员协助领取行李。领队必须提醒团员检查各自行李，若有损毁、丢失，则应立即通知机场工作人员。离开机场后，再有任何损失只能由团员自行承担。

四、接受海关检查

1.交付海关申报单

当没有需要申报的物品时，游客直接递交海关申报单即可；当有需要申报的物品时，领队应引导团员至申报查验处，请海关人员查验。

2.接受抽查

海关要求检查时，领队请团员配合立即开箱受检，可请求海关人员抽验后予以通行方便。同时，领队应告诫其他团员切勿远离，因国外机场庞大复杂，离散后寻找不易。

五、与导游人员会面

1.与当地导游社洽谈，办理入住

团队到达旅游目的地后，领队应马上与地接社导游进行接洽，清点行李与团员人数，与地接社导游一起安排游客入住酒店。领队需要介绍的内容有：酒店的服务设施和可能收费项目；如何使用房间内部电话；导游及自己的房间号码和联络方式。新入住一处酒店后，领队必须随导游对房间进行查看。

2.核对旅游行程

领队须及时与地接社导游核对行程计划，商定游览计划和时刻表，必要时可拜访该旅行社的负责人，以示重视和友好。

任务四　在目的地国（地区）的主要工作

◎任务介绍

办理在目的地国（地区）的主要工作业务是出境旅游的重要一环。此任务可以提高导游人员的出境旅游线路规划能力，使游客正确了解国外文化，提升导游人员的职业素养。

◎任务导入

游客在目的地国（地区）游览的过程中，领队是全程陪同的。在这个过程中，领队要怎样提供良好的服务呢?

相关知识

一、与地接社导游密切合作

团队到达旅游目的地后，领队应马上与地接社导游进行接洽，清点行李与团员人数。

二、带领团队游览观光

在境外旅游期间，领队应尽量与地接社导游、司机搞好关系，共同协作，把旅游活动安排好，让游客满意。领队监督实施旅游计划，与地接社导游商定日程时要注意以下两点：当遇有地接社导游修改日程时，应坚持“调整顺序可以，减少项目不行”的原则，必要时报告国内组团社；当地接社导游推荐自费项目时，要征求旅游团队成员的意见。

三、安排团队入住饭店

（1）负责办理入住手续并分配房间。

（2）宣布叫早、早餐和出发的时间，以及领队、地接社导游的房间号、电话号码等。

（3）清点行李与团员人数，检查行李是否送到游客房间。

（4）协助团员解决入住后的有关问题。

四、协同地接社导游安排用餐

1.游客就餐时领队的服务要求

旅游团队就餐时，领队服务包括以下内容：

（1）简单介绍餐馆及其菜肴的特色。

（2）引导旅游者到餐厅入座，并介绍餐馆的有关设施。

（3）向旅游者说明酒水的类别。

（4）解答旅游者在用餐过程中的提问，解决出现的问题。

游客用餐过程中，领队应当随时走动，看游客是否需要添饭、菜量是否够。游客如要购买啤酒、饮料，领队应提供语言翻译上的帮助。中国旅游团队通常吃饭速度较快，领队应适应这种快节奏。领队通常会被安排与地接社导游一起用餐。在照顾完游客后，领队要加快吃饭速度，以免游客吃完饭后走散。

2.对游客用餐的提醒

领队应当将国外的一些用餐礼仪告诉游客。例如，在吃自助餐时，一次不要拿太多，拿的食物一定要吃完，餐厅中的食品饮料不能带走；开放有冷气空调的房间，一般不允许吸烟；注意用餐文明，用餐时不能大声喧哗，避免影响餐厅中的其他游客。

欧式早餐较简单，而美式早餐较丰盛，但中国游客多数对欧式早餐和美式早餐的区别不甚清楚，往往会因此引发争议。以往的中国旅游团队在欧洲旅游期间用欧式早餐，曾有与餐厅发生争吵的先例，因此如果旅行社为游客预订的是欧式早餐，一定要提前给游客打好招呼。

五、带领团队完成购物

（1）出现地接社导游过多地安排购物次数或延长购物时间的情况，领队应根据合同进行必要的限制，尤其要阻止非计划内的购物安排。

（2）购物时，领队要提醒旅游者注意商品的质量和价格，谨防假货或以次充好，避免冲动购物。

（3）当游客确实希望购买某些商品时，领队应给予必要的帮助。例如，告诉游客货币兑换率和海关允许免税携带出入境的数量，请游客留意商品规格和制式是否与中国一致，是否提供全球保修（关系着能否在中国享受保修服务）。欧洲国家对外国公民购买的不在本国消费的部分工业产品可给予退税优惠，领队应提醒游客索取购物发票和退税证明，以便出境时办理退税手续。

六、带领团队观看演出

1.观看演出时领队的服务

《旅行社出境旅游服务质量》援引的《导游服务质量》中，对旅游团队观看文娱节目时领队及地接社导游的服务要求主要有两点：简单介绍节目内容及其特点和引导旅游者入座。

另外，《导游服务质量》中强调，在旅游团队（游客）观看节目过程中，领队及地接社导游应自始至终坚守岗位。这意味着，领队不能以演出看过多次为借口擅离职守。

2.提前告诉游客观看演出的注意事项

室内剧场演出多会有许多限制，领队或地接社导游应事先告诉游客。比如，观看演出时是否允许照相、摄像，演出结束后游客与演员合影是否应付小费、该付多少等。正规的芭蕾舞歌剧等演出，对观众的服装会有要求，领队需要提前告诉游客以便有所准备。

在国外的剧场观看演出时，通常不允许吃零食、喝饮料，领队要特别提醒游客，不要违反剧场的相应规定，以免受到惩罚。

七、完成其他计划内容

其他计划内容包括完成返程机票确认、督促旅游计划执行、完成团队工作记录并进行总结发言。

1.完成返程机票确认

按照国际航空惯例，对于往返机票和联程机票，如果在某地停留时间超过72小时，无论是否已订妥后续航班机位，游客均需要提前至少72小时在该地办理后续航班的机位再确认手续。一般方法是打电话给航空公司告知是否按时乘坐后面航班继续旅行；否则，航空公司有权取消机位。

领队在境外旅游期间，不能忽略了对全团的回程机票进行确认的工作。确认回程机票有两种方式：

（1）领队自己打电话给航空公司办理确认。

领队应事先准备好所乘坐的航空公司在当地的办事处的电话，在工作时间内打电话进行电话确认即可。通常返程机票的确认手续较为简单。只需要将机票预订号码、乘机日期、人数、领队或团队中一人的姓名告知航空公司即可。

（2）请地接社导游或境外的接待社代为办理确认。

在对当地情况不太熟悉的情况下，领队可以请地接社导游或者接待社代为确认团队的回程机票。在出境旅游团队的实际操作中，通常采取此种方式居多。

2.完成团队工作记录

（1）填写领队日志。

领队日志是领队的每日工作记录，需要认真填写。领队要养成良好的工作习惯，无论当日的行程有多紧、身体有多劳累，也要将每天的最后一项工作，即领队日志的填写完成后才能休息。

领队日志中应当包括领队带团工作中对每天接触的接待社导游和经历的酒店用餐、景点游览等的简要记录和评价。

（2）回收旅游服务质量评价表。

除了需要完成领队日志外，在全部行程结束时，领队还需要敦促游客填写旅游服务质量评价表，将此表收齐后带回组团社。

任务五 目的地国（地区）离境及中国入境

◎任务介绍

办理目的地国（地区）离境及中国入境业务是出境旅游的重要一环，离境也可能遭遇突发情况。此任务保证旅游的收尾过程，提升导游人员的职业素养。

◎任务导入

在完成了团队的全部行程之后，领队要带领游客离开目的地国（地区），此时仍然需要经过一系列的出境程序。这一阶段领队的工作依然不能松懈，那么领队具体要做什么呢？

相关知识

一、办理乘机手续

1.行李托运

进入乘机手续办理区域，一般会先进行托运行李的安全检查。领队须带领游客一起将拟托运行李放在传送带上接受检查，再由安检人员贴上“已安检”封口贴纸后，领队及游客携带自己的行李到航空公司值机柜台前准备办理乘机手续。所有托运行李均应排列整齐，领队首先进行行李数量清点。待机场的行李员将托运行李系上行李牌后，领队需要再次清点数量并与行李员核实。在习惯上收取小费的国家，行李托运完成后，领队应准备小费付给行李员。

2.换领登机卡

来到值机柜台，领队须首先礼貌回应航空公司工作人员的问好，然后主动报告乘机人数，交付全部的护照和机票。办完乘机手续后，领队应不急于立刻离开柜台，而是要当面将护照、机票、登机卡和行李牌数清。确定无误后，领队应礼貌地向工作人员致谢，再行离开柜台。

3.将证件、机票发给游客

进入出境边防检查区之前，领队需要将全体团员召集到机场中相对安静的区域开一个短会，将证件、机票发给游客。

二、购买机场税

1.多数情况下机场税包含在机票中

通常国外机场收取的机场税，在购买机票时会一起付清。机场税的具体税项及金额会打印在机票上以作凭据。但是，有一些国家的机场税是不在机票中代收的，需要在乘机前现场购买。

2.机场税不能向游客再行收取

按照国内组团社与游客签署的出境旅游合同的规定，境外机场税应包含在正常的旅游收费中，即由旅行社予以支付。领队出团前应当对此项费用如何支付有所了解，如果需要领队支付，领队就需要将机场税凭据发给每一位游客，以便游客应对关口检查。如果机场税凭据需要交还旅行社报账，在应对关口检查之后，领队就应从游客手中收回机场税凭据，并妥善保管。

三、通过边防检查

（1）填写出境卡。

（2）交验护照、机票。

四、通过海关检查

若是团队签证，则团员首先应按照签证名单顺序排队，领队将签证交给移民官，让团员持护照、出境卡依次通过。若不是团队签证，则领队只需指引团员至各FOREIGN PASSPORT处，持护照和出境卡分散过关即可。

五、办理购物退税

某些国家或地区，外国游客可以享受购物退税。此种情况下，领队应事先了解退税程序，根据各地不同要求，过关时协助团员办理退税。候机大厅内的免税店不在此列。

六、准备登机

1.领队应核实登机闸口并向游客提醒

领队应注意收听机场内的广播，或向机场内的咨询台询问，或从电脑屏幕上查询了解所搭乘的航班登机闸口是否改变。在确信无误后，要将登机闸口及登机时间告诉游客，并提醒每一位游客不要误机。对老年游客和无购物需求的游客，领队应直接带领他们到登机闸口等候。

2.避免游客因购物而误机

喜欢购物的游客多数不会放弃候机过程中在机场免税店购物的机会，此时领队应当及时提醒游客，一定要注意收听广播或查看机场显示屏中的提示，在机场规定的时间内登机。

许多航空公司规定，航班起飞时间一到，舱门就会按时关闭。如果有游客没能按时登机，飞机也并不会拖延等待而会照常起飞。以往曾有赴韩国、日本的中国游客发生误机的事情，因此领队应提醒游客对此不能疏忽大意、掉以轻心。为避免出现游客误机的事情发生，领队应及早赶到登机闸口，清点人数，与未能及时赶到的游客联系。

任务六　后续工作

◎ **任务介绍**

领队完成出境旅游服务之后，应该向旅行社如实汇报工作，做好总结及善后工作；处理好游客的遗留问题，提出对本条线路工作改进的建议。

◎任务导入

作为领队，你带领旅游团队顺利归来。同地陪、全陪一样，还有许多后续工作要处理。这是一名导游人员善始善终的优秀品质的表现，你有什么心得或建议要告诉大家吗？

相关知识

1.与组团社进行工作交接

领队在请旅游者填写征求意见表后，将表格收回。领队最迟应在团队旅行结束的次日回组团社汇报工作，上交领队日志和团队总体运行情况的分析汇报材料。材料应包括团队运行基本情况；地接社接待质量及存在的主要问题；旅游者的反馈意见；经费使用情况；旅游中突发问题的处理情况；领队对本条线路工作改进的建议等。

2.做好所带团队的账务处理

回国后，三个工作日内应报账，报账时应交回旅行社服务质量跟踪表、领队日志、出境旅游领队带团情况反馈表、全陪日志、发团通知书和报销单据。

德技兼修11-1 《出境旅游领队服务规范》今起实施

据全国旅游标准化技术委员会消息，行业标准《出境旅游领队服务规范》（以下简称《规范》）2023年3月29日起实施。《规范》适用于出境旅游组团社提供的领队全程陪同服务，规定了出境旅游领队的职责、服务要求和服务质量改进要求。

《规范》明确了出境旅游领队的十一项职责，如代表组团社监督地接社和地陪履行旅游合同，按照组团社的行程计划兑现接待服务承诺，监督执行接待标准和保证服务质量，维护组团社和旅游者合法权益；与地接社和地陪共同实施旅游接待计划，协助处理旅游行程中的突发事件、纠纷及其他问题；维护国家利益和民族尊严，并提醒旅游者抵制任何有损国家利益和民族尊严的言行等。

《规范》对出境旅游领队服务要求作出了详细规范，分为导则、通用要求、出团准备、行前服务、在途服务、回团总结六部分。在通用要求方面，包括出境旅游证件的保管、旅游者个人信息与肖像权的保护、检查交通工具的安全设施、突发情况的处理；在出团准备方面，包括与团队操作人员交接，接收并查验团队资料、工作预案；在行前服务方面，包括行前说明会、行前提示、行前答疑；在在途服务方面，包括集合团队、办理乘坐公共交通工具的手续、出入境服务、搭乘交通工具时的服务、住宿服务、用餐服务、游览服务、另行付费旅游项目、购物安排、送团服务；在回团总结方面，包括交接资料和团队报告。

此外，《规范》还对航班延误或取消、托运行李延误与丢失、旅游安全事故、传染性疫病、自然灾害或动（骚）乱等特殊或突发事件处理作出了规范。

资料来源：李志刚.《出境旅游领队服务规范》今起实施［N］. 中国旅游报，2023-03-29.

思政元素：服务规范　维护国家利益和民族尊严

学有所悟：深入贯彻习近平法治思想和习近平总书记关于文化和旅游工作的重要论述精神，把党的领导贯穿于文化和旅游领域的立法、执法、普法和法治文化建设等各项工作中，确保法治建设的正确方向。出境游要真正全面恢复，需要管理部门、市场主体、从业人员和游客的共同发力，出行安全、服务质量依然是重中之重。

任务实施与评价

实训项目：模拟出境旅游领队服务程序。

实训步骤：

1. 准备好实训材料，如多媒体演示系统、模拟导游相关用品（如护照、签证、旅行社社旗、扩音器、胸卡和挂牌等）。

2. 模拟出境旅游领队服务过程。

实训要求：按照出境旅游领队服务程序进行模拟，在模拟过程中要体现领队的工作流程和规范操作，培养应对复杂环境和平衡人际关系的综合素质。

考核评价：小组间进行成果分享，遵循出境旅游领队服务程序，教师对学生模拟导游讲解进行评价。

项目自测

项目自测 11-1

答案提示

1. 行前说明会的主要内容包括哪些？

2. 在带团过程中，遇到团员脱团或滞留不归的情况，领队应如何处理？

参考文献

［1］全国导游人员资格考试教材编写组．导游业务［M］．4版．北京：旅游教育出版社，2022.

［2］孙斐，葛益娟．导游实务［M］．2版．大连：东北财经大学出版社，2021.

［3］张岚，代玉岩，何欣竹，等．导游业务［M］．北京：北京理工大学出版社，2020.

［4］范秋梅．导游业务［M］．北京：旅游教育出版社，2020.

［5］王健民．出境旅游领队实务［M］．7版．北京：旅游教育出版社，2023.

［6］王雁．导游实务［M］．2版．北京：高等教育出版社，2022.

［7］殷剑，黄明亮．导游业务［M］．3版．北京：高等教育出版社，2014.